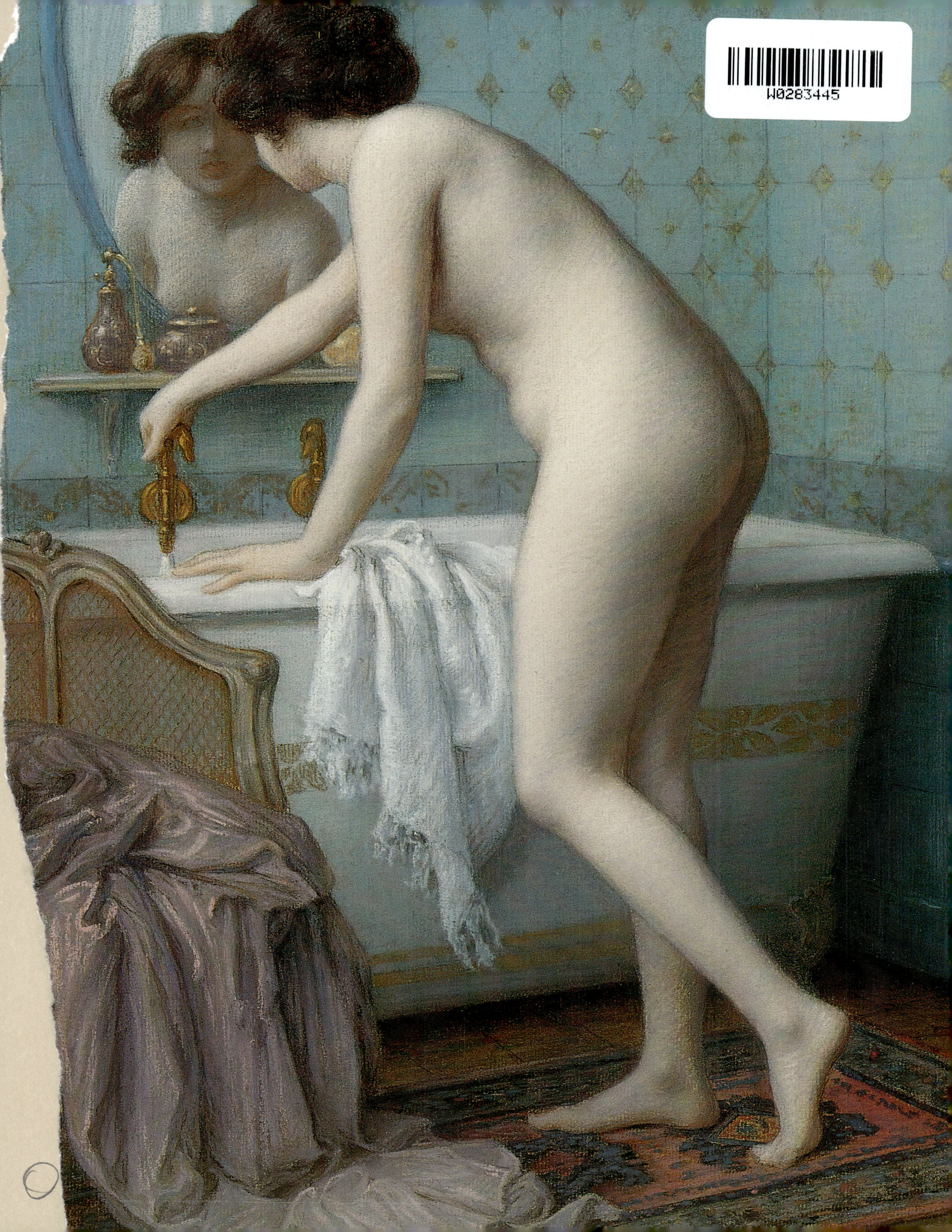

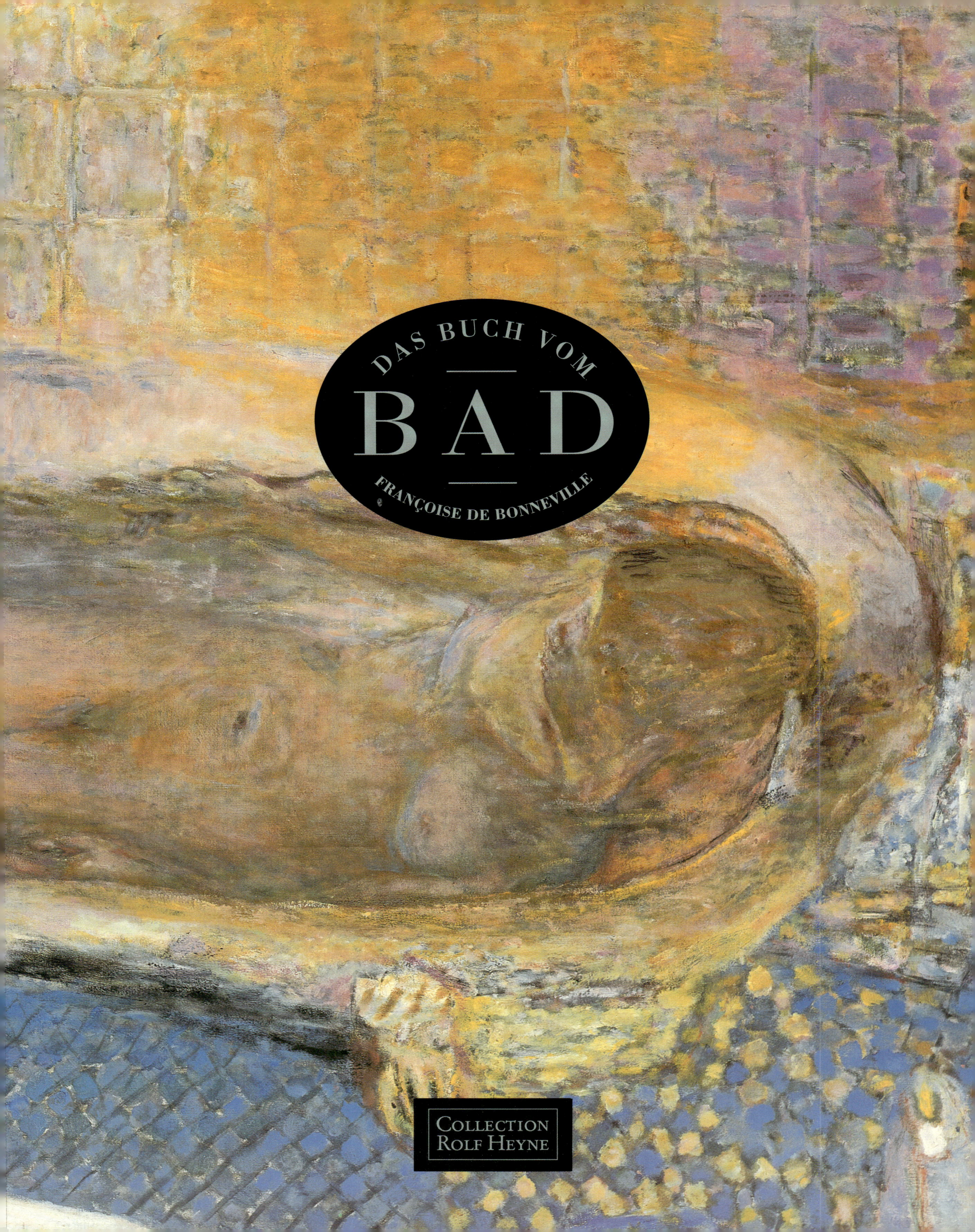

DAS BUCH VOM

BAD

FRANÇOISE DE BONNEVILLE

COLLECTION
ROLF HEYNE

Inhalt

6 Geschichten vom Wasser

17 Öffentliche Bäder

Freuden, Luxus und Sinnlichkeit von den griechischen Bädern, römischen Thermen und mittelalterlichen Schwitzbädern bis zu den opulent ausgestatteten öffentlichen Bädern in Paris und den orientalischen Bädern in westlichen Metropolen.

63 Private Bäder

Vom hölzernen Badezuber über das intime Badekabinett des 18. Jahrhunderts bis zu den Badewannen und Toilettentischen des 19. Jahrhunderts. Badegewohnheiten und Rituale in der Intimität des Tempels der Weiblichkeit.

117 Das moderne Bad

Von der Grandiosität englischer Bäder zu den klaren Linien der gefliesten amerikanischen Badezimmer und der Perfektion zeitgenössischen Designs. Ein sinnliches und ästhetisches Universum, das Lebensart verrät.

165 Badelust

Von der Pracht des orientalischen Hammam zum herben Duft der finnischen Sauna, von der Ekstase des heißen japanischen Bades zu den modernen Thermalbädern, den neuen Tempeln der Schönheit und des Wohlgefühls.

193 Wissenswertes rund ums Bad

Alle wichtigen Adressen für Mobiliar, Accessoires und all die Produkte, die das Bad verschönern.

198 Bildnachweis

199 Register

2., überarbeitete Auflage

Titel der Originalausgabe:
Le Livre du Bain

Ins Deutsche übertragen von
Christiane Landgrebe

Die Originalausgabe erschien 1997 bei

Umschlaggestaltung: Manfred Manke, unter Verwendung eines Aquarells von G. L. Bulleid Arws
Layout: Marc Walter
Redaktion der deutschen Ausgabe und deutsche Fassung der Legenden: Joachim Nagel
Produktion: Karlheinz Rau
Satz: SatzTeam Berger, Ellwangen
Druck und Bindung: Canale, Turin

Printed in Italy

ISBN 3-89910-160-X

Geschichten vom Wasser

Das Bad schenkt uns Augenblicke intimen Vergnügens mit uns selbst, es steht am Beginn der modernen Körperpflege und ist in der privaten Sphäre des Badezimmers assoziiert mit dem Duft von Seife, weichen Schwämmen, wohltuenden Ölen und erfrischendem Eau de Cologne. Das Wichtigste aber vergessen wir beinahe, so selbstverständlich erscheint es uns, das Wasser nämlich… Wasser in Fülle, das belebende und stärkende Wasser, das aus der Dusche strömt, oder das warme, mütterliche der Badewanne, das den ganzen Körper umgibt.

Seit jeher wäscht man sich, aber eine tägliche Dusche oder ein Bad zu Hause gibt es erst seit recht kurzer Zeit, und dies aus einem guten Grund: Erst gegen Ende der zweiten Hälfte des 19. Jahrhunderts gab es in allen Häusern Wasser – aber nur in der Küche. Erst zu Beginn des 20. Jahrhunderts kamen moderne Badezimmer auf. Freilich hat die Menschheit nicht so lange gewartet, um die Freuden des Badens zu entdecken: Schließlich gewährte ihr die Natur Erfrischung in Meer, Bächen, Seen und den Segen der Quellen, darunter sogar heiße Heilquellen. Das Wasser, ein Geschenk der Natur, gewann allmählich in allen Zivilisationen vielfältigen Symbolcharakter, der sich mehr denn je in der heutigen Badekultur manifestiert.

Die Geschichte des Badens muß man mit einer Feder schreiben, die in das Tintenfaß der Ozeane, Flüsse und Quellen getaucht wurde. Es ist die Geschichte eines »ursprünglichen Sensualismus« von Wasser und Körper. In erster Linie eine Geschichte von Süßwasser, das, wie der Philosoph Gaston Bachelard in *L'Eau et les rêves* (Das Wasser und die Träume) sagt, dem »Bedürfnis, unmittelbar zu riechen, zu berühren, zu schmecken, den Hauptgrund des imaginären Vorrangs des Quellwassers vor dem der Meere« zuschreibt. Es ist »das wahrhaft mythische Wasser, das Wasser, das erfrischt, das Durst stillt«, das alle Völker zu allen Zeiten und an allen Orten angebetet, als göttlich verehrt und heiliggehalten haben. Die Ägypter verehrten den Nil, Assyrer und Chaldäer beteten ebenfalls Flüsse an, die Phönizier huldigten den Quellen des Adonis-Flusses, die Griechen opferten der Quellgöttin Artemis, und der Buddhismus verklärte den Ganges zum heiligen Fluß Indiens.

Im Lauf der Jahrhunderte hat die Menschheit das magische und lebendige Wasser mit zahlreichen Symbolen in Verbindung gebracht, die sich um den Mythos der Schöpfung und Wiedergeburt ranken.

Ende des 19. Jahrhunderts entstand das Bild *Frau bei der Vorbereitung zum Bade* von Jules Scalbert (S. 1). Die nackte Schöne hält Zwiesprache mit ihrem Spiegelbild und betätigt eher beiläufig den Wasserhahn, obwohl fließend warmes Wasser damals eine brandneue Errungenschaft war. Pierre Bonnards *Akt im Bade* (S. 3) ist dagegen von dem Glücksgefühl durchdrungen, im Wasser zu schweben. Das Wannenbad ist typisch für das Abendland, der Hammam für den Orient. In Jean-Léon Gérômes *Das maurische Bad* von 1874 (S. 4, Ausschnitt) hört man förmlich das frische Wasser in das Marmorbecken plätschern. *Das Bad* (oben) von Charles Gleyre (1868) zeigt das behutsame Baden eines Kindes, wobei das runde Becken trotz des griechisch-römischen Ambientes an christliche Taufbecken erinnert. Die beim Bade von zwei Greisen überraschte *Susanna* wiederum ist ein alttestamentliches Motiv; Jean-Baptiste Santerre verlegte das Geschehen 1704 an den Schauplatz antiker Thermen (gegenüber).

Reinigendes Wasser

»Die materielle Einbildungskraft findet im Wasser die reine Materie par excellence. Für den Symbolismus der Reinheit ist es daher eine ständige Versuchung«, sagt Gaston Bachelard. Einen Bezug zwischen der reinigenden Kraft des Wassers und den als heilig geltenden Waschungen gab es, seitdem Menschen Götter erfanden und Rituale, um sie zu verehren. Sich im klaren Wasser zu reinigen, bevor man Göttern huldigt, ist seit der Antike ein allgemein praktizierter religiöser Brauch.

Im alten Ägypten wusch man Gesicht und Hände im Wasser, bevor man zu Isis betete; Priester wuschen ihren Körper mindestens zweimal täglich, auch in der Nacht. Auch in zahlreichen Texten des Alten Testaments wird das Wasser gepriesen. Im Psalm 51 singt David: »Tu mir im Verborgenen die Weisheit kund, reinige mich mit dem Ysop, daß ich rein werde; wasche mich, daß ich weißer werde als Schnee.«

Zum Symbol des spirituellen Lebens wird das Wasser jedoch erst im Neuen Testament. Das Christentum übernimmt das von Mose angeordnete Reinigungsbad anfangs für Körper und Seele. Johannes der Täufer tauft die ersten Christen im Jordan, eine Handlung, die erst später (etwa im 8. Jahrhundert) durch leichtes Besprengen der Stirn mit Wasser ersetzt wird. Nach Tertullian, dem berühmten christlichen Apologeten aus dem 2. Jahrhundert, ist dem Wasser an sich eine purifizierende Wirkung eigen. Es gilt als heilig, reinigt von jeder Befleckung und führt in einen neuen Seinszustand. Die Stifter der großen Religionen, wie Manu, Buddha, Konfuzius, Mose und Mohammed, haben alle diese läuternde Wirkung des Wassers hervorgehoben: Wasser reinigt schließlich auch die Seele und nicht nur den Körper.

Im indischen Rigveda, der heiligen Textsammlung der vedischen Religion, besitzt das Wasser die Macht, Leben, Kraft und Reinheit zu verleihen, und zwar im geistigen wie körperlichen Sinn. Die indischen Brahmanen baden ein- oder zweimal am Tag in heiligen Flüssen oder Teichen, spülen mehrmals täglich Gesicht, Hände und Mund und müssen sich bei jeder Verunreinigung sofort waschen.

Die buddhistischen Rituale, die im 6. Jahrhundert n. Chr. in Japan eingeführt wurden, stehen in Einklang mit dem Shintoismus, welcher Körperpflege und die Reinheit des Geistes eng mitein-

Dasselbe Thema, andere Atmosphäre… Diese *Susanna im Bade* (oben, Wien, Kunsthistorisches Museum) ist mit ihrer emphatischen Gestik typisch für den Manierismus: ein Meisterwerk des Venezianers Tintoretto, der bevorzugt religiöse Themen malte. Im *Bad der Bathseba* (gegenüber), einem ebenfalls sehr populären biblischen Sujet, geht es darum, daß David sich unsterblich in die Gattin Urias verliebt, als er sie im Bad in ihrer ganzen natürlichen Schönheit erblickt. Um sie heiraten zu können, schickt er ihren Mann in den Tod auf dem Schlachtfeld. Dieses Bild von Sebastiano Ricci (1659–1734), dessen Malerei zum Rokoko überleitete, fängt den Moment ein, in dem Davids Blick Bathseba unbewußt veranlaßt, die Augen zu senken…

ander verbindet. Wie in fast allen anderen Religionen steht auch hier Unmoral für Schmutz, Tugend hingegen für Reinlichkeit. In der Shintoreligion ist das Bad Teil einer ganzen Reihe von Reinlichkeitsübungen. In den Pilgerorten sind diese alten Rituale noch heute lebendig. Bevor man in das Badebecken steigt, muß man zuerst Mund und Hände mit Wasser spülen.

In der jüdischen Religion geht dem rituellen Bad, »Mikwe« genannt, eine Reinigungszeremonie voraus. Das Mosaische Gesetz schreibt das Baden vor, und im Talmud heißt es, daß »ein Jude in keiner Stadt leben dürfe, die nicht über öffentliche Bäder verfügt«: Das Mikwe betritt man also bereits in sauberem Zustand. Es ist den Frauen vorbehalten, und sein Sinn besteht darin, vor bedeutenden Momenten des Lebens den ganzen Körper in reines Wasser zu tauchen: vor der Hochzeit (dies ist das einzige Bad, das auch Männern zusteht), nach der Zeit der Trennung des Paares, die zwölf Tage dauert (und die Wiederaufnahme sexueller Beziehungen bedeutet), nach Geburten, einer Reise oder der Berührung eines Toten.

Für den Bau des Mikwe gab es strenge Vorschriften: Das Wasser durfte nicht stillstehen, mußte lebendig und natürlich sein. Man grub nach einer Quelle, einem unterirdischen Bach oder bis auf das Grundwasser (hebräisch Mikwe bedeutet »Bassin«). Wenn man nichts fand, konnte man auch Regenwasser sammeln. Das Bad hatte eine Größe von etwa sechs Quadratmetern und ein Treppenhaus, in dem das Wasser aufstieg. In Friedberg in Hessen erreichte man das Wasser erst nach 77 Stufen... Von einem darüberliegenden, mit einer Öffnung versehenen Raum beobachtete eine Frau, ob die rituellen Handlungen vorschriftsgemäß ausgeführt wurden. Im Mikwe von Montpellier, das zwei Stockwerke unter der Erde liegt und dessen römisches Gewölbe aus dem 12. Jahrhundert stammt, kann man noch den Ankleideraum sehen, der von Steinbänken umgeben ist. Zwei Fenster geben den Blick auf eine Wasserfläche frei, deren Reinheit und Reglosigkeit faszinieren.

Das muslimische Bad, der »Hammam«, steht gleichfalls im Zeichen von Meditation und ritueller Reinigung, und der Koran befiehlt den Gläubigen eine vollständige Waschung vor dem wöchentlichen Freitagsgebet. Die Brunnenwaschungen, die für die fünf täglichen Gebete vorgenommen werden müssen, beginnen, indem man betet, denn »Reinheit gehört zum Glauben« (sufistisches Sprichwort).

Seit alters her schreibt man dem Wasser also die Fähigkeit zu, Körper und Seele zu reinigen und den Menschen hierdurch in einen anderen Zustand zu versetzen. Es ist seit Jahrhunderten ein Symbol des Übergangs und markiert die wichtigen Etappen des Lebens: In den meisten Kulturen gibt es das Taufbad, das rituelle Bad vor der Ehe, die Waschung der Toten, um die Seele vor der Reise ins Jenseits zu reinigen.

Auch der Rhythmus der Jahreszeiten wird mit Wasser zelebriert. Kelten und Germanen etwa statteten der Natur und dem fruchtbringenden Regen Dank ab und füllten dazu einen großen Zuber mit nach Kräutern und Frühlingsblumen duftendem Wasser, in das jeder eintauchte. Dies wurde »Maibad« genannt. Dieser Brauch setzt sich im Johannisfest fort.

In demselben Sinn wird Wasser auch für manche Initiationsriten verwendet. Im Mittelalter zum Beispiel nahmen die Knappen am Vorabend ihres Ritterschlags nach drei Nächten, die sie mit Gebet und Fasten verbracht hatten, ein Bad in einem großen Zuber mit warmem, nach Kräutern duftendem Wasser und waren so »ohne jeden Makel«, wenn sie hinausstiegen. Heinrich IV. von England ließ sich von diesem Brauch zur Gründung eines Badeordens zu Ehren aller Ritter inspirieren, die mit ihm am Vorabend seiner Krönung im Jahr 1399 ein Bad genommen hatten.

Die Renaissance-Künstler ließen sich vielfach von der antiken Mythologie inspirieren. So gehörte auch *Die Toilette der Psyche*, die die Liebe Amors verlor, weil sie ihm in die Augen schauen wollte, zu ihren Lieblingsthemen. Auf dem Grisaille-Fenster (gegenüber), das im Musée Condé in Chantilly hängt, ist sie in einer runden Badewanne zu sehen, die derjenigen in Tizians *Diana im Bade* gleicht, umgeben von »unsichtbaren Stimmen«. Sie gießen warmes Wasser und Duftessenzen aus elegant geformten Krügen und Kannen. Seit Jahrhunderten markieren rituelle Waschungen und Bäder wichtige Lebensstationen und den Wechsel der Jahreszeiten. Die Vignette (oben) aus einem mittelalterlichen Kalender zeigt das »Maibad«, das mit Kräutern und Frühlingsblumen aromatisiert wurde. Man feierte damit die fruchtbare Wiederbelebung der Natur, und im Volksglauben galt es auch als Zaubermittel gegen Kinderlosigkeit.

Wasser – Symbol der Erneuerung und Wiedergeburt

Magische Vorstellungen, die im sakralen Bereich mit dem Wasser verknüpft werden – Purifikation, Erneuerung und Reinkarnation –, finden sich auch auf profaner Ebene wieder: So schöpft Herakles in den schwefelhaltigen Quellen der Thermopylen neue Kraft.

Auch die Dampfbäder, die die amerikanischen Indianer nahmen, symbolisierten eine Neugeburt, nach der sich ihnen der Sinn des Lebens anders darbot. In kegelförmigen Hütten bereiteten sie unter Steinen ein Feuer und begossen die heiß gewordenen Steine mit Wasser, das mit Kräutern wie Salbei, Zedratzitronenblättern und Lavendel versetzt war.

Die Konstruktion einer solchen Hütte besaß symbolischen Charakter: Meist war sie mit den Zweigen der Weißerle gedeckt (aus denen man einen schmerzlindernden Extrakt gewann), und die Anzahl der Stützpfähle und Herdsteine folgte den Prinzipien religiöser Zahlenmystik. Vor der Zeremonie wurde sie mit einem Tuch bedeckt; das Halbdunkel, das dadurch entstand, symbolisierte die Rückkehr zur Mutter Erde, was Sicherheit und Schutz bedeutete. Mit dem Dampf konnte man sich von dem Schweiß befreien, der in Form von Wasser zur Mutter Erde zurückkehrte und so zur Nahrung für sie wurde. Wenn man die Tür öffnete, stieg der Dampf in den Himmel zur Behausung des Großen Mysteriums auf.

In den abendländischen Kulturen ist es eher das Eintauchen des Körpers, das uns das Gefühl einer Wiedergeburt vermittelt: Ins Wasser zu tauchen heißt, zu den Quellen des Lebens zurückzukehren, im Sinne der Psychoanalyse auch in das pränatale Leben im Uterus; es bedeutet, in einem Gefühl der Sicherheit zu schweben und dabei vorübergehend einen Zustand der Regression, ja der Verletzlichkeit in Kauf zu nehmen, auf den eine Phase der Erholung und Regenerierung folgt.

Aus dem Bad zu steigen, vermittelt ein Gefühl der Fröhlichkeit und das vage Empfinden, fast jemand anderer geworden zu sein, was das Griechenland der Antike in Kulthandlungen zum Aus-

Antike Bäder waren im Hollywood-Kino stets besonders beliebt: Die Ausstattung war zwar gewöhnlich eher opulent als historisch exakt, in jedem Fall aber eine Augenweide für die Zuschauer. Filmdiven pflegten den Mythos des Badens nach dem Vorbild antiker Kaiserinnen und so zugleich ihr Image. Cecil B. De Mille baute in jeden Film mindestens eine Badeszene ein, so in *Im Zeichen des Kreuzes* (1932) das Bad der Poppaea, die hierfür angeblich nur Eselinnenmilch verwendete! Die Kamera zeigte das Melken der Tiere und den langwierigen Transport der Milch, zunächst auf dem Rücken von Trägern, dann über eine Rinne, die in das Bad lief. Hier genießt Claudette Colbert in der Titelrolle dieses exquisite Vergnügen (oben). Anders E. John Pointer. Er legt auf seinem Bild *Diadouméne* (gegenüber) größten Wert auf Realismus von Haltung und Staffage. Der Ganzkörperakt, inspiriert von einer Ephebenplastik des jungen Polyklet, erregte bei der Ausstellung der Royal Academy in London 1884 beträchtliches Aufsehen.

druck brachte: Man entstieg dem Tauchbad in den Wellen mit einem anderen Namen und einem neuen Leben. Eintauchen in frische Wellen nennt Gaston Bachelard »den Traum von Erneuerung«. Es hat dieselbe Funktion wie der Jungbrunnen, dessen magisches Wasser die Kraft besaß, die Menschen zu verjüngen. Heutzutage besitzt jeder zu Hause einen Jungbrunnen in Form einer Dusche oder eines Wasserhahns. Fließendes Wasser ermuntert tatsächlich, es verleiht einen klaren Blick und verjüngt das Gesicht im Spiegel der anderen, vor allem aber in dem eigenen.

Mit dem Traum einer Regeneration durch Wasser verbindet sich oft die Hoffnung auf Heilung. In Mittelitalien sammelt man noch heute Regenwasser oder Morgentau und läßt darin über Nacht Feldblumen und Duftpflanzen ziehen. Morgens nimmt man die Blüten heraus und badet mehrere Tage hintereinander Augen und Hände darin, um Krankheiten fernzuhalten. Diese Vorgehensweise erinnert durchaus an alte Rituale... Schon in der Frühgeschichte gab es Kulte um Zauberquellen, die als heilig galten. Später brachte man Kranke in Schwitzbäder oder das türkische Bad, um sie zu heilen. Seit Hippokrates (5./4. Jahrhundert v. Chr.) ist die heilende Kraft des Wassers in Griechenland bekannt und wird Kranken verordnet. Im 2. Jahrhundert v. Chr. ließ sich der Arzt Asklepiades aus Prusa in Rom nieder und gründete eine Medizinerschule, die sich einfacher physiotherapeutischer Maßnahmen, so der Wirkung von Wasser und Wärme, bediente. Dies ist auch einer der Gründe, weshalb die Römer außer den Thermen zahlreiche Badeeinrichtungen um Quellen herum bauten, so etwa in Baden-Baden.

Thermalbäder fanden zu allen Zeiten ihr Publikum: Karl der Große begab sich nach Aachen, Heinrich IV. nach Aix-les-Bains, Montaigne nach Plombières, Baden-Baden und Bataglia, Anna von Österreich nach Forges-les-Eaux, Madame de Sévigné nach Vichy, Ludwig XIV. in die Pyrenäen, Goethe nach Karlsbad. Besonders aber entwickelte sich die Mode der Badekuren im 19. Jahrhundert, in dem die Medizin eine beherrschende Rolle spielte. Manche Orte, die Heilquellen besaßen, wurden für höhere Kreise zum Pflichtaufenthalt. Zur vielleicht prominentesten Bade-Enthusiastin wurde die französische Kaiserin Eugénie. Heute orientieren wir uns, wenn wir uns in Badeorte oder Thalassotherapiezentren begeben oder einfach nur ein warmes Wasser- oder Dampfbad nehmen, mehr oder weniger bewußt am Wasser als Symbol der Erneuerung.

Im Lauf des 19. Jahrhunderts wurden alle überlieferten Vorstellungen vom Wasser durch wissenschaftliche und technische Entdeckungen hinweggefegt. War es vorher heilig und rituell, wurde das Wasser in wenigen Jahrzehnten »gesund«, »aus der Gabe Gottes – oder der Natur – wurde ein käufliches und genormtes Industrieprodukt«. Man solle jedoch nicht glauben, so Jean-Pierre Goubert, daß diese »Eroberung des Wassers« jegliche Symbolik aus unserem Gedächtnis gelöscht habe. »Wenn sich die Grundlagen der Hygiene als ausschließlich wissenschaftlich verstehen, sind der Bezug zum Wasser und die Kriterien der Sauberkeit kultureller Art.« So ist alles »vorhanden, hinter uns und in uns, um gedeutet zu werden«. Das Badewasser wird sich niemals ganz auf sein chemisches Symbol H_2O reduzieren lassen.

Seit jeher waren Quellen Kult- und Wallfahrtsstätten, deren »lebendiges« Wasser als magisch, heilkräftig oder einfach nur erfrischend empfunden wurde. Im Lauf der Zeit wurde es mit vielfältigen symbolischen Bedeutungen belegt, und der Kontext von Reinheit und Erneuerung ist noch heute präsent. Millionen Japaner, deren Wasserleidenschaft einzigartig auf der Welt ist, verbringen Stunden im Bad und unter der natürlichen Dusche Tausender warmer und kalter Quellen (oben die von Takagarawa). Es gibt nichts Reizvolleres und Köstlicheres, als sich, angelockt vom Rauschen eines klaren Brunnens, das Gesicht zu benetzen... vor allem, wenn dieser den Zauber des Dorfbrunnens im türkischen Dorf Beykoz (gegenüber) nahe Instanbul besitzt.

·A·S·M·D·XXIII·

Öffentliche Bäder

Seit Jahrtausenden hat der Mensch mit allen symbolischen Bedeutungen des Wassers sein Spiel getrieben und dabei seine, wie der Philosoph Gaston Bachelard es nennt, »ursprüngliche Sensualität« ausgekostet. Das Bad in den Wellen bot Vergnügen und Entspannung, und dieses Wohlgefühl lernte man durch anschließende Massagen und das Einreiben mit parfümierten Ölen zu erhalten und zu steigern. Schon in der *Odyssee* (6. Gesang) erzählt Homer: »Und nun wusch in dem Fluß der edle Dulder (Odysseus) das Meersalz/ Welches den Rücken ihm und die breiten Schultern bedeckte/ Rieb sich dann von dem Haupt den Schaum der wüsten Gewässer/ Und nachdem er gebadet und sich gesalbt mit dem Öle/ Zog er die Kleider an…«

Das Badevergnügen, das schon so lange existiert, gab es immer als privates und öffentliches Bad, als Tauchbad und Dampfbad, und an den unterschiedlichen Präferenzen der einzelnen Kulturen und Epochen läßt sich jeweils ihr generelles Verhältnis zu Wasser und Körperpflege ablesen. Bis ins 19. Jahrhundert wurden gemeinschaftliches und öffentliches Baden meistens als Dampfbad, als »Regenerationsbad« veranstaltet, bei denen der Körper von innen her gereinigt wurde. Öffentliche Wannen- und die Brausebäder, die die gesamte Bevölkerung an Reinlichkeit gewöhnten, existieren erst seit der ersten Hälfte des 20. Jahrhunderts. Der Architekt und Kulturkritiker Sigfried Giedion untersucht in seinem Buch *Die Herrschaft der Mechanisierung* (1948) die Geschichte der Dampfbäder, deren Anwendung fast immer auf ein Ideal, eine Philosophie oder religiöse Vorschriften zurückzuführen ist. Die Urform dieser Bäder gab es lange vor der klassischen Antike im Orient, wahrscheinlich in Mittelasien. Das »Rezept« ist ganz einfach, deshalb hat es sich durch die Zeiten hindurch so gut erhalten: In einer Hütte gräbt man eine Feuerstelle in den Boden und erhitzt in einem Feuer von Nadelhölzern dicke Flußsteine, bis sie rot glühen und Wärme abgeben. Dann gießt man Wasser darüber, um Dampf zu erzeugen, und läßt sich nieder… Dies ist ein trockenes Dampfbad, das wir der Einfachheit halber »russisches Bad« nennen wollen. Etwa im 6. Jahrhundert v. Chr. gelangte es nach Griechenland, wo es in das Gymnasion integriert wurde, aus dem später die ersten Thermen entstanden. In nördlicher Richtung gelangte es nach Rußland und in die skandinavischen Länder, von dort im 8. Jahrhundert auf den Balkan und nach Deutschland und schließlich nach Kleinasien. Hier erfanden die Muslime in Abwandlung der römischen Thermen das feuchte Dampfbad, den Hamman, der auch türkisches oder maurisches Bad heißt. Durch die Eroberungszüge der Araber hielt es Einzug in Spanien (8. Jahrhundert), dank der Kreuzzüge in Mitteleuropa (13. Jahrhundert). Nach der Eroberung von Konstantinopel im Jahre 1453 verbreiteten es die osmanischen Türken auch auf dem Balkan und in Ungarn.

Beide Arten von Dampfbädern gibt es noch heute in Nordeuropa und der arabischen Welt (siehe Badelust, S. 171 ff.). Das Abendland hat die Freuden des Dampfbades dreimal genossen und wieder vergessen: in der Römerzeit, im Mittelalter und im 19. Jahrhundert. Ein Dampfbad ist auch ein Kulturgut, das eng mit seinem Ursprungsland verknüpft ist und nicht auf Dauer verpflanzt werden kann.

Der Brief Urias oder Bathseba und ihr Gefolge im Bad (S. 16) des Italieners F. di Cristofani Bigi (1482–1525) erinnert durch sein Dekor an das rituelle jüdische Bad (Mikwe), für das nur klares, natürliches Fließwasser verwendet werden durfte. Deshalb wurde es, wie auch hier, häufig im Keller angelegt. Auch Quellen in der freien Natur, wie auf dem Fresco *Frauen im Bad* (S. 17) von Bernardino Luini (1480–1532), waren stets bevorzugte Badestellen. In der Renaissance, als man sich auf das kulturelle Erbe der Antike besann, schufen Künstler zahlreiche allegorische Szenen in der Kulisse »antiker« Bäder. Auf dem Detail (gegenüber) der Fresken, die Psyche und ihre Entourage darstellen, entstanden nach Zeichnungen Giulio Romanos (1499–1546) für den Palazzo del Tè in Mantua, erinnert die Badewanne deutlich an griechische Vorbilder. Im 19. Jahrhundert war das Abendland fasziniert von Pracht und Geheimnis des Hammam (oben). Das zeigt sich an Details wie Wasserpfeife, Ketten und Gittern auf dem Frontispiz des ersten Bandes von *Les Bains de Paris* von Paul Cuisin (1822).

Die Entwicklung der Badekultur im alten Griechenland

Die Geschichte der öffentlichen Bäder beginnt im 6. Jahrhundert v. Chr. in Griechenland mit der Praxis der Leibesübungen. Den Griechen ging es dabei nicht nur um Entspannung der zuvor angestrengten Muskeln, sondern auch um Harmonie von Körper und Geist. Die ersten Bäder wurden im Freien im Schatten von Ölbäumen nahe der Palästra (der Ringerschule) und der Exedra (dem Ort philosophischer Unterweisung) errichtet. Sie bestanden aus breiten, runden Brunnenschalen, *loutéria* genannt, die etwa Hüfthöhe erreichten und auf einem Fuß standen. Die Frauen nahmen Wassergüsse, die Athleten wuschen und reinigten sich von dem Sand, mit dem sie den Körper bedeckt hatten, damit er während der körperlichen Übungen den Schweiß aufnahm. Hierzu verwendeten sie ein Schabeisen (lat. *strigilis*) aus Eisen oder Bronze, mit hohler, gebogener Klinge. Als das Gelände später durch Säulen- und Übungshallen zum Gymnasion erweitert wurde, begann man, auch die Bäder zu integrieren. Im berühmten Apollonheiligtum von Delphi waren sie von Säulenhallen umgeben. Sie bestanden aus zehn aufgehängten Marmorbecken in Mannshöhe, über denen Löwenmäuler angebracht waren, aus welchen Schwälle kalten Wassers auf die Schultern der Athleten fielen. In einem runden, mit überfluteten Sitzstufen versehenen Becken konnte man sich vor den philosophischen Übungen im Wasser ausruhen.

Diese Bäder, Teil sportlicher und soldatischer Übungen, waren kalt. Warme Bäder waren damals verpönt, außer wenn Hippokrates sie vorschrieb. Man glaubte, daß sie zu Verweichlichung führten und den Körper kraftlos machten, während kaltes Wasser ihn abhärtete und den Charakter stärkte.

Im selben Maße, in dem gymnastische Praxis in Athen an Bedeutung gewann, entwickelten und

Bevor überdachte Thermen aufkamen, wusch man sich im Freien. Die Anlagen befanden sich in der Nähe der Ringerschulen. Man benetzte sich mit Wasser aus großen, auf einen Fuß montierten Schalen, den *loutéria*. Die Waschungen nahm man gemeinsam vor, wie auf dieser Vasenmalerei eines Stamnos um 440 v. Chr. (oben). Drei Frauen vollziehen hier mit Grazie das Reinigungsritual.

vergrößerten sich auch die Bäder, die immer in der Nähe der Gymnasien lagen. Sie wurden fortan überdacht. Es standen Wannen von etwa 20 Zentimeter Tiefe darin, deren Boden leicht abschüssig war, damit das Wasser besser abfließen konnte. Die Griechen benutzten sie so wie wir die heutige Sitzbadewanne. Sie saßen auf einem kleinen Sitz, das Wasser streifte ihre Waden, und sie benetzten sich mit Hilfe eines Gefäßes oder eines Schwamms. Mit der Zeit nahm man solche Bäder nur noch bei großer körperlicher Erschöpfung. Die Wanne wurde durch eine große runde aus dem gleichen Material mit flachem Boden ersetzt, man wusch sich mit dem Schwamm und benutzte sie ähnlich wie die große Waschschale des 19. Jahrhunderts. Um einzelne Körperteile zu waschen, verwendete man auch kleinere Gefäße, die auf einem Dreifuß standen.

Im Lauf des 4. Jahrhunderts v. Chr. entwickelte sich in Griechenland eine wahre Badekunst. Damals wurden die Gymnasien der großen Städte durchweg nach ähnlichem Muster gebaut. Aus dem Felsen hieb man eine Wanne, die nicht besonders tief war und die man manchmal mit Ton abdeckte für Bäder, bei denen Epheben die Badenden mit Wasser begossen. Sie waren im Kreis angelegt oder entlang der Wand, je nach Form des Raumes. Einige tiefere Wannen waren für Heilbäder bestimmt. Als Garderoben schlug man Nischen in die Wand. Die Becken für Teilbäder, rechteckig und tiefer, waren an der Wand angebracht. Sie wurden durch eigene Zuflüsse gespeist.

Die Verwendung von Sand und Ölen rechtfertigte Bäder in warmem Wasser, und so wurden die ersten Dampfbäder eingerichtet (wobei Steine oder Eisenstangen erhitzt wurden). Sie wurden in Kuppelbauten angelegt, die Licht durch eine Öffnung in der Decke erhielten. Nach den körperlichen Übungen und der Entfernung des Sandes mit warmen Wasser betraten die Athleten das Dampfbad, wuschen sich in warmem Wasser mit einer Art Seife und beendeten die Prozedur, indem sie sich mit kaltem Wasser bespritzten oder in ein Becken tauchten. Danach wurden sie abgetrocknet und mit Öl eingerieben.

Warmes Wasser und Dampf hatten nun also auch die griechischen Bäder erobert. Nur Intellektuelle übten Kritik an den neuen Sitten, etwa die Stoiker und der Dramatiker Aristophanes. Er räumte jedoch ein, warmes Wasser habe den Vorteil, das Brennen des Rasiermessers auf der Haut zu lindern. Zugleich machte man sich zwecks Komfort und Wohlbefinden Gedanken über die ästhetische Gestaltung und verzierte die Bäder mit Mosaiken, pflasterte den Boden mit Bimsstein, um sich nicht die Füße zu verbrennen. Nach dem Bad konnte man sich massieren lassen.

Im allgemeinen badete man einmal am Tag (mitunter mehrere Stunden lang), und zwar nachmittags vor dem Abendessen. So wurden die Bäder zu Begegnungsstätten, orientierten sich aber mehr an der nach dem Sport geforderten Hygiene als an dem Streben nach Muße. Für die Griechen spielte sich das Vergnügen anderswo ab, in der narzißtischen Ästhetik eines schönen Leibes, in dem Bestreben zu gefallen und sich in seinem Körper wohlzufühlen.

Die Römer übernahmen von den Griechen vor allem das Warmbad und den Brauch geselligen Zusammenseins unter den immer höheren und luxuriöseren Kuppeln der Thermen. Das Vergnügen, das man hier empfand, entsprach genau ihren Wünschen und auch der Lebenskultur des Römischen Reiches.

Schon die Griechen des 5. Jahrhunderts v. Chr. genossen die Erfrischung einer Dusche nach dem Sport, so auch nach den Körperübungen in der Ringerschule. Das Vasengemälde (oben) zeigt vier Athleten in kaltem Wasser, das vier Wasserspeier in Form von Tierköpfen spenden. Sogar eine »Garderobenstange« gab es, der entscheidende Unterschied liegt wohl in der Qualität der Seife, die weder die Weichheit noch den Duft unserer heutigen aufwies. Sie wurde aus Salpeterpulver, Asche und Ziegenfett hergestellt.

In den eleganten Gewölben römischer Thermen

Die Thermen haben wahrscheinlich dazu beigetragen, aus Rom das ewige Rom zu machen. Von allen Spuren nämlich, die in vielen Städten des Römischen Reiches noch zu finden sind, gehören die Thermen zu den beeindruckendsten Zeugnissen der unglaublichen Verfeinerung, welche die Badekunst erreicht hatte. Nie wieder wurde soviel Luxus und Aufwand getrieben.

Schon bevor sie Thermen anlegten, tauchten und schwammen die Römer in der Strömung von Bächen und in flachen Seen. Wie in Griechenland war kaltes Wasser der Inbegriff der Gesundheit. Es stimulierte die Körperfunktionen, und man konnte seine Männlichkeit und moralische Strenge unter Beweis stellen. Noch im 1. Jahrhundert tauchte Seneca jedes Jahr am 1. Januar in das eisige Wasser der Aqua Virgo. Als er älter wurde, mußte er sich mit dem Wasser des Tiber begnügen, das etwas weniger kalt war, schließlich mit dem lauwarmen Wasser seiner Badewanne, was ihn zu dem Satz veranlaßte: »Noch ein Schritt weiter, und ich bin beim Schwitzbad angekommen!«

Die Badehäuser, *balneae* genannt, waren zuerst kleine Einrichtungen, für deren Besuch man bezahlen mußte. Finanziert wurden sie oft von reichen Bürgern. Hier entdeckten die Römer die Wohltaten warmer und kalter Wechselbäder nach griechischem Vorbild. Noch zu Zeiten der Republik begann eine neue Ära der Badekultur: Im Jahre 19 v. Chr. eröffnete Marcus Vipsanius Agrippa, der auch als Feldherr und Erbauer des Pantheon zu Ruhm gelangte, auf dem Marsfeld nach sechsjähriger Bauzeit die erste Anlage, für die der Begriff *thermae* überliefert ist (griechisch *thermós* = heiß). Das Gebäude bestand aus einer großen Rotunde von 25 Metern Durchmesser, von der aus man in alle Richtungen in verschiedene Räume gelangte. Sie lag in einem Landschaftspark mit einem künstlichen Bach und einem See zum Schwimmen. Das Wasser wurde hier zum ersten Mal eigens über ein Aquädukt herangeleitet und von unten her durch Hypokausten geheizt (ein System, bei dem heiße Luft in einem durch Säulen gestützten Hohlraum unter dem Boden zirkulierte, später durch Rohre, die an den Wänden entlangliefen).

Diese Einrichtungen besuchten die Römer nicht, weil sie ihren Körper trainieren wollten, um den Anforderungen von Schönheitsnormen gerecht zu werden wie in Griechenland, sondern eher um ihrer Gesundheit willen, um sauber zu sein, vor

Dieselbe elegante Gestik zeichnet die dem Wasser entsteigende Venus auf dem antiken Relief um 470 (oben) aus wie die Badenden auf Théodore Chassériaus (1819–1856) Bild von 1853 mit dem Titel *Das Tepidarium von Pompeji* (gegenüber, Ausschnitt). Das *tepidarium* (Abkühlraum) war eine Übergangsstation zum *frigidarium*, dem Kaltbad. Die Ausstattung mit dem holzkohlegeheizten Bronzeofen und den Nischen, in denen man Badeutensilien niederlegte, ist authentisch, die Atmosphäre hingegen entspricht ganz der Vorstellung von Sinnlichkeit, die man bis ins ausgehende 19. Jahrhundert mit römischen und auch orientalischen Dampfbädern verknüpfte – sozusagen ein exotischer Freiraum in einer von restriktiver Sexualmoral beherrschten Epoche.

allem aber zu ihrem Vergnügen. Das wichtigste beim Bau war nun die Größe des Bades selbst. Körperliche Übungen dienten, auch wenn die Ringerschule immer noch dazugehörte, mehr oder weniger einer Erhitzung des Körpers, um die Wirkung der Wärme mehr genießen zu können und das Schwitzen zu fördern. Im Lauf der Jahrhunderte wurden diese Übungen ersetzt, indem man sich zuerst in einem lauwarmen Raum aufhielt. Die Exedra war jetzt vom ursprünglichen Halbkreis abgeteilt und wurde zu einer Art Komplex, der ein wenig entfernt lag und aus einem Versammlungsraum und einer Bibliothek bestand.

Dank zahlreicher literarischer Quellen läßt sich der obligatorische Rundgang eines Römers in den Thermen nachvollziehen: Zunächst legte er seine Kleider in einer der Nischen des *apodyteriums* ab, die von einem Sklaven bewacht wurden. Anschließend betrat er den lauwarmen Raum, das *tepidarium*, wo er entspannt sitzen und sich mit Öl und Salben einreiben konnte. Danach konnte er je nach Belieben zwischen der trockenen Wärme des *laconicums*, bei dem Wasser auf erhitzte Steine geschüttet wurde, damit man die Luft atmen konnte, und der feuchten Wärme des *sudatoriums* wählen. Danach betrat er den wärmsten Raum, das *caldarium*, das eineinhalbmal so lang wie breit war. Zur Abkühlung stand ihm ein durch einen Lichtschacht erhellter halbrunder Raum zur Verfügung, in der er sich mit kaltem Wasser übergießen konnte, das in eine Schale, das *labrum*, fiel.

Nach dem Dampfbad begab man sich in eine runde Nische, wo Stufen in ein Becken führten, in dem zwölf Personen Platz hatten. Dort setzte man sich auf die vorletzte Stufe und reinigte sich wie in Griechenland die Haut mit Hilfe einer *strigilis*, danach spülte man sich mit mehreren Wassergüssen ab. In manchen Einrichtungen konnte man sogar Einzelbadewannen benutzen.

Danach ging man in einen kalten Raum, das *frigidarium*, sprang ins Schwimmbecken und tummelte sich im kalten Wasser. Vorher konnte man sich auch in einem lauwarmen Raum ausruhen, um den Körper zu akklimatisieren.

Während der verschiedenen Gänge ließ sich der reiche Patrizier von Sklaven begleiten. Einer von ihnen bewachte die Garderobe (es wurde viel gestohlen), ein anderer trug das Öllämpchen, das Soda und die Handtücher, wieder ein anderer half ihm aus dem Becken und bahnte ihm einen Weg ins begehrte *labrum*, um seine Haut mit der *strigilis* zu bearbeiten.

Hatte er keinen Sklaven bei sich, der sich auf Massage und Epilieren verstand, konnte er im *unctorium*, dem Salbenraum, die Dienste des Masseurs in Anspruch nehmen, der ihn auf einem Ruhebett mit geschickter Hand traktierte.

Im Lauf der Jahre gab es in den Thermen noch andere Aktivitäten, die sie in wahre Paradiese in der Art von Erlebnisbädern verwandelten: offene Schwimmbäder, Sport- und Spielplätze (Fitneßräume würde man heute sagen), Gärten, Säulenhallen und von Statuen gesäumte Spazierwege, »Bars«, Restaurants, Ruheräume, aber auch Kulturstätten wie Bibliotheken und Theater. Hier konnte man je nach Belieben Theaterstücke sehen, oder Gedichtrezitationen, Vorträge oder Konzerte hören…

Die beste Beschreibung der Thermen, ihres Dekors und ihrer hektischen Atmosphäre findet sich

Die ganze Poesie der Badeanlagen von Herculaneum strahlt diese Vorhalle aus (oben), mit der schönen, auf einem Fuß stehenden Schale und der sie umgebenden Säulenhalle im Eingangsbereich. Anfangs waren die *balneae* kleine private Einrichtungen, die man gegen Entgelt benutzen konnte, oft von reichen Patriziern erbaut. Diese freiwillige Geste des Großmuts wurde bald auf behördlichen Druck zu einer Bürgerpflicht – im 4. Jahrhundert gab es in Rom schätzungsweise tausend dieser Einrichtungen. Die intime Atmosphäre der *balneae* stand in deutlichem Gegensatz zu den kaiserlichen Thermen. Diese repräsentativen Bauten, die man seit 19 n. Chr. errichtete, erhielten ihr Wasser über eigens angelegte Aquädukte, und es wurde durch ein Heißluftsystem im Boden (Hypokausten) und Wänden erwärmt.

bei Seneca in einem seiner *Briefe an Lucilius*: »Ich befinde mich hier inmitten ohrenbetäubenden Lärms, da mein Quartier unmittelbar neben einem Badehaus gelegen ist... Wenn die Sportsfreunde vom Gymnasion wild mit ihren bleiernen Hanteln trainieren, was sie unermüdlich tun, höre ich sie ächzen. Das ist ein schneidendes Gepfeife und Gekeuche... Läßt sich einer massieren, höre ich das klatschende Geräusch auf seinen Schultern und kann sogar unterscheiden, ob der Masseur den Armen mit der hohlen oder der flachen Hand traktiert. Den Rest gibt mir dann der Ballspieler, der hereinplatzt und laut die Punkte zählt. Nicht zu vergessen die unvermeidlichen Streithanseln, der auf frischer Tat ertappte Spitzbube und der Gute, der glaubt, im Bad komme seine schöne Stimme besonders gut zur Geltung. Ganz zu schweigen vom Schwimmbecken und dem Mordslärm, den jedes Eintauchen dort verursacht... Stell Dir dazu noch den Haarausrupfer vor, der unentwegt mit kreischendem Falsett seine Dienste anpreist und erst den Mund hält, wenn der Kunde beim Abschaben der Achselhaare an seiner Statt zu brüllen beginnt. Dann gibt es noch den Getränkehändler, der lautstark auf sich aufmerksam macht, den Wurstverkäufer, den mit den Süßwaren und die Kerle aus den Tavernen, deren jeder in charakteristischem Singsang für seine Ware wirbt...«

Den Architekten – und ihren auftraggebenden Kaisern – konnten die Gewölbe der Thermen gar nicht hoch genug sein, und immer größer wurden die bunten Glasfenster, durch die die Sonne herein-

In den Bädern am Forum von Pompeji (oben) hielt das Halbdunkel des *caldariums* die Raumtemperatur auf angenehmem Niveau (um 40 °C), zur weiteren Erfrischung diente das Becken (*labrum*) mit Kaltwasser im angrenzenden Halbrund, das sein Licht durch eine Öffnung in der Decke erhielt. Diese kleinen Bäder waren weit intimer als etwa die Thermen des Kaisers Diokletian (folgende Doppelseite), 1889 gemalt von Edmond Paulin. Man kann sich gut vorstellen, in diesem betriebsamen, prunkbeladenen Bad zu lustwandeln und dort im *frigidarium* auf den reichgewordenen Freigelassenen aus dem *Satyricon* des Petronius zu treffen: »Trimalchio war ganz von Parfumduft eingehüllt und ließ sich nicht nur mit einem gewöhnlichen Tuch abtrocknen, sondern mit Tüchern aus der weichsten Wolle, während drei Masseure vor seinen Augen Falerner tranken.«

schien und die Räume in sanftes Licht tauchte. Und auch die Innenausstattung wurde immer luxuriöser: Granit- und Porphyrsäulen, stuckverzierte Wände, Emailbänder, an denen ein skulptiertes Kranzgesims entlanglief, Stühle und Becken mit gedrechselten Füßen; am Boden weißer Marmor; überall Mosaiken, selbst auf dem Boden der Becken, mit Darstellungen der Flora, Fauna und der Meeres- und Flußgottheiten… und überall Wasser, Wasserfälle, Wasser, das aus silbernen Wasserspeiern hervorsprudelte…

Dieser aufwendige Luxus war zum Vergnügen aller bestimmt. Die Thermen waren nämlich mit staatlichen Geldern erbaut und kosteten im allgemeinen keinen Eintritt. Bald wurden sie von der Macht vereinnahmt, zuerst von Nero, der sich mit Bädern beim Volk beliebt machte. Die Nero-Thermen wurden 60 n. Chr. in Rom nach einem ganz neuen Plan des Kaisers erbaut, ein riesiges Gebäude von nahezu 3000 Quadratmetern: in der Mitte eine Aula, die so gelegen ist, daß man, geht man um sie herum, in sämtliche Baderäume gelangt, bevor man zum Ausgangspunkt zurückkehrt und wieder in die Garderobe am Eingang gelangt. Dieses System wurde später von allen übernommen. Es ermöglichte den Bau eines separaten Eingangs für die Frauen. Noch größer und höher waren die berühmten Caracalla-Thermen mit einer Grundfläche von 140 000 Quadratmetern, die um 217 n. Chr. erbaut wurden, und die Diokletian-Thermen, die 300 eingeweiht wurden und täglich auf 150 000 Quadratmetern über dreitausend Besucher zählten.

Für diese riesigen Badeanlagen brauchte man sehr viel Wasser, das die römischen Ingenieure durch Aquädukte heranleiteten. Keine andere Zivilisation der Erde hat dies geschafft, und ihre Spuren versetzen uns noch heute in Erstaunen.

In der achten Stunde nach römischer Zeit, bei uns je nach Jahreszeit gegen 16 oder 17 Uhr, erklang ein Gong und kündigte die Öffnung an. Gegen Zahlung eines kleinen, eher symbolischen Betrags konnte die Menge endlich die Bäderanlage betreten. Dort traf man Männer und Frauen, Kinder, Reiche, Arme, Sklaven, Diebe, Prostituierte, Sportler, Flaneure und Wächter, Schriftsteller wie Plinius d. Ä., der seinem Schreiber seine Eindrücke diktierte, Politiker und selbst den Kaiser, umgeben von der Schar seiner Wächter und Offiziere, um seine Popularität zu messen und zu fördern. Man konnte auch die geschmacklos-luxuriöse Equipage eines neureichen Freigelassenen bewundern, wie sie Petronius im *Satyricon* beschreibt, der »ganz

Bis zum Ersten Weltkrieg zählten Badeszenen zu den wenigen Bildthemen, die Aktdarstellungen zuließen, ohne daß man mit den herrschenden Moralvorschriften in Konflikt geriet. Die Malerei schöpfte daher reichlich aus dem Fundus der antiken Mythologie und ähnlicher Themen, wie Sir Frederick Leighton (1830–1896) bei seinem *Bad der Psyche* von 1889 (oben, Ausschnitt). Hier läßt Psyche gerade die letzten Hüllen fallen, bevor sie ins Bad steigt, vielleicht in Erwartung eines Rendezvous mit ihrem Geliebten Amor… Ein Zeitgenosse Leightons, Sir Lawrence Alma-Tadema (1836–1912), schuf eine gewagtere Darstellung (gegenüber): Im transparenten Wasser präsentieren sich die grazilen jungen Frauen gänzlich nackt, wobei das Elfenbeinweiß ihrer Körper harmonisch mit der Farbe des Mamors zusammenspielt. Die heitere Atmosphäre oszilliert zwischen antiker Therme und orientalischem Hammam, und im Eingangsbereich erkennt man die Nischen des Vestiariums, das als Ruheraum diente.

von Parfumduft eingehüllt war« und sich nicht mit einem »gewöhnlichen Tuch« abtrocknen ließ, sondern mit »Tüchern aus der weichsten Wolle«.

Außerdem gaben sich dort alle möglichen fliegenden Händler, die ihre Ware ausriefen, ein Stelldichein, sowie die Welt des Theaters, Schauspieler, Geschichtenerzähler und Wahrsager. Eine ausnehmend bunte Mischung, wie man sie heute vielleicht noch auf orientalischen Marktplätzen vorfindet, im Dekor eines kaiserlichen Palastes… Vergnügen für die Menge, Vorwand zu schauen, zu lauschen und sich zu zeigen, aber auch Gelegenheit, es im Winter in einem prächtigen Rahmen schön warm zu haben.

Soviel Erfolg rief natürlich böse Zungen auf den Plan. Manche prangerten die erhebliche staatliche Geldverschwendung an, sahen in diesem System eine Art organisierten Müßigganges und Volksverdummung. Andere, wie die stoischen Philosophen, glaubten darin Anzeichen für eine Verweichlichung der Sitten zu erkennen. Das warme Wasser und die Verwendung von Parfum veranlaßten Seneca zu der Äußerung, die duft-enthusiastischen Römer, wüschen sich am Ende nur, »um sich ihr Parfum abzuwaschen«. In der Tat nahm das Baderitual neurotische oder absurde Züge an. Manche Müßiggänger unternahmen pro Tag mehrere Badegänge und begannen in ihrem Bad zu Hause von

Die üppige Schöne, die auf den Seidenkissen ihres mit einem Tierfell bedeckten Marmorbettes ruht, »von Dampf und Wohlbefinden übersättigt«, malte Sir Lawrence Alma-Tadema 1881. Ihre Haut ist ganz rosig von der Wärme des *caldariums*, und ihre Odaliskenträgheit signalisiert Sinnlichkeit und Muße. Ihre Kraft scheint kaum auszureichen, die Straußenfeder und die *strigilis* aus getriebener Bronze zu halten. Eine der seltenen Darstellungen von Männern im Bad schuf der italienische Manierist Girolamo Macchietti (etwa 1535–1592). Sie gibt meisterhaft die Atmosphäre der berühmten Bäder von Pozzuoli nahe Neapel wieder (gegenüber). Auf das Abreiben des Körpers mit der *strigilis* folgten eine Massage und die Salbung mit Öl. Die hierbei verwendeten Werkzeuge – *strigilis*, *cupella* und *alabastron* – sind auf der Vignette rechts zu sehen.

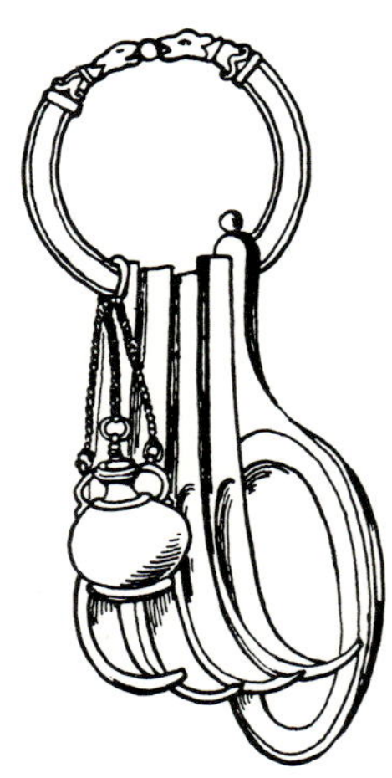

neuem – vor dem Abendessen. Zu Beginn des 3. Jahrhunderts v. Chr. war die Begeisterung für die üblicherweise bei Einbruch der Dunkelheit geschlossenen Thermen so groß, daß Caracalla anordnete, sie die ganze Nacht über zu öffnen.

Die Kritik galt vorrangig den lockeren Sitten, die in Nacktheit und Promiskuität zum Ausdruck kam. Im Bad nackt zu sein, ist von geringer Bedeutung. Gründliche Körperpflege signalisierte die Zugehörigkeit zu einer bestimmten Klasse, und vor Untergebenen nackt zu sein machte einem Patrizier nichts aus. Das gemeinsame Baden von Männern und Frauen wurde unter Caracalla üblich. Es führte unweigerlich zu Exzessen, die man durch Verbote vergeblich einzuschränken versuchte... Das Konzil von Laodikeia im Jahr 320 verbot den Frauen den Zugang zu den Thermen, und Johannes Chrysostomus, der Patriarch von Konstantinopel, erließ Ende des 4. Jahrhunderts ein generelles Badeverbot. Das Christentum stand den Bädern ohnehin ablehnend gegenüber: Sie rückten den nackten Körper in den Mittelpunkt, und in dem dort betriebenen Luxus manifestierte sich eine materialistische Lebenseinstellung – daher waren sie von vornherein als Sündenpfuhl verrufen.

Dennoch bauten die Römer selbst in der Spätantike noch in entlegenen Provinzen des Römischen Reiches Bäder: in Vienna (Gallien), Trier, Badenweiler, Sanxay, Paris, Nîmes, Arles, Timgad, Karthago und Volubilis, ganz zu schweigen von den besonders beliebten Bäderbauten an heißen Quellen, von denen Bath in England sicher eines der berühmtesten ist.

Die Thermen überlebten den Fall des Römischen Reiches nicht lange, was Alain Malissard zu der Äußerung veranlaßt, sie seien »der weitreichendste und zutreffendste Ausdruck römischer Lebensweise«. In der Tat haben die Römer überall, wo sie sich festsetzten, auch ihre spezifische Badekultur eingeführt.

Obwohl manche christlichen Denker, wie Papst Gregor der Große im Jahre 590, Bäder noch für kurze Zeit erlaubten, »wenn nicht Luxus und Sinnenlust der Grund sind, sie aufzusuchen«, wurden die Thermen in allen Ländern des ehemaligen Reichsgebietes nach und nach aufgegeben. Sie wurden kaum noch gepflegt, funktionierten später nicht mehr und waren schließlich nur noch Zeugnisse einer verlorengegangenen Kunst – und dies jahrhundertelang.

Erst im Mittelalter, im 11. Jahrhundert, erhielten die Bäder eine neue Chance, über die Schwitzbäder entdeckte man wieder die Freuden gemeinsamen Badens.

Die Thermen, die seinerzeit im gesamtem Gebiet des Römischen Reiches entstanden, zeugen gleichermaßen vom Badeenthusiasmus wie von der architektonischen Befähigung der Bauherren. An zahlreichen Heilquellen finden sich noch Relikte dieser Bauten, wie im englischen Bath, wo vor allem die Kombination des smaragdgrünen Schwimmbeckens und der gelben Steine des Brunnenrandes beeindruckt (gegenüber, oben und unten). Die Hauptquelle war 45 Grad warm, die Anlage vierhundert Jahre lang in Betrieb. Im 12. Jahrhundert wurden sie von Mönchen wiedererrichtet. Seinen Höhepunkt als mondäner Badeort erlebte Bath allerdings erst im 18. Jahrhundert, als seine charakteristischen Bauensembles entstanden. Gab es keine Quellen in unmittelbarer Nähe, leiteten die Römer das Wasser für die Thermen über riesige Aquädukte. 1914 malte Zeno Diemer (oben) das Bild der Via Latina südlich von Rom mit der Kreuzung der Aquädukte Aqua Marcia, Tepula, Claudia und Anio Novius.

In der sanften Wärme mittelalterlicher Schwitzbäder

Wer gerät nicht ins Staunen, wenn er mittelalterliche Miniaturen betrachtet, auf denen öffentliche Bäder dargestellt sind, bevölkert von graziösen Frauengestalten, die völlig nackt sind, aber einen Kopfputz tragen, in Begleitung ebenfalls nackter Männer, die in Warmwasserbecken planschen und fröhlich an einem improvisierten Tisch aus einem aufgelegten Brett essen, mit einem Leintuch verziert, auf dem Speisen stehen.

In das lauwarme, klare Wasser hat man Blütenblätter von Rosen geworfen und einen duftenden Holunder-, Rosmarin-, Kamillen- und Steinkleesud gegossen. Nach dem Speisen im Bad machte man seinen Atem frisch, indem man Lakritz lutschte oder Kardamonkörner kaute, danach konnte man eine wohltuende Massage genießen. Die Männer ließen sich rasieren oder den Bart stutzen, die Frauen ließen sich ihr Haar waschen und mit nach Moschus, Nelken oder Honigklee duftendem Öl einreiben. Nicht zu vergessen die Enthaarung mittels einer Pinzette oder mit heißem Erbsenbrei getränkten Stoffbahnen; danach pflegte man die Haut mit Salben aus ätherischen Ölen.

Öffentliche Schwitzbäder gibt es auch heute wieder. Mit ihnen hat die abendländische Kultur das Vergnügen gemeinsamen Badens wiederentdeckt. Versuchen wir zu verstehen, warum. Während der erste Kreuzzüge entdeckte das Abendland voller Bewunderung die Raffinessen des orientalischen Bades. Es hatte in Byzanz auch das Römische Reich überdauert, während die »trockenen« russischen Bäder bis nach Deutschland vordrangen. Von der Technik her ist es auch eher diesen als den altrömischen Thermen oder maurischen Bädern verwandt. Zu den (Wieder-)Entdeckungen in der Fremde traten allgemeine Veränderungen im Sittenkodex und eine fortschreitende Akzeptanz der Körperpflege in den christlichen Heimatländern. Außerdem wurde man sich der Vorzüge der Hygiene bewußt, und zwar durch den *Canon medicinae*, ein Buch des persischen Arztes und Philosophen Ibn Sina, geschrieben zu Beginn des 11. Jahrhunderts. Wechsel von heißen und kalten Bädern, Massage und Gymnastik: Diese Empfehlungen erfuhren weite Verbreitung, was beweist, daß man der Körperpflege wieder neue Aufmerksamkeit schenkte.

Allmählich vollzog sich die Bewußtwerdung der Individualität, die Schönheit und Verführung wieder gelten ließ, im Rahmen dessen, was man »höfische Liebe« nennt, in einer ritterlichen Welt, in der körperliche Ertüchtigung allgemein hochgeschätzt wurde, insbesondere Reiterkampf, Schwimmen und Baden.

1292 gab es in Paris, das 70 000 Einwohner zählte, 26 Bäder, die man *étuves* oder *hôtels de bains* nannte. Viele Straßennamen erinnern noch heute daran, besonders im Quartier Latin und im Marais.

Die Badekultur erlebt vom 12. Jahrhundert an auch im Abendland eine Renaissance. Zahlreiche Darstellungen auf Miniaturen zeugen von sorgfältiger Körperpflege und Geselligkeit. So genoß man in den öffentlichen Schwitzbädern Gemeinschaftsbäder mit Blütenaufgüssen. In einer Handschrift der *Denkwürdigen Taten und Aussprüche* von Valerius Maximus, die um 1570 für den Herzog von Burgund illuminiert wurde, ist das Vergnügen eines solchen Bades wiedergegeben (oben); der Baldachin verhindert das Entweichen des Wasserdampfs. Anschließend pflegte man Leckerbissen und Weißwein zu reichen. Als Alternative bot sich ein Bad in einem großem Zuber an (gegenüber), über den als »Tisch« ein Tablett und ein Leintuch gebreitet wurden. Man badete zwar nackt, aber Kopfputz und Schmuck durften nicht fehlen, bei ausgiebiger Plauderei, die ein Lautenspieler musikalisch untermalte. Die Alkoven dienten übrigens nicht nur der Ruhe nach dem Bad, sondern auch galanten Seitensprüngen…

Blandum etiã luxuria
malum q̃ accusare
aliquo facilius est
quã vitam operi nro inseruit. Non
quidem ut illi honorem recipiat
sed ut seipsam recognoscentes ad
penitenciã impelli possit. Iungitur
illi libido quã ex hiisdem viciorum
principiis oritur neq̃ ã a reprehencõe
aut ab emendatione separentur. Cheio
mentis errore conexe. Translateur
En ceste partie valerius commence
son ix.e livre qui est des dis et des
fais dignes de memoire de la cite
de romme et des estranchiers. ouquel
apres ce que valerius ou viij. livre
precedent a determine des vertus et
operations vertueuses. en ce ix.e

Zu den Badeeinrichtungen gehörten im allgemeinen ein Raum für Warmbäder mit einem großen Sammelbecken auf der einen Seite und einem oder mehreren mit Eisenringen umgebenen Holzzubern auf der anderen, mit einem oder zwei Einzelplätzen für Privilegierte und einem Bad mit Holzstufen mit trockener oder feuchter Wärme, wo warme Luft durch eine gelochte Kuppel drang. Das Wasser wurde im Keller von großen Öfen erhitzt und durch Holzrohre weitergeleitet. In der ersten Etage lag ein Raum mit Ruhebetten, wo man Decken und manchmal auch einen Krug mit kühlem Weißwein fand.

Die Atmosphäre dieser öffentlichen Bäder ist Gegenstand zahlreicher zeitgenössischer Stiche, deren berühmteste wohl die von Albrecht Dürer mit dem Titel *Männerbad* und *Frauenbad* sind. Auch auf vielen Miniaturen sind Badende im Warmwasserbad zu sehen, mit oder ohne Badetuch, allein oder zu zweit. Je nach Rang des Baders (einfacher Bader oder Bader und Barbier) gab es zusätzlich klassische Anwendungen wie Saugnäpfe, Massagen, Enthaarung, Kämmen, Bartscheren und selbst Heilanwendungen wie Aderlaß (durch einen Bader, der auch Bartscherer und Wundarzt war). Hinzu konnte auch noch ein »Hotelservice« kommen in Form von Alkoven mit Betten, Getränken und Speisen, die man in der Wanne zu sich nahm.

Im gesamten Abendland gehörten solche Einrichtungen schließlich zum Alltag. In England hatte die Vereinigung für Männerbäder sich zum Emblem einen Türkenkopf gewählt, der an den Ursprung dieser Badekultur erinnerte. In Deutschland erkannte man den Bader, Bartscherer und Wundarzt am Emblem des Rutenbündels (mit dem

Mit rührender Detailfreude zeigt diese Miniatur von 1405 aus der Handschrift *Bellifortis* von Konrad Keyser (oben) die Einrichtungen öffentlicher Wärme- und Dampfbäder. Der Kachelofen erhitzt den Wasserbehälter und erzeugt Dampf, der durch eine Art Rohrkolben ins Bad gelangt. Die leichte Bekleidung der Badenden entsprach deutschen Gepflogenheiten. Meist betrat man das Bad unbekleidet oder wie hier mit einem Tuch bedeckt. In späterer, weniger freizügiger Zeit trugen die Männer Unterhosen, Frauen ein »Badehr«, ein langes, an den Seiten hochgeschlitztes Hemd.

man sich peitschte, wie heute noch in der Sauna, um das Schwitzen zu fördern). In Deutschland war das Baden so sehr Teil des täglichen Lebens, daß zum Verdienst eines Handwerkers ein gesonderter Betrag als »Badegeld« gehörte. Die Einrichtungen zahlten eine Steuer, die Bedürftigen den Besuch der Bäder ermöglichte. Badehäuser, die manchmal auch als Gasthäuser dienten, waren in Albrecht Dürers Reisekostenabrechung unter der Rubrik »Zerstreuung« vermerkt. In seiner Heimatstadt Nürnberg gab es ein Badelied, in dem es hieß: »Wein für das Innere des Leibes, Wasser für das Äußere, dann sind wir froh!«

Es gab auch zahlreiche Freibäder, meistens an Quellen oder Bächen. In hohem Ansehen standen bereits damals die Bäder von Baden. Als der französische Philosoph Michel de Montaigne im 16. Jahrhundert über die Schweiz nach Italien fuhr, notierte er in seinem Tagebuch: »Baden, eine kleine Stadt und ein abseits gelegenes Dorf, in dem es Bäder gibt [...] entlang eines Baches... Es gibt zwei oder drei öffentliche Bäder im Freien, in denen aber nur Arme baden. Die anderen, deren es viele gibt, sind in Häusern untergebracht; [sie bestehen aus] mehreren kleinen Zellen, die abgeschlossen und überdacht sind, die man mit Zimmern mieten kann. Diese Zellen sind äußerst schön und bequem, für jedes Bad führen Leitungen mit warmem Wasser hinein.«

In Deutschland waren die öffentlichen Bäder für beide Geschlechter bestimmt, aber Männer und Frauen wurden durch einen Staketenzaun oder ein

Inmitten einer schönen Berglandschaft liegt die Mineralquelle von Loèche-Les-Bains in der Schweiz, die Hans Bock d. Ä. 1597 heiter-entspannt in Szene setzte (oben). Beschwingt vom Wein und gewiegt vom Klang der Flöten, Krummhörner, Lauten und Kinderstimmen scheint dieses Idyll auf wundersame Weise unberührt von dem rigiden Bann, mit dem die Reformation die Nacktheit und das gemeinsame Baden der Geschlechter belegte. Badende, die weder Unterhose noch Schurz trugen, wurden seit 1548 mit harten Strafen belegt, vor allem in Deutschland.

Gitter voneinander getrennt, die mit kleinen Fenstern versehen waren, damit man sich unterhalten oder gemeinsam essen konnte. Nackt waren die Leute nicht immer. Der Florentiner Poggio Bracciolini besuchte Mitte des 15. Jahrhunderts Baden-Baden und erzählt, die Männer hätten eine Art kurzer Unterhosen und die Frauen weite, geschlitzte und ausgeschnittene Hemden getragen. Als er von der Galerie aus um das Frauenbad herumging, warf der Italiener den Hübschesten Geldstücke zu. Diese öffneten ihr Badehemd, um sie aufzufangen, und ließen dabei ihre Reize sehen…

In Frankreich badeten Frauen und Männer im allgemeinen nicht zusammen; eine Regelung schrieb einen wechselnden Rhythmus an bestimmten Tagen der Woche wie im Hammam fest. Manche Bäder waren sogar nur für Frauen bestimmt, etwa der Lion d'argent in Paris (in der heutigen Rue Beaubourg). Früh am Morgen zogen die Badediener singend durch die Straßen und verkündeten, daß die Bäder jetzt warm seien. Sie klapperten mit ihrer Rassel und sagten einen Vers auf, um daran zu erinnern, daß leichte Mädchen, Taugenichtse und Leprakranke nicht zugelassen seien.

Zweck der römischen Thermen war die Freude am Wasser, am Zusammensein und am Sichzeigen, Sinn des mittelalterlichen Schwitzbades waren Spiel und Feiern. Dem Historiker Philippe Perrot erscheint das Schwitzbad als Ort »begeisterter Promiskuität, an dem die von Hand des Baders oder seines Gehilfen gepflegten, enthaarten und parfümierten Körper sich in Dampf und warmem Wasser kühn miteinander mischen«.

Es war ein Ort mehr oder weniger verbotener Vergnügen, und viele Bäder dienten auch als Absteigen. Nach dem Gesetz sollten die Bäder bei Eintritt der Dunkelheit schließen, aber bald wurden die Bestimmungen umgangen… Am Vorabend der Frauentage blieben die Männer über Nacht – bis zur Öffnung am nächsten Morgen. In dem höfischen Roman *Flamenca* (Mitte des 13. Jahrhunderts), durch den der Badeort Bourbon-l'Archam-

Zu den ältesten Thermalquellenbädern im Freien gehörte die Anlage von Plombières, die J. J. Huggelin 1553 auf einem Holzschnitt darstellte (oben links). Die Heilkraft des warmen und kalten Wassers aus den Vogesen pries auch Montaigne 1580 auf der Durchreise nach Italien: »Es gibt ein großes und zentrales [Bad] … 35 Schritt lang und 15 breit … durch aufgehängte Balken sind Plätze abgeteilt…« Eine andere Form des mittelalterlichen Bades war das auf dem Holzschnitt (oben rechts) von Hans Sebald Beham (*Frauenbad*, 1500–1550) dargestellte trockene Schwitzbad. Es war seit alters in Ostdeutschland gebräuchlich. Die Ähnlichkeit mit der heutigen finnischen Sauna (siehe S. 171 ff.), die dieses Bild suggeriert, ist allerdings rein äußerlich.

bault zu Berühmtheit gelangte, durchsucht ein eifersüchtiger Ehemann alle Winkel des Badehauses und bewacht die Tür… ohne Erfolg, weil der Liebhaber seiner Frau bereits da ist!

Im sogenannten *Rosenroman* (der zur selben Zeit entstand) wird das Dampfbad zum »Haus der wilden Freizügigkeit«, hier gehen Diener und Fräuleins hin, »die gemeinsam in Zubern baden«. Der Autor Jean de Meung geht in seiner Provokation so weit, der Frau eines eifersüchtigen Mannes zu raten, sich dort mit ihrem Liebhaber zu treffen, und zu sagen, sie fühle sich nicht wohl und brauche ein Dampfbad…

Solche Freizügigkeit bedeutete das Todesurteil der öffentlichen Bäder. Die Forderungen der Kirche wurden immer dringlicher, zumal die Warmwasserbäder mit Aufkommen der großen Pestepidemien und der Syphilis durch medizinische und naturwissenschaftliche Unkenntnis in Verruf gerieten. Wenn in Frankreich die Pest wütete, hieß die Parole: »Schwitzbäder und Bäder sollt ihr meiden, sonst müßt ihr den Tod erleiden.« Im ganzen Abendland wurden die öffentlichen Bäder verdammt, und nach und nach schlossen alle ihre Pforten. In England wurden sie im 15. Jahrhundert auf Befehl Heinrichs VIII. geschlossen und blieben es 150 Jahre lang oder wurden zumindest streng reglementiert. In Frankreich schlug ihre Stunde 1566 mit den Generalständen von Orleans, welche die Schließung aller Häuser mit Prostitution und damit aller Schwitzbäder forderte. In Deutschland sind sie bis Ende des 16. Jahrhunderts belegt. Aber auch hier änderten sich die Zeiten… eine Stadt nach der anderen schloß ihre Badeeinrichtungen. Fast zwei Jahrhunderte lang geriet das Badevergnügen in Vergessenheit.

Das trockene Dampfbad, russisches Bad genannt, gelangte vor tausend Jahren aus Mittelasien nach Rußland. Die Einrichtung ist immer gleich und höchst einfach: Trockene Steine werden über einem Feuer erhitzt; um Dampf zu erzeugen, begießt man sie mit kaltem Wasser. Mitte des 18. Jahrhunderts hielt sich Abbé Chappe d'Auteroche in Sibirien auf, um eine Venus-Finsternis zu beobachten, war aber von seinem ersten Versuch nicht begeistert… Beim Betreten des Raums war er von den Dampfwolken derart überrascht, daß er dachte, im »Badezimmer« sei ein Brand ausgebrochen, und so schloß er die Tür. Nachdem er seine Meinung geändert hatte, zog er sich aus. Sogleich war er schweißgebadet, die Wärme stieg ihm in den Kopf, so daß er zu phantasieren begann; er fiel von der Bank und zerbrach das Thermometer, das er als guter Enzyklopädist mitgebracht hatte… Ruhige und harmonische Bewegungen, das Vergnügen der Massage und Zeit für Muße hingegen strahlt die *Frauensauna* (oben) des russischen Malers Letunow aus, die von einem großen Kachelofen beheizt wird.

Zweihundert Jahre ohne Bäder

Mit Einschränkung kann man einen Ausspruch des prominenten Kulturphilosophen Jules Michelet (»Tausend Jahre ohne Bäder«) gelten lassen: Gegen Ende der Renaissance verschwanden die Bäder zusehends, und ganz allgemein ging auch der Verbrauch an Waschwasser immer mehr zurück. Auch die Nacktheit, die im Mittelalter so verbreitet war, kam allmählich aus der Mode. Die Ungeniertheit, mit der man anderen seinen Körper zeigte, ging ebenso verloren wie die Natürlichkeit, mit der man die für die Pflege notwendigen Handhabungen ausführte. Das Schamgefühl brauchte nicht mehr zu leiden, denn Körperpflege begnügte sich nun mit wenigen, nur partiellen Waschungen im Verborgenen, meist nur von Gesicht und Händen.

Um so mehr Aufwand betrieb man bei seiner Kleidung, und je mehr man sich schmückte, desto weniger achtete man auf den Körper. In einem 1677 erschienenen Artikel der Revue *Le Mercure galant* wird daran kein Zweifel gelassen: »Sauberkeit hängt von den Kleidern einer Person ab. [...] Wenn wir sauber sein wollen, müssen wir die Kleider unserer Größe, unseren Verhältnissen, unserem Alter anpassen. Das Gesetz, das man, um sauber zu sein, unbedingt beachten muß, ist die Mode.«

Die Dampfbäder schließen, die Gewohnheit, gemeinsam oder privat zu baden, verschwindet. Zu Beginn der Herrschaft Ludwigs XIV. gibt es nur noch zwei öffentliche Schwitzbäder, die offiziell genannt werden: Sie sind auf ärztlich verordnete Heildampfbäder spezialisiert, auf Enthaarung und auf geheime Rendezvous. Das luxuriöse Etablissement von Monsieur Prudhomme diente als verschwiegener Treffpunkt der damaligen Oberschicht, vor allem des Vetters von Madame de Sévigné, des Grafen von Bussy-Rabutin. Bei La Vienne, einem anderen bekannten Bader, ließ sich Ludwig XIV. für seine ersten Rendezvous herrichten. Später belohnte er ihn mit der Stelle des ersten Kammerdieners in Versailles. Solche Eskapaden nannte man »beim Bader schlafen gehen«. Zugleich konnte man ein Bad, eine Enthaarung, Haar- und Bartpflege und kosmetische Anwendungen, ein Abendessen mit gutem Wein, Aphrodisiaka und... äußerste Diskretion in Anspruch nehmen.

In London boten manche öffentliche Bäder noch ein Jahrhundert später solche Dienste. Als Casanova dort weilte, schrieb er auf, wie sehr ihn diese Bäder beeindruckt hätten, in denen man zu »Abend speisen, baden und für nur sechs Guineen mit einer Kurtisane die Nacht verbringen konnte«. Im Prinzip wurden solche Einrichtungen wie im Mittelalter von Badern geführt, die zugleich Barbiere und Perückenmacher waren und Läden mit Toiletten- und Schönheitsartikeln betrieben.

Ende des 17. Jahrhunderts wurden in Paris mehrere neue Schwitzbäder eröffnet, auf Anregung mancher Ärzte, darunter Nicolas de Blégny, der nahe der Porte Sainte-Antoine in seinem von einem Heilkräutergarten umgebenen Haus »Dampfbäder« verabreichte; die Patienten lagen auf Hängematten über Kräuteraufgüssen! 1678 kam der Chirurg der Königin, Pierre Dionis, auf die Idee, Bäder »nach römischem Vorbild« zu errichten: »Die Lage des Ortes ist angenehm und befriedigt den Blick durch Gefäße, Büsten, Becken, Porzellan und Bilder, die sie zieren«, heißt es dazu im *Mercure galant*.

Badelustigen standen neben den wenigen Schwitzbädern noch Bäder im Fluß oder Thermalbäder zur Verfügung. Diese wurden von Ärzten für rein therapeutische Zwecke verschrieben, aber nichts hinderte einen daran, sie zu genießen... wie es Michel de Montaigne Ende des 16. Jahrhunderts tat, der das »Heilbaden« schätzte und die Schließung öffentlicher Dampfbäder bedauerte.

Im folgenden Jahrhundert begaben sich Ludwig XIII., Anna von Österreich und Kardinal Richelieu nach Forges-les-Eaux. Boileau und Madame de Sévigné hielten sich gern in Bourbon-l'Archambault auf, eine Quelle mit römischen öffentlichen Schwimmbädern und eleganten separaten »Duschbädern« im Keller der königlichen Gemächer. Ludwig XIV. und Madame de Maintenon machten die Schwefelbäder von Barèges berühmt, und Baden-Baden in Deutschland und das englische Bath büßten niemals ihren guten Ruf ein.

Bäder im Fluß wurden von den Ärzten überall geschätzt wegen der kräftigenden und adstringierenden Wirkung kalten Wassers. Das Volk verzichtete nicht darauf, ebensowenig die französischen Könige und ihr Gefolge. Heinrich IV., der ein guter Schwimmer war, badete oft in Saint-Germain oder Le Pecq in Begleitung des Dauphin, des späteren Ludwigs XIII. Anna von Österreich und ihre Hofdamen ergötzten sich im Sommer in der Seine, wo sie jeden Tag mehrere Stunden blieben, mit weiten, langen Hemden aus doppeltem groben Leinen bekleidet, die sich im Wasser aufblähten und so ihre Reize verbargen. Ludwig XIV., von dessen Wasserscheu man sich vermutlich übertriebene Vorstellungen gemacht hat, genoß es, wie in Kindertagen langsam die Marne zu durchschwimmen, gefolgt von der Schar seiner Höflinge, die gezwungen waren, es ihm gleichzutun.

Die Pariser badeten in der Seine – splitternackt – zwischen dem Quai Saint-Bernard und dem Quai de la Tournelle, was mehrmals ein Eingreifen der Obrigkeit vonnöten machte. So kam es allmählich zu den ersten regulären Flußbadeanstalten. Das Ehepaar Villain bot Umkleidekabinen aus mit Planen behängten Brettern an, verlieh Hemden für die Frauen, Handtücher für die Herren und stellte Badeflächen zur Verfügung, markiert durch im Wasser steckende Pfähle, zwischen denen Leintücher befestigt und Seile zum Festhalten gespannt waren. Mit der Eröffnung dieses Bades im Jahre 1688 begann eine Welle der Begeisterung, die nicht mehr

Seit dem Ende des 16. Jahrhunderts badete man nur noch selten und ausschließlich zu therapeutischen Zwecken: Baden und Badevergnügen wurden für beinahe zwei Jahrhunderte Fremdworte, die öffentlichen Badehäuser schlossen auf moralischen Druck der Kirche nach und nach ihre Pforten. Außerdem standen sie im Verdacht, die Verbreitung ansteckender Krankheiten, wie Pest und Syphilis, zu fördern. Obwohl Vorurteile gegen jeglichen Gebrauch des Wassers sich ausbreiteten (angeblich »schwächte« es Körper und Geist), wurde das Baden in Flüssen oder Teichen aber nach wie vor praktiziert. Das Detail des um 1640 auf Kupfer gemalten Bildes von Wolfgang Heinbach, *Junge Mädchen nach dem Bade* (oben), fängt die entspannte Atmosphäre nach dem Bad in den kühlen Wellen ein. Die in ungeduldiger Vorfreude auf diese Erfrischung abgestreiften Kleidungsstücke leuchten hell auf dem Moos, auf dem man so weich steht wie auf einer Badematte…

nachließ und zur Einrichtung echter Schwimmbäder führte, die das ganze 18. und 19. Jahrhundert über dazu beitrugen, das Wasser erneut zu »zähmen« und das Baden zum Teil des Alltagslebens zu machen.

Um 1750 fand das Wasser vor allem beim Adel wieder Eingang in die Körperpflege. So kündigte sich zu Beginn der Herrschaft Ludwigs XV. eine neue Auffassung vom Körper an. Sie lag in der Luft, im Geist der Zeit am Hof und in den Straßen von Paris, wo die Frauen mit ihrer Künstlichkeit, ihren Krinolinenkleidern und hohen Perücken immer mehr übertrieben. Das Arsenal von Schminkutensilien geriet in Vergessenheit, man bedeckte und isolierte die Haut nicht mehr mit tausenderlei Sälbchen und Pudern, sondern ließ sie wieder mit den Elementen Wasser und Luft in Berührung kommen und wußte zunehmend auch die Seife zu schätzen.

Diese Wiederentdeckung von Natürlichkeit und körperlicher Betätigung, die auch zur Renaissance des Badewesens führte, ging zurück auf die Philosophie der Aufklärung: Rousseau, Diderot und Voltaire in Frankreich, Locke in England, Basedow in Deutschland. Hinzu kamen ärztliche Plädoyers für regelmäßige kalte und warme Bäder, vor allem nach einer Entdeckung Lavoisiers, der 1777 nachwies, daß die Haut atmet. Deutschland und England ließen sich schnell überzeugen, in Frankreich jedoch bedurfte es »jemandes von gutem Ton, der Gebrauch davon machen wollte und das Ganze als Mode präsentierte, ein Prinzip, das auf uns ebenso stark wirkt wie die Vernunft auf unsere Nachbarn«, wie Abbé Jacquin es mit psychologischem Feingefühl ausdrückte. Offenbar blieb dies nicht ohne Echo, denn in Voltaires Theaterstück *Le Mondain* nehmen elegante Leute Bäder, um »chic zu sein«:

»Ein bequemer Wagen, anmutig geschmückt
Trägt ihn weich über das Pflaster
er fährt ins Bad, die süßesten Parfums
machen seine Haut frischer und glatter.«

Öffentliche Einrichtungen für solche Stutzer und neuen Bade-Enthusiasten waren noch selten. In Paris gab es 1773 nur neun. Damals wurde dort vor allem medizinische Hydrotherapie betrieben, es gab aber auch bereits luxuriöse Etablissements wie die Bäder von Dionis, wo man in einem Dekor von Blumen und exotischen Früchten nach dem Bad zum Vergnügen der Sinne köstliche Mahlzeiten und improvisierte Konzerte genießen konnte. Von ähnlichem Luxus waren die Bäder »du Régent«, die für Seine Königliche Hoheit, den Herzog von Orleans, in der Rue de Valois erbaut worden waren, und in denen es an nichts fehlte: Baderäume mit Wannen für Voll- oder Teilbäder, Dampfbäder, Schwitzbäder und Duschen, und »Appartements, eigens dafür ausgestattet, besonders vornehme Leute zu empfangen«. Diese Einrichtungen nahmen im 19. Jahrhundert beträchtlich zu, viele von ihnen hatten neben den Badekabinen auch Schwimmbäder.

Die erstaunliche Entwicklung der öffentlichen Bäder

Im ersten Drittel des 19. Jahrhunderts entstanden in Paris 78 öffentliche Badeanstalten. Dank der Inbetriebnahme des Ourq-Kanals 1837 und zweier neuer Aquädukte zwischen 1860 und 1870, durch die man das Wasser der Seine nutzen konnte, gab es schließlich 125 Badeeinrichtungen in der Hauptstadt, die etwa 45 Anstalten mit Schwimmbädern nicht eingerechnet.

Ein 1822 von Paul Cuisin herausgegebener Führer beschreibt diese Einrichtungen. Er nennt die besten Bäder im Paris der damaligen Zeit. Ausgehend vom Pont-Neuf, entlang den Quais der Seine, wo man manchmal die Lieder der Badediener hörte, kommt man an den Vigier-Bädern vorbei, die der frühere Oberdiener der Poitevin-Bäder eröffnet hat. Hier tummelt sich das Kleinbürgertum. Zu der Einrichtung gehören über 200 Einzel- oder Doppelbadewannen, dazu Ruhebetten. Diese Bäder sind bestens verankert und von so großer Helligkeit durchflutet, daß die badenden Damen die Vorhänge zuziehen müssen, um das Sonnenlicht zu dämpfen und um sich vor den »Herumstehenden am Geländer, [die] nicht umhin können, ihre erotischen Lorgnons auf sie richten«, zu schützen. Von diesem Bad aus kann man einen wunderbaren Blick auf das Hôtel de la Monnaie, den Louvre und Quai Voltaire genießen.

Hinter dem Pont-Royal begegnet man der »glänzenden Gesellschaft des Faubourg-Saint-Germain«. Die Schiffe sind elegante Fregatten mit zwei Etagen von 172 Räumen mit Liegebadewanne. Der Besucher wird von reizenden Zofen empfangen. Es gibt gepflegtes Essen und erlesene Weine. Schon das Dekor am Eingang macht den Betrachter sprachlos: »Eine leichte Treppe führte zu den Sandwegen, die von Pappeln beschattet wurden und über die man zu einer Rotunde gelangte, in der die Pferde versorgt wurden. Der Weg war mit Blumen geschmückt: Kästen mit Orangenbäumen, Rosensträuchern, Akazien, Trauerweiden, Pfeifensträuchern, Fliederbüschen…« Auch hier wählte die weibliche Kundschaft die Badezimmer, die auf den Quai hinausgingen, am liebsten jedoch die zur Seine hin wegen eines dort wohnenden Voyeurs, der, das Auge dicht am Fernrohr, »die Augenwimpern zählen konnte«, manchen Frauen schrieb er sogar und gab ihnen Namen wie »Venus mit den Schönen Formen«, »Atalantes Fuß«, »Hebes Brust«, »Dianas Sichel«.

Etwas weiter flußabwärts, am linken Ufer noch luxuriöser und auch zu Vigier gehörig, liegt ein »prachtvolles Schiff«, das man über eine breite, majestätische Treppe betritt, die nachts durch eine große Laterne erhellt wird und in eine mit einer riesigen Volière geschmückte Eingangshalle führt. Es ist mit Dienstpersonal versehen, Dienern und Mädchen, »sehr schön, sehr sauber und sehr kokett«, die den Gästen Reinigungs-, Gesundheits- und Ruheräume zuweisen.

Das luxuriöseste der Bains Vigier, ein Schiff im Directoire-Stil, befand sich am Quai d'Orsay (oben links). Die Vignette (gegenüber) warb für ein Jahresabonnement des vornehmen Etablissements, das man über eine breite, majestätische Treppe betrat, die nachts durch eine Laterne erleuchtet wurde. In »Reinigungs-, Gesundheitsbädern und Zimmern mit Betten« wurde man von »sehr schönem und elegant gekleidetem Personal« betreut. Hier traf sich die Pariser Oberschicht, insbesondere die *Jeunesse dorée*, die mit ausgefallener Kleidung und affektierter Redeweise ihren exzentrischen Lebensstil pflegte. Mitunter begegnete man ihr auch in den preiswerteren Badeanstalten der Rue de la Tannerie (oben rechts), wo sie der Sensationsgier des einfachen Bürgers ein willkommenes Schauspiel bot.

Gleichfalls am linken Ufer, am Quai d'Orsay, sieht man die schönste Einrichtung der Zeit, die Bäder von Monsieur Albert an der Ecke der Rue de Bellechasse. Hier kann man alle traditionellen Dienste in Anspruch nehmen: einfache Duschen, solche, deren Strahl nach oben geht, und verstellbare, Reinigungsbäder und Enthaarungseinrichtungen, russische Dampf- und Teildampfbäder.

Paul Cuisin fügt seinem Führer noch eine ganze Liste mit »charmanten« Bädern an, die wesentlich kleiner waren, wie die Tivoli-Bäder in der Chaussée-d'Antin, die in einem großen Garten lagen, bepflanzt mit Baumgruppen, unter denen man Frühstück und Tee einnahm, überall mit kleinen chinesischen Brücken versehen, Spielflächen für Ringwerfen, Schießen, Schaukeln, Federball, Billard. Abends wurden Feuerwerke veranstaltet. Eine Spezialität dieser Einrichtung ist das Hochzeitsbad, ein seltsames sehr männliches Bad, gewürzt »durch ausländische, kräftigende Weine«: Wein für die Bronchien aus l'Ermitage, Wein aus Alicante. Auf das Bad folgt ein »nahrhaftes, sorgfältig gekochtes« Gericht: Trüffeln mit Champagner, Kalbsbouillon, Brot aus Stärkemehl, Lammgeschnetzeltes mit Tomatensauce. Danach begibt sich der Bräutigam in den Kosmetikraum, wo er ruht, eingewickelt in »weiche Schwämme, Baumwollbäusche, Flanellstücke, die mit stimulierenden Essenzen und Ölen aus Moschus und Saft aus türkischen Rosen getränkt sind«. Schließlich wird er mit Balsam aus Peru, einer Mischung von Nelken, Vanille, Zimt, Amber und einem »bestimmten zerkleinerten Insekt«, das aphrodisierend wirkt, eingerieben und massiert.

Der Autor spricht auch von dem kleinen Montesquieu-Bad, in dem es feinste Wäsche gibt, wo man im Garten »Tassen Kakao genießen kann, [...] Sülze aus Brühe mit Karamel und Gelatine mit in Bordeauxwein gekochten Trüffeln...«. Außerdem die in der Rue du Mail, in denen die Bädergalerie von einem Garten umgeben ist, wo man ganz besondere Bäder nehmen kann, in Zinnober, Weinhefe, Kuttelbrühe, Wachs, zusammen mit verschiedenen Regenbädern und dem berühmten »Akustikbad gegen Ohrenschmerzen« (einfach ein ganz gewöhnliches Ohrenbad). Nicht zu vergessen die

Es gab zu Beginn des 18. Jahrhunderts keine Badeanstalten, deshalb badeten die Pariser einfach in der Seine. Im Lauf der Zeit entstanden dort Einrichtungen, die man gegen Entgelt benutzen konnte, später kamen die ersten am Ufer vertäuten Badeschiffe auf, wo man die Annehmlichkeit gefilterten Wassers genoß. Sie sind auf ihre Weise ein Stück Pariser Stadtviertelgeschichte: Flußabwärts wurden sie immer luxuriöser. Auf dieser Darstellung von 1830 (oben) »empfängt« das Vigier-Bad am Pont-Neuf »das Kleinbürgertum, das sich nur vom Schmutz reinigen will«, während sich in der Filiale am Pont-Royal die bessere Gesellschaft aus dem Faubourg Saint-Germain trifft. Ein idyllisches Fleckchen waren die Bains-Saint-Jacques (gegenüber) inmitten grüner Gärten. Hinter ihrem imposanten Gittertor konnte man sich nach dem Bad in einer abgetrennten Kabine auf Massagen und Einreibungen mit Macassar-Likör, Klosteröl oder Jungfernmilch freuen.

BAINS
St
JACQUES
A.G.
A.G.
BAINS
DE
VAPEUR
BAINS
DE
VAPEUR

Schönheitsbäder mit dem Wasser der Sultane, der jungfräulichen Milch der Ninon de Lenclos (einem leichten Enthaarungsmittel), einer mexikanischen Paste und Öl von der Insel Celebes…

Die eleganten Chinesischen Bäder, früher als Orientalische Bäder bekannt, liegen am Boulevard des Italiens und bieten dem Neugierigen ihre prachtvolle, mit chinesischen Figuren, Sonnenschirmen und Glöckchen verzierte Rundbogenfassade. Natürlich ist nur das Dekor chinesisch, aber die »Wäsche ist von äußerster Frische«. Hier gibt es neben allen möglichen Arten von Wasservergnügungen Räume wie ein Café, einen Lesesaal, Raucherraum usw., damit das Vergnügen von längerer Dauer ist. Vor allem aber kann man hier aus Asien importierte Kosmetika aller Art kaufen. Man kann sich mit Balsamseife einseifen lassen und ein »Bajaderen«-Bad nehmen, dem, so wird versichert, »eine hübsche Frau als Schönheit entsteigt, durch das eine schöne Frau hinreißend wird und das gut zwanzig Jahre jünger macht…«

Zum Abschluß wollen wir eine prächtige Einrichtung betreten, die 1850 eröffnet wurde: die Pariser Thermen. Der Broschüre zufolge kann man in einem hübschen Salon alle berühmten Mineralwasser kosten, nachdem man sich in den verschiedenen Baderäumen, russischen Gemeinschaftsbädern, Einzelschwitzbädern, oder dem türkischen Bad mit byzantinischem Dekor, Massageräumen, Ruheräumen aufgehalten hat, und dem Schwimmbad, das ständig durch sprudelnde warme und kalte Quellen gespeist wird. Das Innere ist mit Marmor und Mosaiken geschmückt. Das Personal übertrifft sich in Sorgfalt und Diskretion. Die Einzelbadezimmer sind mit Stuck, Marmor und Emailmalerei verziert, die einfachen Bäder mit großen Badewannen für zwei Personen bestückt, manche enthalten alle Vorrichtungen für Trockendampf- und Teilbäder, andere Schwämme, Duschen und Massageliegen.

Luxus und Glücksempfinden sowie die Freude an der Körperpflege tragen zum Erfolg der öffentlichen Bäder bei. Zur selben Zeit nehmen die Schwimmbäder einen erstaunlichen Aufschwung und spielen eine wichtige Rolle bei der Renaissance der öffentlichen Badeanstalten.

Louis Aragon betont in seinem surrealistischen Traktat *Le Paysan de Paris* (Der Bauer von Paris, 1926), es existiere »im menschlichen Denken eine enge Verbindung von Bad und Glücksgefühl, und diese alte Vorstellung ist Teil des Geheimnisses jener öffentlichen Anstalten…« Diese Beobachtung hätte gut auf die Chinesischen Bäder am Boulevard des Italiens gepaßt, an denen allerdings nur das Dekor chinesisch war (oben). In diesem exklusiven Etablissement wurde man von reizenden dienstbaren Geistern umsorgt. Besonders berühmt waren die aufwendigen Schönheitsbäder und die aus Asien importierten Produkte, wie das »Persische Bajaderenwasser«, das der Haut angeblich ewigen Glanz verlieh… Fasziniert von der orientalischen Badekultur, richtete man hier auch Dampfbäder und 1836 sogar einen regelrechten Hammam ein.

Neue Wasserfreuden: Schwimmbäder

Von allen öffentlichen Bädern haben vermutlich die »kalten Bäder«, Schwimmbäder, bevor es dieses Wort gab, mit ihrer spielerischen Atmosphäre, am meisten zur Erneuerung des Badewesens beigetragen. Sie bieten nämlich einem breiten Spektrum von Besuchern neben den schüchternen Anfängen von Körperhygiene in den Wannen abgeteilter Kabinen vor allem die Freuden des Wassers und der Gemeinsamkeit, die zu allen Zeiten Grund für den Besuch öffentlicher Bäder waren.

Wir halten uns an die Worte von Restif de la Bretonne in seiner 186. Ballade der *Pariser Nächte*, um die zu Ende des 18. Jahrhunderts noch einfachen Einrichtungen zu beschreiben: »Die ersten Bäder, die ich zu Gesicht bekam, befanden sich am Fuße großer Treppen [in die Seine], eines am Ufer der Place Maubert, das andere gegenüber von Notre-Dame oder der Île-de-la-Cité, beides Frauenbäder. Ich ging weiter in Richtung der Île und stieß auf die nächsten Bäder oberhalb und unterhalb des Pont-Marie, wo auf der Brüstung in großen Lettern die Abteilungen für Männer und Frauen markiert waren. Als ich meinen Rundgang fortsetzte, kam ich an das Bad im Port-aux-Blés, das beiden Geschlechtern offensteht, danach zu jenem unter dem Pont-Henri, gegenüber der Rue des Poulies, wieder andere säumten den Quai des Théatins. Schließlich gelangte ich zum Bad unter dem Quai de l'Horloge, hinter der Place Dauphine. [...] Hinter dem Pont-Rouge lenkte ich meine Schritte zurück zur Île-Saint-Louis... Am Männerbad gegenüber der Rue de la Femme-sans-Tête hielt ich mich nicht lange auf; hier ging es recht ruhig zu. Aber mitten auf dem Pont-Marie drang dann das Geschnatter aus dem Frauenbad an meine Ohren. Gegenüber der Rue Poulletier beugte ich mich über die Brüstung und wurde gewahr, [...] daß die Mehrzahl der Mädchen mit ihrer Mutter, ihrem Kindermädchen, einer Tante oder einer Nachbarin hergekommen waren.«

Oberhalb dieser rustikalen Bäder baute Jean-Jacques Poitevin, Bader und Dampfbader von Beruf, an der Seine gegenüber den Tuilerien Boote, die Wasser pumpten und in den Kabinen verteilten, in denen er einfache warme und kalte Bäder anbot, Duschen, Dampfbäder und Teilbäder. Zwanzig Jahre später stattete ein gewitzter Unternehmer zwei Schiffe, die nahe beim Pont de la Tournelle vor Anker lagen, mit 20 durchlöcherten Kabinen aus, die auf dem Fluß lagen, dessen Strömung das Wasser immer erneuerte. Jede Kabine enthielt drei Badewannen, dazu gab es Handtücher. Er taufte seine Erfindung »chinesische Bäder«. Poitevin zeigte ihn wegen unlauteren Wettbewerbs an, und er mußte schließen. Im Frühsommer 1785 eröffnete er das erste Pariser Schwimmbad mit einer Schwimmschule in einem von vier Booten abgegrenzten Bereich, dessen Boden mit Holzlatten ausgelegt war. Im folgenden Jahr ahmte ihn Deligny am Quai d'Orsay nach. Schwimmen wurde zum neuesten Chic. Damit war der Anstoß gegeben, und immer mehr Badeeinrichtungen legten sich auch Schwimmbäder zu. Sie vereinten die Körperreinigung mit den Wasserfreuden, und nach und nach nahm die Schwimmbegeisterung zu, die sowohl Ärzte als auch Erzieher den Leuten schmackhaft machten. Die berühmteste Schwimmschule für Damen, die Lambert-Schule, die überdacht war, wurde 1838 auf der Île-Saint-Louis eingeweiht. Es gehörte damals zum guten Ton, sich dort zu zeigen. Die üppige Ausstattung und das orientalisierende Dekor wirkten wie auf einem Gemälde von Chassé-

Die Wiederbelebung des öffentlichen Badewesens sensibilisiert das Abendland allmählich wieder für den Genuß, Wasser auf der Haut zu spüren. Eine führende Rolle spielen hierbei die Schwimmbäder (oben) durch ihre spielerische Verbindung von Vergnügen und der neuerdings als sehr wichtig erachteten Körperhygiene. Schwimmen zu lernen war mit einem Mal chic... Bei Turquin erhalten die Kinder des Herzogs von Orléans Unterricht, und mitunter dürfen sie auch in der Seine schwimmen. »Wir gingen ins tiefe Wasser«, berichtet der Baron von Thiébault in seinen Memoiren, »von den königlichen Gärten zur Place Louis-XV folgte uns ein Boot [...] mit unseren Kleidern. Wir veranstalteten wunderbare Mittagessen mit Pasteten, Kuchen und kleinen Gläsern Likör, die auf den Böden schwimmender Tonnen standen, um die wir herumschwammen und erhaschten, was wir konnten.«

riau, Delacroix oder Ingres. Es war ein regelrechter Tempel der Weiblichkeit, in dem anmutige »Nymphen« besserer Gesellschaftskreise auf bequemen Ruhebetten lagerten und zum Klang gedämpfter Musik erlesene Speisen verzehrten. Die außergewöhnlichste dieser Einrichtungen bleibt sicher das Gymnase Nautique des Champs-Elysées, das in den fünfziger Jahren des 19. Jahrhunderts eröffnet wurde und inmitten von Gärten und Springbrunnen lag. Auf einer Radierung kann man das überwältigende Dekor sehen. Das Schwimmbecken hatte die Form eines langgezogenen Rechtecks und war in der Mitte durch eine als Landschaft gestaltete Insel getrennt, die mit beiden Längsseiten des Beckens durch zwei hübsche kleine Holzbrücken mit Schnitzwerk verbunden war. Es konnte durchaus als Salon gelten. Wie ein Theater war es von einer zweistöckigen Galerie mit Logen und Balkonen umgeben, die mit einer Fülle von Vorhängen und drapiertem Stoff versehen waren. Licht erhielt das Gebäude durch ein riesengroßes Glasdach, gesäumt von einem Sims, aus dem Pflanzen emporwuchsen, und mit weißen Gardinen bestückt, die an hellen Sonnentagen zugezogen wurden. Es gab einen Billardraum, einen Lesesaal, ein Konversationszimmer, Ruhebetten und Räume mit Einzelwannen, ein Café und ein Restaurant.

In seinem 1857 erschienenen Buch *Le Diable à Paris* beschreibt E. Briffault, der sich vermutlich auf diese Schwimmanstalt bezieht, eine Atmosphäre, die an römische Thermen erinnert, wo in einer überwältigenden Kulisse »die einen sich

Im Jahre 1850 eröffnet in Paris das berühmte Gymnase Nautique des Champs-Elysées mit seinen Gärten und Springbrunnen. Bald wird es zum beliebtesten Treffpunkt der Hauptstadt, der mit seinem kosmopolitischen Menschengewühl römischen Thermen nicht nachsteht. Neben einem riesigen Schwimmbad (oben) gab es hier Billardzimmer, Lese- und Konversationssäle, Ruheräume und separate Räume mit Wannen. Ein Restaurant und ein Café vervollständigten die Einrichtung. Zuweilen fanden hier große »orientalische Feste« oder »venezianische nautische und hydraulische« Abende statt, mit Ruder-, Schwimm- oder Tanzwettbewerben, Regatten, Spazierfahrten in Jollen oder Ruderbooten und Konzerten…

hinlegen, andere sich wie in der Antike in ihre Bademäntel hüllen und sich von der Menge entfernen wie Schauspieler, die ihre Rolle lernen, oder sie kommen zusammen wie die römischen Schriftsteller, andere wieder hören Rednern zu; da sind Philosophen, die über die Welt, die Sitten, die Industrie und Politik räsonnieren; Journalisten, entthronte Dichter, Sprücheklopfer. Die Galanterie der Reden und Vertraulichkeiten ist hohl, alle stellen sich zur Schau, die einen prahlerisch, die anderen hochmütig, manche, ohne es zu wissen.«

Das wohlhabende Publikum, das Geschmack am Schwimmen und Baden gefunden hat, beginnt, die Meeresstrände zu entdecken und besucht wieder die Heilbäder. Wasserheilkuren werden zum Luxus- und Freizeitaufenthalt. Mit der von Kaiserin Eugénie lancierten Mode im Zweiten Kaiserreich beginnt das Goldene Zeitalter der Badeorte (mit Reiten und Glücksspiel im Casino). »Es ist unglaublich«, schreibt Guy de Maupassant später, »es sind die einzigen Märchenwelten, die es noch auf der Erde gibt. In zwei Monaten geschieht dort mehr als in der Welt während eines ganzen Jahres. Man möchte fast meinen, daß es sich nicht um Mineral-, sondern um Zauberquellen handelt.« Die Kühnheit der neuesten Mode geht so weit, daß man ans Meer fährt und dort das Baden, Sand und Sonne entdeckt – aber man bräunt sich nicht! Manche Besitzer von Bädern und Luxusschwimmhallen in Paris, die begriffen haben, daß diese Vorliebe ihren Niedergang einläutet, lassen über die Eisenbahnlinie Dieppe–Paris Meerwasser kommen und servieren alle möglichen Meeresfrüchte, der Zauber jedoch ist dahin…

Die Schwimmbäder trugen entscheidend dazu bei, das seit langem vergessene Gefühl, Wasser auf seinem Körper zu spüren, wiederzubeleben. Diesem Beispiel folgte man in allen westlichen Ländern vom Beginn des 20. Jahrhunderts mit dem Bau von Badeeinrichtungen für das Volk.

Im »orientalischen« Bad des Hôtel Lambert (oben), das 1838 auf der Île Saint-Louis eröffnet wurde, herrscht eine andere Atmosphäre. Hier begegnet man den jungen Schönheiten der Geldaristokratie, die in Begleitung ihrer Anstandsdamen schwimmen lernen und dabei den *dernier cri* der Bademode vorführen. Nach dem anstrengenden Bad und dem Spiel im Wasser ruhte man bequem auf seidenbezogenen Sofas und ließ sich mit exquisiten Speisen verwöhnen. Dazu spielte ein kleines Orchester die neuesten Melodien.

Der Zauber orientalischer Bäder in westlichen Metropolen

Die orientalischen Bäder sind die große Neuheit des 19. Jahrhunderts. Die Europäer haben die Dampfbäder wiederentdeckt, die bereits zweimal in Mode waren, in den antiken Thermen und den mittelalterlichen Schwitzbädern.

Die trockenen »russischen« Bäder, die Teil der äußerst luxuriösen orientalischen Badeeinrichtungen sind, zeugen von der damals grassierenden Russophilie. Sie entstehen in zahlreichen Häusern, in Schwitzbädern oder abgeteilten Kabinen mit Dampfbad. Was aber die Europäer von damals am meisten reizt, sind die »maurischen« Bäder oder Schwitzbäder, die man wieder umbenennt in »türkische« Bäder. Die Körperpflege wird zum Zeremoniell, aber das eigentliche Faszinosum ist weniger das orientalische Ritual als der Ruch des Verbotenen, die verschlossenen Räume, das nur Frauen vorbehaltene Bad, in dem die Schleier und Unterröcke fallen, und das geheimen Haremsphantasien freien Lauf läßt…

In Darstellungen von Westeuropäern, die damals den Orient bereisten, werden der Luxus der Räumlichkeiten, die raffinierten Arten der Körperpflege und das anschließende Wohlbefinden geschildert. 1832 beschrieb der französische Schriftsteller Alphonse de Lamartine in *Bains de femmes* das Ritual des Brautbades: »Man ging ins Dampfbad, dann wurden Waschungen vorgenommen, und schließlich ließ man parfümiertes Seifenwasser über die Frauenkörper laufen.«

Théophile Gautier, der 1850 in Ägypten war, schildert das Wohlgefühl, wenn man nach Bad und Massage bequem im Ruheraum liegt: »Ich blieb etwa eine Stunde dort in träumerischer Schläfrigkeit und trank Kaffee und eiskalte Limonade; als ich herauskam, fühlte ich mich so leicht, so erfrischt, so geschmeidig, so erholt von meiner Müdigkeit, daß ich das Gefühl hatte, Engel des Himmels gingen an meiner Seite!«

Reisende des 19. Jahrhunderts, unter ihnen auch Maler, entdecken die exquisiten Genüsse der »maurischen Bäder«. Orientalische Motive boten im übrigen eine exotische Staffage, die die Darstellung von Nacktheit, Sinnlichkeit und Muße auch in Zeiten rigider Sexualmoral akzeptabel machte. Lässige, unverblümt erotische Posen, wie in Ingres' *Türkischem Bad* (oben), der sinnliche Schmollmund der *Weißen Sklavin* von Lecomte de Nouy (gegenüber) beim Genuß ihrer Zigarette: Hier findet sich genau die Atmosphäre wieder, die Lady Wortley Montagu, die Gattin des britischen Botschafters in Konstantinopel, 1717 beschrieb: »Die Ruhebetten, auf denen die Frauen saßen, waren mit Kissen und kostbaren Teppichen belegt. […] Manche arbeiteten, andere tranken Kaffee oder eisgekühlte Fruchtsäfte und lagen lässig da, während ihre Dienerinnen ihnen Bänder und Perlen ins Haar flochten.«

Die meisten Berichte stammen von Europäerinnen, deren Ehegatten Posten im Orient innehatten. Pionierrang haben dabei die Engländerinnen, und was sie angesichts der Schamhaftigkeit, die durch Religion und bürgerliche Moral in der westlichen Kultur verankert sind, vor allem erstaunt, ist die Unbefangenheit der badenden Frauen bezüglich ihrer Nacktheit, der wohltuenden Pflege und der Mischung sozialer Schichten, wie sie damals in Europa undenkbar gewesen wäre. Miss Julia Pardoe, dem Beispiel von Lady Mary Wortley Montagu, der Gemahlin des britischen Botschafters in der Türkei, folgend, die seit 1717 das türkische Bad von Andrianopel besuchte (siehe S. 171 ff.), war von der Atmosphäre regelrecht hypnotisiert und schrieb 1839: »An dem schweren, dichten und schwefligen Dampf erstickte ich beinahe, die spitzen, wilden Schreie der Sklavinnen hallten in den Gewölben der Säle wider [...], das anhaltende Lachen und die geflüsterte Konversation ihrer Herrinnen [...], der Anblick von dreihundert nur halb bekleideten Frauen, deren feines Unterzeug so von Dampf durchfeuchtet war, daß man ihre Formen erkennen konnte; geschäftige Sklavinnen, nackt bis zur Taille und mit gekreuzten Armen, trugen auf dem Kopf Stapel bestickter oder mit Fransen versehener Servietten; Scharen hübscher Mädchen lachten, schwätzten und labten sich an Naschwerk, tranken eiskalten Fruchtsaft und Limonade, auch Kinder spielten. [...] Die Frauen legten sich dann auf Sofas, wo Sklavinnen sie in warme Tücher hüllten, Essenzen auf ihre Haare gossen und ihnen Gesicht und Hände mit parfümiertem Wasser besprühten.«

Die Engländer waren die ersten, die versuchten, orientalische Bäder nach Europa zu »importieren«. Hauptinitiator war David Urquhart, der in den dreißiger Jahren als Diplomat im Orient tätig war. Die dortige Badekultur faszinierte ihn, und so kam er auf die Idee, sie auch seinen Landsleuten

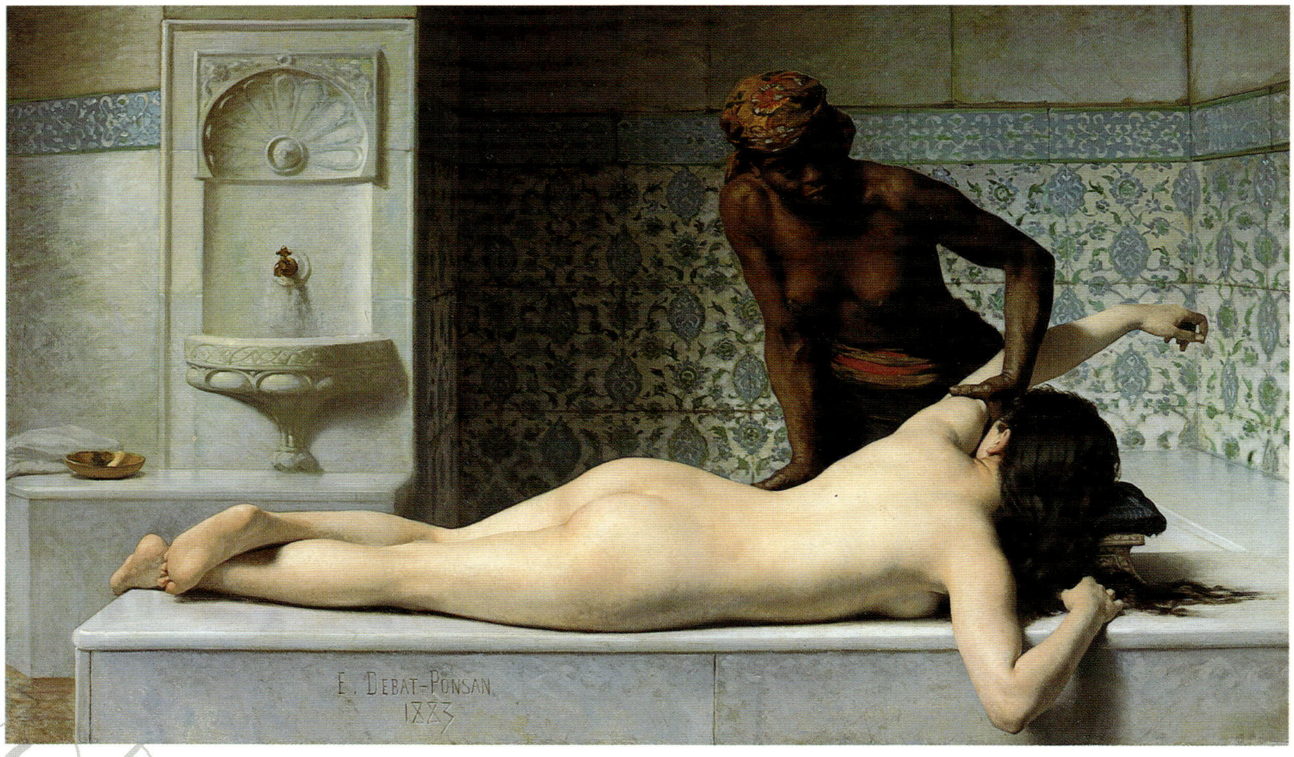

Die Faszination am Orient, besonders am türkischen Bad und seinen typischen Ritualen, inspirierte die Maler zu Aktszenen, die ebenso reizvoll wie realistisch waren. In *Das Bad* von Jean-Léon Gérôme (oben) überläßt sich die Dame ganz den geübten Händen der Sklavin, die nach dem Abreiben der Haut auf dem ganzen Körper »duftenden Seifenschaum verteilte; nachdem sie ihn mit lauwarmem Wasser abgespült hatte, übergoß sie ihn mit Essenzen, die nach Jasmin, Rosen, Orangenblüten oder Geranien dufteten«, erzählte die englische Reisende Miss Julia Pardoe 1839 in ihren Briefen. 1883 entstand das Bild *Die Massage* von Debat-Ponsan (gegenüber), das uns sowohl die jahrhundertealten rituellen Gesten als auch das authentische Dekor eines Hammams vermittelt. Marmor, blaue Fayencekacheln, Brunnen an der Wand oder das runde Waschbecken mit vergoldeten Messinghähnen, runde Schälchen für sanfte Körpergüsse. Nach der Massage hüllte man sich warme, bestickte und fransenbesetzte Baumwolltücher.

mit Hilfe privater Stiftungen nahezubringen. Er dachte dabei vor allem an das Volk, dem damals nur wenige und selten hygienische öffentliche Bäder zur Verfügung standen. Die Londoner hatten damals nicht viele Möglichkeiten. Sie badeten in der Themse, wo es einfache, aber saubere Bäder gab, oder in den wenigen für beide Geschlechter zugänglichen öffentlichen Badeanstalten, in denen nur kaltes Wasser floß, meistens aus Quellen. Manche sind sehr alt, etwa das Roman Spring Bath (Ende des 16. Jahrhunderts), in dem auch Charles Dickens' Romanheld David Copperfield häufig zu Gast war. David Urquhart versuchte, seine Landsleute mit allen möglichen Argumenten von den Vorzügen des türkischen Bades zu überzeugen, allerdings mit wenig Erfolg. Auch bei den Geldgebern erging es ihm nicht besser. Sie unterstützten den Bau eines einzigen Bades, des »Hammam«. Es war originalgetreu gebaut, mit einem Wärmeraum, überwölbt von der üblichen, durch kleine Sterne aus bemaltem Glas schwach erleuchteten Kuppel, und lag in der Jermyn Street in London, wo es bis in die vierziger Jahre unseres Jahrhunderts betrieben wurde. In den anderen Londoner Einrichtungen, die Dampfbäder beherbergten, erinnerte die Atmosphäre eher an englische Clubs: komfortabel und abgeschieden.

Das von David Urquhart propagierte Bad gewann gleichwohl in Europa und Amerika Modellcharakter. Im 19. Jahrhundert wurden in Paris mehrere türkische Bäder eröffnet, darunter das in der Rue du Temple, von dem Paul Cuisin behauptet, es vereine »asiatische Sinnenlust [!] mit strengen Manieren«. Es ist mit bunter Keramik verziert, mit weichen Liegen ausgestattet, von Moskitonetzen geschützt, »mit Schleppenkleidern als Morgenröcke [heute würde man sie Djellaba nennen] und mit Turbanen statt Baumwollhauben«. All dies ist in eine heitere Atmosphäre getaucht, in der »die erlesensten Düfte Arabiens schweben, die aus besonders hübschen Räucherpfannen dringen«. Die Accessoires, Becken und Kannen sind vergoldet, und das Badewasser fließt durch versilberte Kräne in Form von Schwanenköpfen. Den Schönheitsbädern wird »Odaliskenwasser« zugesetzt, welches das »Wasser in schneeweißen Schaum verwandelt und das Gesicht rötet sowie die Adern, die sich an den Brüsten entlangschlängeln, blauer erscheinen läßt«. Früher wurde der Körper mit *crème virginale d'Aspasie* eingekremt, mit Sybaris-Öl oder einer sämigen Paste, die an der Haut haftete und, wenn sie sich im Wasser auflöste, »der Haut den sanftesten Schimmer verlieh, in Muskeln, Nerven und Gehirn eindrang und zu Ekstase und wunderbaren Delirien führte«. Hinzu kam eine sorgfältige Bedienung durch eifriges Personal, wahre »kleine Automaten-Amorfiguren«.

Auch in Amerika versuchten die Behörden, ebenfalls von den zahlreichen Vorzügen der Dampfbäder überzeugt, seit 1850 sie einzuführen, indem sie russische Bäder (trockener Dampf) und Hammams (feuchter Dampf) einrichteten, mit Gymnastikräumen, damit man sich vor dem Schwitzen erwärmen konnte, und Massagen zur Entspannung.

Im Zuge der Einwanderungswelle in die Neue Welt vermehrten sich diese Einrichtungen, und vor allem jüdische Immigranten aus Osteuropa pflegten die religiösen und sozialen Traditionen des Badens. 1897 besaß New York 62 Dampfbäder, von denen die berühmtesten die »Russian Turkish Baths« in der First Avenue waren.

Das Baderitual im Hammam steht in Zusammenhang mit den religiösen Vorschriften des Islam, die eine Reinigung des gesamten Körpers vor dem großen Wochengebet verlangen, und deshalb ist es nach Geschlechtern getrennt. Nur Indiskrete verletzten dieses Tabu, wie Aladin aus *Tausendundeiner Nacht*, der unbedingt das Gesicht der Prinzessin Badrulbudur sehen wollte und sich hinter einer Tür verbarg, oder die im Schatten eines Pfeilers verborgenen Gestalten auf dem Bild von J. L. Bauzelle (oben), das 1821 entstand. Die *Fränkische Dame und ihre Dienerin* stehen auf hohen Kothurnen (gegenüber), um sich vor dem brennendheißen Boden des Hammam zu schützen. Jean-Étienne Liotards Pastell entstand um 1742 und zeigt das Ende der Badezeremonie vor dem Kaffee. Auf diese Szene spielt Jean de Thévenot an, einer der ersten Levante-Reisenden im Zeitalter Ludwigs XIV.: » Am Ende zieht sie ihre Holzpantinen an [...], dann kleidet sich die Türkin in einen roten oder blauen gestreiften Burnus aus Leinen oder Seide und begibt sich in ein Zimmer mit weichen Diwans auf erhöhten Plätzen, wo sie Fruchteis, gewürzten Kaffee und eine Zigarette genießt.«

Von der Badeanstalt zum Duschbad

Mit unbefangenen, lustvollen und luxuriösen Badefreuden ist nun allmählich Schluß, und es schlägt die Stunde der Hygiene und Sauberkeit. Ein rigoroses Reinlichkeitsbewußtsein beherrscht bis in die dreißiger Jahre des 20. Jahrhunderts die sozialen Institutionen, und die öffentliche Bäder degenerieren zu profanen Reinigungsanstalten für das Volk – während sich andererseits in wohlhabenderen bürgerlichen Schichten eine private Badekultur zu entwickeln beginnt.

Mitte des 19. Jahrhunderts kommen in England Kombinationen öffentlicher Bäder mit Wäschereien auf. Die Idee stammt offenbar aus Frankreich. Der Chemiker Jean-Baptiste Dumas hatte vorgeschlagen, Einrichtungen zu schaffen, die man gratis oder gegen geringes Entgelt besuchen konnte. Die französische Regierung zeigte kein Interesse an dieser Idee, aber in England wurde sie aufgegriffen.

Die ersten dieser Etablissements entstanden in der Arbeiterstadt Liverpool und in London. Dort kümmerte sich der Oberbürgermeister persönlich um die Finanzierung einer Holzbaracke mit Waschplätzen und Badekabinen mit kaltem Wasser. Die zweite war offenbar etwas komfortabler, es gab Waschplätze mit warmem Wasser, 700 Kabinen mit Duschbädern, einen Handtuchdienst, Dampfbäder und zwei Schwimmbecken. Trotz des großen Erfolgs dieser Initiative kam noch 1869 nur eine Badeanstalt auf 2000 Einwohner, dazu noch Dampfbäder, die aufwendiger waren. Historiker schreiben diesen Mißerfolg der englischen Tradition zu, sich im Schlafzimmer zu waschen, sowie der Vielzahl privater Badeeinrichtungen, die seit 1880 entstanden.

Bedingt durch das Aufkommen privater Badezimmer in wohlhabenden Haushalten und die wachsende Popularität der Seebäder verlor sich das Interesse an den Badeanstalten traditionellen Typs. Lediglich Anlagen mit hydrotherapeutischen Einrichtungen überlebten, wie das ehemalige »Admiralspalais« im Berlin der zwanziger Jahre (gegenüber), wo man nach dem Bad in entspannter Atmosphäre plaudern konnte. Wichtig blieben öffentliche Badeanstalten für die ärmeren Bevölkerungsschichten, wie der Andrang am Eingang des Dampfbades der Londoner Brick Lane zeigt (oben links). Deutschland spielte eine Pionierrolle auf dem Gebiet der Städtischen Wannen- und Brausebäder, die aufgrund des geringeren Wasserverbrauchs ökonomisch günstiger zu betreiben waren als große Schwimmbäder. Die zeitgenössische Radierung oben rechts demonstriert, daß man sich weit vom Komfort des Orients entfernt hat, wenn auch die Architektur anderes vorzutäuschen versucht.

Die ersten Bäder in Deutschland nach dem englischen Modell kamen 1855 auf. Im Bad am Schweinemarkt in Hamburg gab es Waschplätze mit warmem Wasser und 75 Badewannen. Im Zuge der Erweiterung baute man noch wie überall sonst Bäder und Kabinen erster und zweiter Klasse und Schwimmbecken. Allerdings erwiesen sich diese Einrichtungen als zu teuer für die breite Masse. Obwohl man die Eintrittspreise, die den Gebrauch von Handtüchern und Seife einschlossen, herabsetzte, blieben sie doch zu hoch, um die Mehrheit der Bevölkerung zu regelmäßigen Besuchen anzuregen. Außerdem begannen um die Jahrhundertmitte die begüterten Kreise, die Vorteile des privaten Bads wiederzuentdecken.

In Frankreich stand die Geschichte der öffentlichen Bäder während des Zweiten Kaiserreiches und vor allem während der Dritten Republik unter dem Zeichen von Gesundheitskampagnen, und jeglicher Gedanke an Entspannung und Vergnügen verschwand. Es galt nun, der Bevölkerung die wichtigsten Hygieneregeln beizubringen.

Um möglichst breite Schichten zu erreichen, senkte man die Preise für die Badeanstalten auf ein für jeden bezahlbares Niveau. Die Witzseiten der Zeitungen widmeten sich dem Thema mit Begeisterung: »Sagen Sie, Madame, stimmt es, daß bald alle gezwungen werden, öffentlich zu baden?... Baptiste hat gesagt, er hätte es in der Zeitung gelesen... Das wäre aber wirklich ungehörig!« erzählt ein Dienstmädchen der Herrin, die gerade in ihre tragbare Badewanne steigt.

An der Schwelle zum 20. Jahrhundert wurden Bäder zunehmend durch Duschen ersetzt, die von nun an als »Bad des Volkes« galten. Die Idee öffentlicher Wannen- und Brausebäder kam in den siebziger Jahren in Deutschland auf. In Frankreich wurden die ersten öffentlichen Duschbäder in Bordeaux, später in Paris in der Rue de Belleville eröffnet. Der Erfolg war groß: 1903 kamen 8 392 Besucher, darunter ein Viertel Frauen, 1908 waren es 153 285, darunter die Hälfte Frauen. Das öffentliche Duschbad scheint die Vorbehalte der Frauen beseitigt zu haben, die es bislang abgelehnt hatten, sich außerhalb der eigenen vier Wände zu entkleiden. 1900 waren die Duschbäder zu einer beliebten Einrichtung geworden. Sie verbreiteten sich allerdings nur in den ärmsten Vierteln, während sie in den anderen zurückgingen.

In den USA verlief die Geschichte der öffentlichen Bäder ähnlich. Das erste große öffentliche Bad wurde 1849 in der Mott Street 141 in New York eröffnet. »The People's Bathing and Washing Establishment« war allerdings nur im Sommer in Betrieb. Es gab Waschplätze, Schwimmbecken und Bäder für Frauen und Männer. Die Preise jedoch konnten sich viele nicht leisten, und so wurde die Anstalt, nachdem zunächst 600 Personen pro Jahr gekommen waren, aus Mangel an Kundschaft geschlossen.

Nach dem Sezessionskrieg (1861–1865) nahm das Bauministerium die Dinge in die Hand und errichtete 1870 die ersten »schwimmenden Bäder«, große Holzkonstruktionen auf dem Hudson und dem East River, die von Juni bis Oktober gratis besucht werden konnten. Um 1888 wurden in einem Jahr 15 Bäder von 2,5 Millionen Männern und 1,5 Millionen Frauen frequentiert. Da sie für die Sauberkeit und nicht zur Zerstreuung bestimmt waren, war ein Aufenthalt im Wasser von nicht mehr als 20 Minuten vorgesehen!

Ende des Jahrhunderts begannen die Hygieniker den großen Kampf um die Sauberkeit und

Das Werbeplakat der Pariser Badeanstalt in der Rue Oberkampf (oben) suggeriert noch eine spielerische Dimension, die Anfang des 20. Jahrhunderts mit der Erfindung des rein hygieneorientierten öffentlichen Brausebades aber allmählich verschwand. Auf dem Bild *Das Duschbad* von Albert Guillaume von 1911 (gegenüber) bietet die hübsche Frau mit der Haube ganz unbefangen ihre wohlgerundete Nacktheit dem kräftigen Strahl der Dusche eines Thermalbades dar. Hier geht es nicht um Therapie, sondern um Wohlbefinden und Schönheitspflege. Dies sah im 17. Jahrhundert noch ganz anders aus, wie aus Madame de Sévignés Bericht über die Thermalquelle von Vichy hervorgeht: »Ich habe heute mit der Dusche begonnen; es ist eine schöne Simulation des Fegefeuers. Man ist ganz nackt in einem kleinen Raum unter der Erde, wo sich ein Schlauch mit diesem warmen Wasser befindet, das eine Frau hinhält, wo man möchte. Dieser Zustand, in dem man kaum mit einem Feigenblatt seine Blöße bedecken kann, ist eine recht demütigende Angelegenheit.«

forderten mit Hilfe der in den USA sehr mächtigen Presse die Einrichtung kostenloser Reinigungsbäder. Der Physiker Simon Baruch überzeugte die »Vereinigung zur Verbesserung der Lebensbedingungen der Armen«, sich am Bau des »People's Bath« zu beteiligen, das zu Beginn des Jahrzehnts in New York eröffnet werden sollte. Auf dem großen Bogen am Eingang stand geschrieben »Cleanliness Next to Godliness…« Die Firma Colgate beteiligte sich, indem sie 36 Kilo Seife spendete! Der schlichte Betonbau war mit Duschen ausgestattet (auch hier war das Bad, in dem es »von oben regnete«, das Bad des Volkes), Unterhaltungs- und Betriebskosten waren auf ein Minimum reduziert, und so war der Eintritt inklusive Handtuch und Seife nicht teuer. Je mehr Möglichkeiten es jedoch gab, sich zu Hause ein Bad einzurichten, desto weniger Erfolg hatten die öffentlichen Bäder. Der Bau des letzten wurde 1914 abgebrochen… Danach schlossen die Anstalten nach und nach. Am Ende des Zweiten Weltkriegs waren die meisten zerfallen, und die letzte wurde in den siebziger Jahren zugemacht.

So hat privater Badekomfort in den westlichen Ländern die öffentlichen Bäder weitgehend verdrängt. Oft kündet nur noch ein Schild über dem geschlossenen Portal nostalgisch von dem Leben, das dort einst herrschte, und eine Restaurierung ließ man nur architektonischen »Highlights« angedeihen. Aus dieser vergangenen Epoche stammen die Beispiele von Einrichtungen, in denen es Schwimmbäder gab, die Kabinen eng aneinander um das Becken gruppiert und von einem Glasdach bedeckt. Die schönsten Bauten wurden heutigen Erfordernissen angepaßt, andere restauriert und zu anderen Zwecken genutzt. In New York hat man das Asser Levy Bath, das unter Denkmalschutz steht, rekonstruiert und ein Schwimmbad daraus gemacht; die Bauarbeiten verschlangen die Summe von acht Millionen Dollar. Mit ähnlichem Aufwand wurde das Müllersche Volksbad in München, eines der schönsten Jugendstilbäder Deutschlands, restauriert. Das Schwimmbad mit Duschbädern im nordfranzösischen Roubaix, das 1932 gebaut wurde und eine Unzahl von Mosaiken enthält, wird an der Schwelle zum dritten Jahrtausend als Musée d'Art et d'Industrie mit einem Informationszentrum für Mode und Textilien eröffnet.

Die öffentlichen Bäder und ihre Freuden sind zu Museen geworden, sie gehören der Vergangenheit an… für immer? So sicher ist das nicht, denn in allen westlichen Hauptstädten (New York, London, Genf, Brüssel, Amsterdam und den großen deutschen Städten) öffnen sie wieder ihre Tore und stellen Duschen und Bäder oft für wenig Geld oder gratis zur Verfügung und versuchen (hierbei nehmen sie eine Betätigung wieder auf, die seit dem Mittelalter den Klöstern vorbehalten war), wieder für eine kleine Gruppe von Außenseitern ein Gemeinschaftserlebnis zu schaffen, das während des letzten Jahrzehnts fast völlig verlorenging.

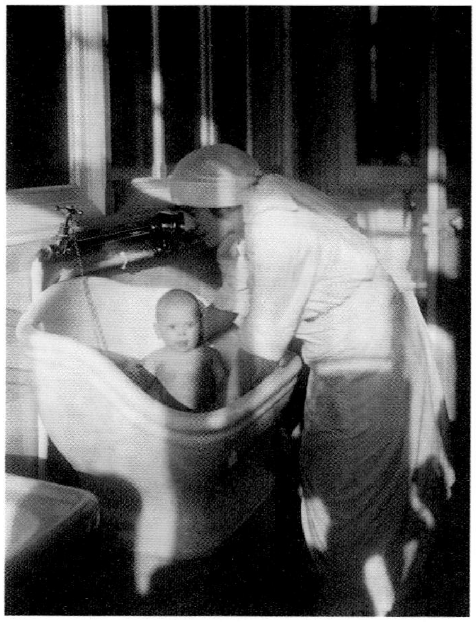

Was gibt es Schöneres als kindliche Badefreuden! Ein Becken, ein Schwimmtierchen oder Schiffchen, und das Glück ist vollkommen. Alles hängt aber von der richtigen Wassertemperatur ab, die liebevoll von der Mutter vorbereitet wird, wie in Madeleine Bourdouxhes Roman *Gilles' Frau* (1937): »›…Es ist nur wegen des Samstagsbades. Ich habe den großen Zuber vorbereitet. Die Sonne hat das Wasser erwärmt.‹ (…) Im Garten beugt Elisa ihren hübschen, schweren Körper über den Zuber; das Wasser ist angenehm lauwarm. Sie hat ihre nackten Arme hineingetaucht, um die Temperatur zu prüfen, und überläßt sich jetzt ein wenig der wohltuenden Sanftheit.« Die behutsamen und Geborgenheit vermittelnden Gesten der Kinderschwestern gleichen sich wohl überall auf der Welt. Dies zeigt sich auch an den beiden Fotos, die 1915 in Frankreich (oben) und 1925 in Deutschland (gegenüber) aufgenommen wurden.

Private Bäder

Angesichts der abwechslungsreichen und vergnüglichen Geselligkeit öffentlicher Bäder erscheint einem das private Bad auf den ersten Blick recht langweilig. Ob man sich nun allein in eine Terrakottawanne im minoischen Stil oder in eine moderne Acrylwanne legt, sich in einem Zuber mit Wasser übergießt oder sich unter eine Dusche stellt, ob man die Hände in einem Krug oder unter den chromblitzenden Armaturen heutiger Waschbecken abspült: Gestik und Ausstattung erscheinen seltsam stereotyp, ganz gleich, in welcher Epoche man sich befindet.

Entscheidend ist die intensive Beziehung, die wir heute zum Wasser haben. Dabei sind die wohlige, schaumige Wärme unseres täglichen Bads und das angenehme Gefühl, das es uns vermittelt, Ergebnis einer komplizierten Entwicklung. Im Lauf der Jahrhunderte änderte sich unsere Einstellung zu Körperlichkeit, Nacktheit und Scham. Allmählich rückte das Individuelle in den Mittelpunkt, und man widmete sich mehr dem eigenen Ich. So entwickelte sich ein Bedürfnis nach räumlicher Zurückgezogenheit, die es vor der ersten Hälfte des 18. Jahrhunderts in durchschnittlichen Wohnungen gar nicht gab. Im Lauf des folgenden Jahrhunderts machte man einen immer größeren Unterschied zwischen Empfangs- und privaten Räumen, was zur Einrichtung von Zimmern führte, die eigens für die Körperpflege gedacht waren, woraus später das moderne Badezimmer mit fließendem Wasser wurde.

Ein antikes Vorbild für das moderne Badezimmer

Das Badezimmer, dessen Entwicklung soviel Zeit in Anspruch nahm, existierte in fast vollendeter Form aber bereits seit der Antike. Im mesopotamischen Mari gab es 2000 Jahre v. Chr. in den Privaträumen der Herrscherin einen Raum mit, wie man heute annimmt, einer Art Dusche. Er ging in einen zweiten, größeren Raum über, der mit Wandnischen versehen war, auf denen man Kleider und Badeutensilien ablegen konnte. Außerdem standen Öfen darin, um Wasser zu erhitzen und zwei kleine, halb in den Boden eingelassene Wannen, eine zum Waschen und die andere für ein anschließendes Bad in mit Ölen parfümiertem Wasser.

In der Palastanlage von Knossos auf Kreta aus der Zeit um 1800 v. Chr., die der Architekt Daidalos dem Mythos zufolge für König Minos errichtet haben soll, fand man ein Badezimmer gleich neben den Gemächern der Königin. Die Wände des Zimmers waren bemalt und mit Friesen verziert, ebenso wie die längliche Badewanne aus Ton, unserer heutigen durchaus vergleichbar, nur im Rücken ein wenig höher. Ästhetik und Technik dieser Anlage, bei der das Wasser durch ein Rohrsystem aus Keramik abfließen konnte, sind von erstaunlichem Niveau. Gegenüber dem Palast in der »Karawanserei« (Herberge) war das Badezimmer mit mehreren Badewannen aus Ton ausgestattet, von denen eine, wie an den Hand-

Der dänische Romantiker Christoffer Vilhelm Eckersberg (1783–1853), ein Schüler Jacques-Louis Davids, fing auf seinem 1841 entstandenen Bild *Frau im Spiegel* (S. 62) diskret eine Szene nach dem Bade ein. Das Modell hat ein Tuch um die Taille drapiert und schickt sich gerade mit eleganter Geste an, sein hochgestecktes Haar zu lösen. Aus dem Jahre 1883 stammt Edgar Degas' impressionistische Darstellung der *Frau im Bad, mit dem Schwamm das Bein abwaschend* (S. 63). Die repräsentativ-maskuline Ausstrahlung des im antikisierenden Geschmack seiner Zeit gehaltenen Badezimmers von Napoleon Bonaparte in der Galleria Palatina des Palazzo Pitti in Florenz (gegenüber) kontrastierte entschieden mit jener feminin-üppigen Atmosphäre, die in der Kunstwelt vorherrschend war. 1822 brachte Paul Cuisin diese Vorstellung in einem Gedicht zum Frontispiz des zweiten Bandes seiner *Bains de Paris* (oben) zum Ausdruck: »O ihr bezaubernden Geschlechter [...], berückende Geister / Schenkt unseren Heilbädern Eure Gunst / Gebt ihren schmeichelnden Fluten Eure Reize / daß früh am Morgen die Frühlingsblumen / die Wohltat frischen Taus genießen.«

griffen zu erkennen ist, tragbar war; auch besaßen sie fließendes, vielleicht sogar warmes Wasser. Die Entwicklung des modernen Badekomforts ist untrennbar mit der technischen Errungenschaft fließenden warmen Wassers verbunden. Deshalb blieben warme Bäder lange Zeit ein Privileg derer, die eine große Dienerschaft besaßen. Im alten Ägypten waren in allen Palästen und Wohnungen von El-Faijum Bäder untergebracht. Der Raum der Reinigungsopfer, wie die Ägypter ihn nannten, grenzte immer an das Schlafzimmer. Daneben befand sich der Salbraum, in dem ein Sklave auf kleinen, gemauerten Bänken Massagen mit Ölen und parfümiertem Balsam vornahm.

Eine hübsche gemalte Szene zeigt, wie ein Badezeremoniell in Ägypten zwischen 1301 und 1235 ausgesehen haben mag. Königin Tuja, die Mutter von Ramses II., sitzt in einer nicht sonderlich tiefen länglichen Badewanne, die halb in den Boden eingelassen ist. Sie ist von vier Dienerinnen umgeben: Die erste gießt Wasser ein, die zweite reibt den Körper ab, die dritte legt Kleider und Schmuckstücke bereit. Die letzte, höchstes Raffinement, bietet ihrer Herrin eine duftende Blume dar. Hier handelt es sich indes weniger um ein richtiges Bad als um Wassergüsse aus zierlichen Gefäßen.

Die griechischen Bäder zur Zeit Homers, also acht Jahrhunderte v. Chr. waren denen der Ägypter ähnlich. In der *Odyssee* erzählt der Dichter, daß bei Ankunft des Odysseus im Haus der Kirke eine Frau in einem großen Dreifuß Wasser brachte und Feuer entfachte. Das Wasser wurde warm und »sang« in der glänzenden Bronze. »Und nachdem das Wasser gekocht im blinkenden Erze, / Setzte sie mich in das Bad und goß aus dem mächtigen Dreifuß / Lieblich gemischtes Wasser mir über das Haupt und die Schultern, / Bis sie die Glieder erlöst von herzergreifender Mattheit. / Da sie mich aber gebadet und mich gesalbt mit dem Öle, / Gab sie mir um den prächtigen Mantel über den Leibrock, / und dann führte sie mich…«

Etwa im 5. Jahrhundert v. Chr. kamen in Griechenland auch private Bäder auf. Die Ausstattung war dieselbe wie in den öffentlichen: rechteckige, halb in den Boden eingelassene Wannen, recht flach und mit abgesenktem Boden, damit das

Von der uralten Badekultur des Orients zeugt der Palast im mesopotamischen Mari aus dem zweiten Jahrtausend v. Chr., der über ein Badezimmer mit Ofen zum Erwärmen von Wasser und zwei kleine, halb in den Boden eingelassene Badewannen aus Ton verfügte, die der Körperreinigung und dem entspannenden Bad dienten. Eine ähnliche Einrichtung befand sich vermutlich in minoischer Zeit im Palast des Nestor (um 1200 v. Chr.) in Pylos auf der Peloponnes (oben). Badeszenen waren ein beliebtes Motiv der altgriechischen Vasenmalerei: Auf dieser rotfigurigen Lekythos aus dem 5. Jahrhundert v. Chr. (oben) sind Frauen bei der Wäsche zu sehen. Die Villa Kérylos, von Théodore Reinach um 1902 in Cap-Martin errichtet, sollte ganz antiken Lebensstil nachempfinden. Sie besitzt ein prächtiges *balneion* (lat. = *balneum*), ein eigenes Warmbad mit einem achteckigen Becken aus graugeädertem Carrara-Marmor (gegenüber). Die Wasserspeier sind unter durchbrochenen Bronzeplatten versteckt, die Halter für Seife und Schwamm Replikate von Sieben aus dem Archäologischen Museum von Neapel.

Wasser abfließen konnte, oder runden Becken, die in gewisser Weise an die Sitzwannen des 19. Jahrhunderts erinnern, in denen dem Badenden das Wasser bis zur halben Wade reichte. Schalen mit drei Füßen und Henkeln verwendete man für Spülungen und Teilwaschungen.

Bei den Römern kannte man eigentlich keine privaten Bäder außer winzigen, dunklen Räumen für Teilwaschungen, Vorgänger des *lavatrina* genannten Waschkabinetts. Es lag wegen der Nähe des Wassers gleich bei der Küche. Das Wasser speicherte man in gemauerten Becken, Zisternen oder Regenwasserbehältern auf dem Dach. Als das abendliche Bad in den Thermen übliches Ritual wurde, erledigte man das morgendliche Bad nach den Worten des gallischen Präfekten Ausonius (4. Jahrhundert) folgendermaßen: »Sklave, auf, auf! Gib mir meine Schuhe, meinen Musselinmantel [...] und gieß Wasser ein, damit ich mir Hände, Mund und Augen waschen kann.« Die Töpfe und Becken für solche Waschungen waren meistens aus Ton und wurden vorrangig von Frauen und Kindern benutzt, weshalb man sie oft neben Spiegeln fand.

Im 1. Jahrhundert n. Chr., als die Küchen mit eigenen Wasserleitungen ausgestattet wurden, kamen Brunnen, Schwimmbecken in Villen und private Dampfbäder auf. Zur Villa von Plinius d. J. in der Toskana gehörten außer einem Schwimmbad vor der Säulenhalle ein *balneum* mit Badewannen, ein Brunnen und ein kleines Becken. Später wurden auch die Thermen selbst privatisiert. Patrizier und Freigelassene besaßen in ihrer *domus* oder ihrem Landhaus private Bäder mit Dekor und Einrichtung, die ebenso aufwendig waren wie die der öffentlichen Thermen (in die

In antik inspiriertem Ambiente – Öllampen, Wandnischen mit Phiolen für Öl und einem Spiegel – bereitet sich eine junge Frau auf ihr Bad vor (gegenüber); die Wanne befindet sich wahrscheinlich in der Mitte des Fußbodenmosaiks. Dieses *Binding the Fillet* (Das Binden des Haarbandes) betitelte Aquarell von G. L. Bulleid Arws aus dem Jahre 1907 ist insofern typisch für die Zeit, als man sich damals kaum die Haare wusch und sie daher beim Bad vor Nässe schützte. Körperpflege und Toilette nach Art römischer Reliefs stellten Nicolas Gosse und Auguste Vinchon auf ihrem in Grisailletechnik gemalten Ölbild (ganz oben) dar. Die romantisierende Auffassung des antiken Alltagslebens kommt besonders in der Sinnlichkeit der Gesten und dem Faltenwurf der feuchten Gewänder zum Ausdruck... Das dem griechischen *loutérion* nachgebildete Becken (oben) gehört zur Einrichtung des Badezimmers in der Villa Kérylos.

sie weiterhin gingen), und feierten dort Feste. Wenn man dem Philosophen Seneca (1. Jahrhundert) glauben will, »betrachtet man sich als arm und schmutzig, wenn die Wände des Badezimmers nicht vom Glanz großer Platten von eingelegtem Marmor leuchten, wenn Marmor aus Numidien nicht in Marmor von Alexandria eingelegt ist, um diesen zur Geltung zu bringen [...], wenn das Gewölbe nicht von Glas überdeckt ist, wenn die Schwimmbecken nicht mit Marmor verkleidet sind, wenn das [gefilterte] Wasser nicht aus silbernen Kränen fließt«. Selbst die Bäder der Freigelassenen sind von prunkvollem Dekor und reicher Ausstattung. »Überall Statuen und Säulen, die man dort aus Prunksucht zur Verzierung aufgestellt hat.«

All dieses Wasser läuft in einem ohrenbetäubenden Schwall herab. Die Bäder sind so angelegt, daß den ganzen Tag über aus riesigen Fenstern die Sonne hereinscheint, so daß man sich »ins Wasser tauchen und die Haut bräunen und zugleich von seiner Badewanne aus das Land und das offene Meer sehen kann«. Außer dem unerhört luxuriösen Zierat verfügen diese Einrichtungen über fließendes Wasser aus eigenen Wasserleitungen.

Die Römer haben ihre Begeisterung für das Baden im ganzen Imperium verbreitet. So auch in Gallien und Germanien. Sidonius Apollinaris, der Erzbischof von Clermont, verfügte 471 n. Chr. in seiner Villa über warme und duftende Bäder, über eine Badewanne in Form eines Halbkreises und ein Schwimmbecken. In Agde im Languedoc findet sich in einer bescheideneren Villa ein kleiner Raum mit einem Abfluß im Fußboden. Diese Vorrichtung findet man heute noch in Italien und in anderen südlichen Ländern.

Nach dem Zusammenbruch des Weströmischen Reiches und dem unerbittlichen Feldzug der christlichen Kirche gegen die antike Badekultur (paradoxerweise gab es allerdings in den Klöstern zu allen Zeiten Badevorrichtungen) setzte allmählich der Niedergang des Badewesens ein. Wie bei den öffentlichen Bädern dauerte es bis ins späte Mittelalter, bis man wieder an dieses wunderbare, in Vergessenheit geratene Vergnügen anknüpfte.

In der Renaissance orientierte man sich bevorzugt an antiken Vorbildern, wie bei dieser reizenden *stufetta*, dem kleinen Dampfbad in der Wohnung Papst Clemens' VII. (1523–1534) im Vatikan (gegenüber). Auch die Wandfresken erinnern an diejenigen der Villen von Pompeji. Ob hier eher Vergnügen oder Gesundheit an erster Stelle standen, ist eigentlich unerheblich... Ein populäres Bildmotiv des Mittelalters war das erste Bad eines Neugeborenen. Es findet sich auch in zahlreichen Darstellungen der Geburt Christi, wie auf diesem um 1265 entstandenen byzantinischen Fresko in der Klosterkirche von Sopoćani in Serbien (oben). Rührend in ihrer Einfachheit wirken hier die Gesten der Frauen: Während die Dienerin heißes Wasser aus einer Kanne ins Becken gießt (von einem Tuch umhüllt, damit sie sich nicht verbrennt), prüft Maria mit den Fingerspitzen, ob das Bad schon die rechte Temperatur aufweist.

Die Bäder im Mittelalter

»Aus guten Kräutern bereitet sie ein Bad [...].
Gießt warmes Wasser in den Zuber
Und ein Tuch darüber für das Schwitzbad.«

Die Badegewohnheiten des Mittelalters lassen sich tatsächlich in diesen drei Zeilen eines französischen Gedichts zusammenfassen. Man nahm das Bad zu Hause in einem Zuber, dessen Holzdauben von Metallkufen zusammengehalten wurden. Später badete man in einem besonderen Raum, dem »Badezimmer« oder »Badepavillon«, der im Park mancher Schlösser gebaut wurde. Atmosphäre und Art des Bades jedoch blieben gleich.

Ob nun Sauberkeit oder Vergnügen im Vordergrund standen, im Privatleben des Adels machte sich deutlich ein neues Verlangen nach Körperpflege bemerkbar. Dieses Phänomen findet sich in allen westlichen Ländern der damaligen Zeit. Es entsprang einer Periode des Wohlstandes, der die Entwicklung des Individualitätsgedankens und einer gewissen Lebenskunst begünstigte. Im Florenz zu Dantes Zeit (1265–1326) wusch man Haare und Körper einmal wöchentlich, und Boccaccio (1313–1375) berichtet im *Decamerone*, daß der Samstag der Körperpflege und Ruhe galt. Diese neuen Vorlieben waren in Italien leichter zu realisieren, da es eine gute Wasserversorgung und -qualität aufwies. An Plätzen und Kreuzungen grub man Brunnen, in Venedig gab es öffentliche Zisternen, eine unterirdische Kanalisation und private Brunnen... In Deutschland verlief die Entwicklung ähnlich, wie Konrad von Megenberg (gest. 1374) bezeugt, ein Autor zweier berühmter Standardwerke zur Naturkunde in enzyklopädischer Form, der volkstümliche Meinungen kritisch hinterfragte. Er stellte eine Lebensregel auf, die uns recht vertraut erscheint, da sie auf einer gemäßigten Diät, Bewegung im Freien und regelmäßigen Bädern beruhte. Was immer ihre Beweggründe gewesen sein mögen, Vergnügen, Schönheit oder Sauberkeit, die Herren gewöhnten sich daran, sich in ihren Schlössern Bäder bereiten zu lassen. Im allgemeinen badete man nackt, nach einer Reise, einer Schlacht, um sich zu entspannen oder zum Vergnügen, allein, zu zweit oder in größerer Gesellschaft. Das Baden war auch ein Empfangsritual. Zeitgenössische Dokumente berichten ausführlich von den wiederentdeckten Badefreuden; der höfische Roman erkannte dem Bad eine wichtige symbolische Funktion zu, darunter die von der Intimität von Gesicht und Blickwechsel stimulierte Erotik. Miniaturenmaler, Maler und Kupferstecher stellten Badesujets in solcher Zahl und so detailliert dar, daß fast der Eindruck entsteht, man habe im Mittelalter einen Großteil seiner Zeit in duftenden Kräuterbädern verbracht...

Allerdings ist schwer zu sagen, wie häufig man badete und welche individuellen Gewohnheiten man dabei an den Tag legte. Der englische König Johann ohne Furcht badete etwa alle drei Wochen, der Herzog von Burgund, Philipp der Gute (1396–1467), etwa alle vier Monate, wie die Holzbestellungen für das Bad vermuten lassen. Die bayerische Prinzessin und französische Königin Isabeau (1371–1435) hat sicher öfter gebadet, denn in ihrem Heimatland gab es seit langem die Tradition russischer Bäder. Wenn sie auf Reisen war, nahm sie stets zwei Badezuber mit.

Auch im höfischen Roman des Mittelalters, in dem es um die Heldentaten der Ritter und ihre Minnedienste ging, kommen zuweilen Badeszenen vor. So legt Tristan folgenden Schwur ab, um die Ehre Isoldes zu retten: »Ich werde so lange nicht in warmem Wasser baden, bis mein Schwert sich nicht an denen gerächt hat, die ihr Böses zugefügt haben.« In einer Miniatur aus dem 15. Jahrhundert (oben) zu einem Ritterroman des Sagenkreises um König Artus verabschiedet sich der Ritter in voller Rüstung mit seinem Schild auf dem Rücken von seiner Dame, die, wie damals üblich, im Freien in einem einfachen Zuber badet.

»Im Zimmer« nahm man sein Bad in einem Zuber, den man in die Nähe des Feuers stellte, auf dem das Wasser erhitzt wurde. Hergestellt wurden die Zuber von Küfern aus feuchtigkeitsbeständigem Eichen-, Kastanien- oder Wachholderholz. Innen waren sie mit einem Tuch ausgelegt, damit man sich keine Splitter einriß. Nun gab man einen Sud von Duftpflanzen hinzu und brauchte nur noch hineinzutauchen und zu warten, bis einen die Dienerin mit einem wahren Regen von Rosenblättern überschüttete. Um dieses Zimmerbad in ein »Zimmerdampfbad« umzuwandeln, befestigte man an einem Baldachin ein Leintuch, das den Zuber rings umschloß und den von dem warmen Wasser aufsteigenden Dampf festhielt.

Zeitgenössische Rechnungsbücher geben darüber Aufschluß, welches Gerät man verwendete. Zum Händewaschen benutzte man Wandbrunnen, die oft von Malern dargestellt wurden, wie in Dürers Bild *Das Leben der Jungfrau* mit dem Handtuchhalter an der Wand und einem Rollhandtuch aus Leinen mit Fransen. Für kleinere Waschungen zwischen zwei Bädern nahm man Schüssel und Krug. Außerdem gab es verschiedene Arten von Becken und mit parfümiertem Wasser gefüllte Krüge, die gewöhnlich auch Gästen vor dem Essen

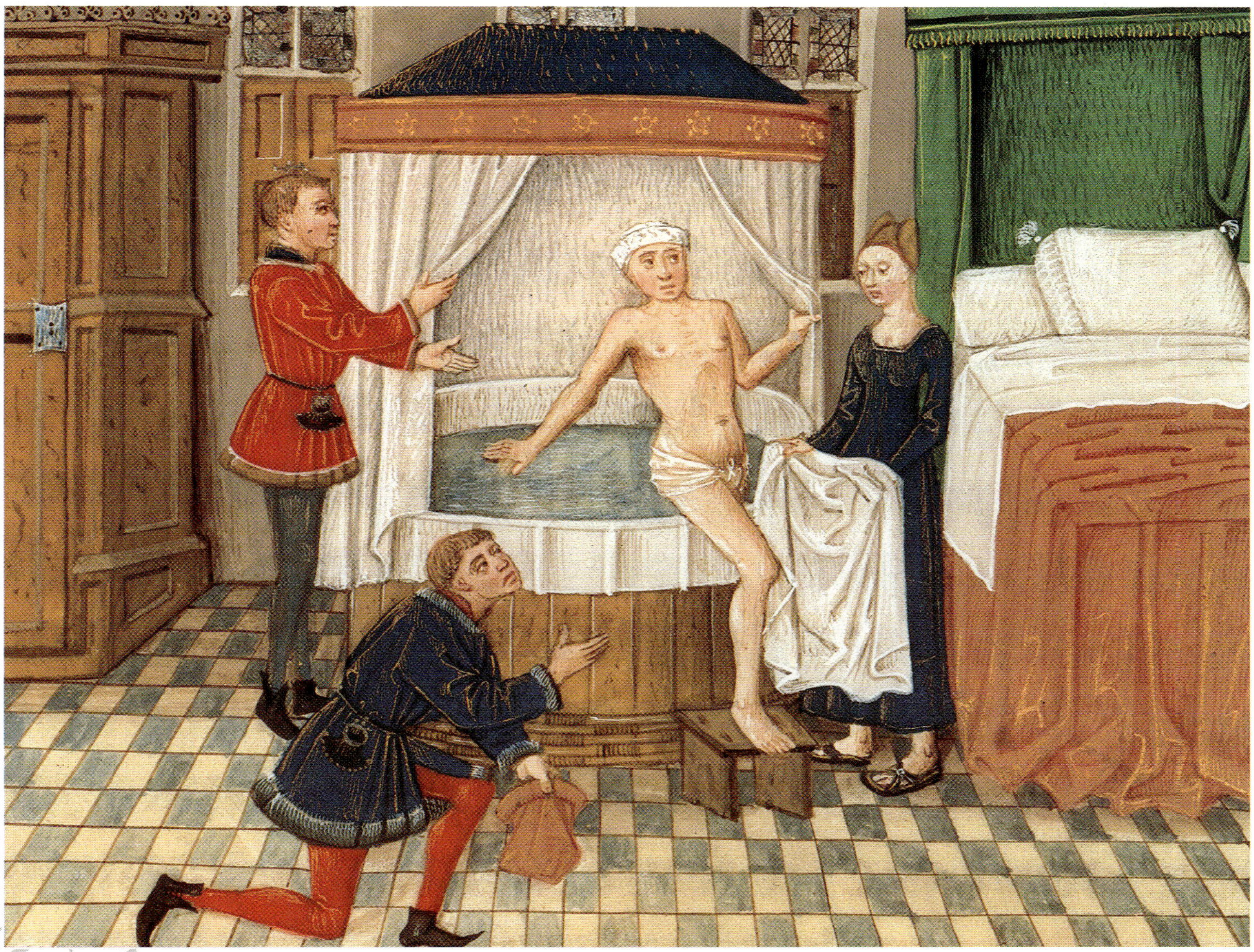

Die Holzzuber wurden sehr hübsch hergerichtet: mit einem Tuch ausgelegt (als Schutz vor Splittern) und mit einem gardinenbehängten Baldachin versehen (als Schutz vor indiskreten Blicken); so verhinderte man auch das Entweichen des heißen Wasserdampfes. Die abgebildete Miniatur (oben) schuf Antoine de Bourgogne um 1470 als Illumination zu einer Handschrift der *Denkwürdigen Taten und Aussprüche* von Valerius Maximus. Einem traditionellen Ritual folgend, hüllt sich der Herr, umgeben von Edelknaben, nach dem Bad in ein Leintuch, das ihm die Dame reicht. Karl der Kühne, 1467 bis 1477 letzter Herzog von Burgund und ein Freund gehobener Lebensart, nahm seine Bäder in einem Zuber aus Silber, den er angeblich sogar auf Feldzügen mit sich führte.

zur Begrüßung gereicht wurden. Eine Unterlassung dieses Rituals kam einem bewußten Affront gegen den Gast gleich. Ebenso verhielt es sich mit dem Bad, das man im Mittelalter Armen und Pilgern in Klöstern gewährte. Der Engländer Lawrence Wright beschreibt in seinem Werk *Clean and Decent*, daß es 1256 in der Garderobe des Schlosses von Westminster besondere Becken aus ziseliertem Silber für die Kopfwäsche gegeben habe. Es handelte sich um relativ große und tiefe Metallbecher, ähnlich Waschschüsseln des 19. Jahrhunderts, die innen poliert waren, um zugleich als Spiegel zu dienen. Man stellte sie auf Matten oder Holzlatten, kniete sich davor und konnte mit Hilfe von Wassergüssen Haare und Oberkörper waschen.

Neben den hölzernen Waschzubern setzten sich allmählich auch solche aus Metall durch. Meist waren sie aus Kupfer, seltener aus Silber wie derjenige Karls des Kühnen, von dem er sich angeblich niemals trennte, nicht einmal auf dem Schlachtfeld.

Zugleich verbesserte sich die Heiztechnik für das Wasser. Man verband den Zuber durch ein Rohr mit einem Kessel, der auf einem kleinen Holz- oder Kohleofen stand. Später schob man den Ofen direkt unter die Metallbadewanne und legte ein Holzbrett in die Wanne, damit der Badende sich nicht verbrannte.

Nun begann man auch, Badezimmer unmittelbar neben dem Schlafzimmer einzurichten, sogenannte Schwitzräume, deren Böden mit Holzlatten ausgelegt waren. In einem solchen Raum ließ Eduard IV. von England (1442–1483) 1472 zwei mit Leintüchern abgedeckte Badewannen vorbereiten, um den Gesandten des Herzogs von Burgund zu empfangen. Auch die Adligen richteten sich bald regelrechte Badezimmer ein. Meist waren sie wegen der einfacheren Wasserversorgung im Erdgeschoß gelegen, und es gehörten mindestens ein Badezimmer und ein Schwitzraum dazu. In England gab es in manchen königlichen Residenzen, so auch in Westminster, schon sehr früh Bäder, die mit Heiß- und Kaltwasserreservoirs verbunden waren. 1275 floß dort das Badewasser aus vier vergoldeten Bronzehähnen in Form von Leopardenköpfen. 1325 wurde das Badezimmer mit glasierten Kacheln ausgekleidet, und 1351 bestellte man bei einem gewissen Robert dem Gießer zwei große Hähne aus Bronze, um warmes und kaltes Wasser in die Badewanne König Eduards III. fließen zu lassen.

Besonders schön war wohl Ende des 14. Jahrhunderts das Badezimmer im Hôtel Saint-Paul im Erdgeschoß der Residenz von König Karl V. eingerichtet. Es war ganz mit feinkörnigem Kalkstein verkleidet und mit irischem Holz vertäfelt, und man betrat es durch eine schmiedeeiserne Gittertür. Die Dauben der Holzzuber waren mit vergoldeten Kupfernägeln beschlagen. Darüber befand sich ein Baldachin aus gedrechseltem Holz.

In den Schlössern wurden die Bäder in prachtvoll ausgestatteten Pavillons untergebracht, wo man gemäß der alten Tradition, Gästen als Zeichen

Von hoher, schlanker Gestalt erscheint die von David überraschte *Bathseba im Bade* in der meisterhaften Darstellung von Hans Memling (um 1482, Stuttgart, Staatsgalerie). In ein weißes Tuch gehüllt, mit hoher, depilierter Stirne, das Haupthaar unter einem Turban verborgen, entsteigt sie dem verzierten Zuber, ein Idealbild weiblicher Keuschheit (oben). Fast frivol nimmt sich dagegen Albrecht Altdorfers Entwurf für die Fresken der kaiserlichen Bäder in Regensburg aus (Anfang 16. Jahrhundert, gegenüber, unten). In einem rustikaleren Rahmen mit improvisiertem Baldachin stellt das Fresko *Das Bad der Eheleute* (gegenüber, oben) von Memmo di Filipuccio ein halbes Jahrhundert früher eine vertraute Szene dar: Eine Dienerin, die warmes Wasser bringt und die Handtücher bereithält, sowie das zum Ausruhen vorbereitete Zimmer.

der Gastfreundschaft vor dem Essen ein Bad zu gewähren, auch Feste veranstaltete. – Zuweilen arteten sie in regelrechte Wasserbankette aus. Unter Adligen wurde es Mode, auf diese Weise Besuch zu empfangen. Man feierte im Bad und genoß dazu das Privileg, als Badewannen- und Tischnachbarn Monseigneur de Rovestaing, Monseigneur de Bourbon, den Sohn des Grafen von Russye, und andere Adlige zu haben, Ritter und Knappen wie 1462 beim Herzog von Burgund. Die Könige waren solchen Vergnügungen ebenfalls zugeneigt. So wurden im September 1467 Ludwig XI. vom Handelsvogt drei »reich verzierte« Bäder zur Verfügung gestellt.

Es ist wohl deutlich geworden, daß die Bäder zur damaligen Zeit eher eine »spielerische Ablenkung« waren (wie es der Historiker Georges Vigarello nennt) und erst in zweiter Linie hygienischen Zwecken dienten. Sie gingen schon jetzt ihrem Niedergang entgegen, und so stand in den Badestuben Anfang des 16. Jahrhunderts eher das Interieur im Mittelpunkt als die Körperpflege. 1527 besaß Philipp von Kleve zum Beispiel ein Badezimmer mit vier Zubern. Diese waren »mit Vorhängen und Himmeln aus weißem Millau-Leinen mit Fransen versehen, mit goldenen Knäufen und fünf Siegeln und Wappensprüchen des Herrn…« In diesem Raum befanden sich auch ein Bett, eine Kredenz, ein Stuhl und acht kleine Bänke, die man als Sitzgelegenheit in drei Zuber stellte. Prächtige Bilder zierten die Wände. Das angrenzende Dampfbad muß besonders edel gewesen sein, ganz in Weißtönen gehalten: Es war mit Vorhängen aus weißem Leinen mit Fransen bespannt; Kopfkissen aus Daunen waren mit Barchent bezogen. Auf dem Boden lag ein großer Straminteppich aus grauer Wolle und vier kleine. In dem angrenzenden Heizraum wohnte auch der Badbedienstete. Drei Jahre später ließ Franz I. im Schloß von Fontainebleau ein elegantes Badeappartement einrichten, das heute allerdings nicht mehr existiert. Runde Holz- oder Metallzuber waren bereits aus der Mode gekommen, statt dessen verwendete man erstmals große längliche Badewannen aus Marmor. Zu den Badezimmern im Erdgeschoß des Hauptgebäudes gehörten ein trockenes und ein feuchtes Schwitzbad mit Zubern und Wannen, außerdem ein Badezimmer, in dessen Mitte ein großes, von einer Balustrade umgebenes Becken lag, und mehrere kleine Ruheräume, in denen man eine *Maria Magdalena* von Tizian und die berühmte *Mona Lisa* von Leonardo da Vinci bewundern konnte.

Die Badeeinrichtungen Philipps II. von Baden in Deutschland standen denen von Franz I. in nichts nach. Im Erdgeschoß seines Schlosses gab es ein großes, verzinntes Badebecken, das man über fünf Stufen bestieg. Es war mit Bänken für die Badegäste umgeben und vermutlich mit Thermalwasser gefüllt. Es wurde in einem nebenan gelegenen Becken gesammelt und versorgte außerdem ein Dampfbad in einem Nebenraum.

Bei italienischen Herzögen und Klerikern waren besonders Bäder nach antikem Muster beliebt. Die *stufetta*, das kleine Dampfbad Papst Leos X. (1513–1521) ist die Rekonstruktion eines Bades aus einer römischen Villa. Das Bad Clemens' VII. (1523–1534) in der Engelsburg in Rom ist mit Fresken verziert, die Badewanne steht in einer Ni-

Eine zeittypische Inszenierung weist das Badezimmer der Königin Katharina von Valois im Schloß von Leeds, Großbritannien, auf (Anfang des 15. Jahrhunderts, oben): das Doppelfenster mit Blick in die Natur, die Ruhekissen, ein wohlig warmes Kaminfeuer, wo man auch das Wasser erhitzt, die Holzeimer und der rings mit einem weißen, bestickten Damasttuch ausgekleidete Zuber. Mit dem gardinenbehängten Baldachin ließ dieser sich in ein Dampfbad verwandeln, in dem duftende Kräuter zogen. Krug und Schale auf dem Tisch dienten vorrangig zum Händewaschen vor dem Essen und waren mitunter aus sehr kostbarem Material: getriebenem Silber, das reichlich vergoldet war, oder mit einem emaillierten Rand, der mit Röschen und dem französischen Wappen verziert war, wie das Geschirr Karls V. (Ende 16. Jahrhundert). Im Sommer nahm man sein Bad oft auch im Freien, wie es auf diesem Wandteppich (gegenüber) aus einem Loire-Schloß mit seinem pittoresken floralen Hintergrund zu sehen ist.

Wahrhafte Hymnen weiblicher Nacktheit sind die Badeszenen der Malerschule von Fontainebleau, wie diese *Venus im Bade*, die sich im Handspiegelchen ihrer Schönheit vergewissert (gegenüber). Diane de Poitiers, Geliebte Heinrichs II., die den Tag mit einem kalten Bad begann, Gabrielle d´Estrées, Favoritin Heinrichs IV., deren Schwester und diverse unbekannte Schöne lassen auf diesen wunderbaren Bildern die Lebenskunst der ausgehenden Renaissance und die hiermit verbundene hochentwickelte Badekultur erahnen. Eine eher spröde Sinnlichkeit strahlt die 1570 entstandene *Dame im Bad* von François Clouet aus (oben, Washington, National Gallery of Arts). Die Wanne ist der Bequemlichkeit halber mit dem traditionellen Tuch ausgelegt, als Erfrischung steht eine Schale mit Obst bereit. Im Hintergrund sieht man die Amme, die derweil dem Kind die Brust gibt, und die Zofe, die gerade einen Kessel warmen Wassers aus dem Kamin genommen hat.

sche und wurde durch einen Wasserspeier gespeist, der die Form eines jugendlichen Frauenkörpers hatte. Ein Zeitgenosse schrieb, der Papst habe ihn »wahrscheinlich mit tiefer Resignation berührt«...

Am Hof der Herzöge von Mantua im Palazzo del Tè, einem Meisterwerk von Giulio Romano, kann man noch heute eine kleine *stufetta* sehen, die ganz mit Fresken ausgemalt ist. Sie besteht aus einem kleinen, viereckigen Raum mit korinthischen Säulen und führt in ein kleines Dampfbad mit einem Halbrund, wo sich ein Ofen mit Muschelstuck in Renaissancemanier befand. Besser als jede Beschreibung geben uns Radierungen die Atmosphäre jener Augenblicke ruhigen Genusses wieder. Um 1530 malte der Manierist Francesco Salviati eine hübsche Szene mit vier nackten Frauen in einem Badezimmer mit hohem Keramikofen in einer Ecke, mit Mauervertiefungen zum Abstellen der eleganten Krüge und einer Badewanne aus Stein mit einem Tuch. Vor einem Becken sitzt eine Frau und trocknet sich die Füße ab, man sieht die Ecke eines Schwimmbeckens und im Hintergrund ein Ruhebett.

Trotz dieser schönen Einrichtungen überall in Europa kamen in der zweiten Hälfte des 16. Jahrhunderts Bäder und das Wasser überhaupt in Verruf. Bald füllte man nur noch Brunnenbecken oder betrieb Wasserspiele. Ganz wie die Körperpflege, die sich nun auf Gesicht und Hände beschränkte, diente es nur noch dem schönen Schein... Lebt wohl, ihr schönen gepflegten und seidigen Haare, lebt wohl ihr Baderituale, die die Haut hell und glatt werden ließen, sie enthaarten und mit Salben und neuen Cremes aus Italien parfümierten!

Vereinzelt regten sich allerdings noch Gegenstimmen. So schrieb Montaigne in seinen Essays: »Allgemein schätze ich, daß Baden gesund ist, und ich glaube, daß wir unserer Gesundheit ein wenig schaden, weil wir diese in allen Ländern verbreitete Gewohnheit aufgegeben haben, die es in manchen noch gibt; sich jeden Tag den Körper zu waschen, und ich denke mir, daß wir weniger taugen, wenn wir unsere Glieder voll Schmutz belassen und unsere Poren von Fett verstopft sind.« In ihrem Buch *Instruction pour les jeunes dames, par la mère et la fille d'alliance* (1597) schrieb Marie de Romieu: »Ich wünsche mir, daß sich ein hübsches Fräulein ganz [und] sehr oft wäscht, mit Wasser, in dem wohlige Düfte gezogen haben, denn nichts ist so sicher [wie] die Tatsache, daß nichts die Schönheit einer jungen Frau so strahlen läßt wie die Sauberkeit.«

Trotz dieser Ermahnungen verschwanden indessen die Bäder zunehmend. Zwei Jahrhunderte lang begnügte man sich mit einer Körperpflege ohne Wasser; man wechselte häufig die Leibwäsche, und wenn diese den Schweiß absorbierte, betrachtete man sich als gewaschen. Bäder im Zimmer wurden nur noch von Ärzten zu Heilzwecken angeordnet, wobei jeglicher Genuß unterbunden wurde, indem man den Bädern eine Diät vorausgehen ließ und hinterher Aderlaß und Bettruhe vorschrieb.

Da das Bad nun nur noch medizinischen Zwecken diente, interessierten sich die Maler nicht mehr dafür. Erst bei Antoine Watteau, François Boucher oder Jean-Baptiste Pater, die an der Schwelle des 18. Jahrhunderts geboren wurden, gab es wieder entsprechende Motive, und die Frauen genossen wieder warme Bäder. In der Zwischenzeit war ein Lieblingsthema der Maler die Frau bei der Toilette, das heißt vor ihrem Frisiertisch. Sie beendete ihre knappe Körperpflege in der Öffentlichkeit...

Kurz vor dem jahrhundertelangen Niedergang der Badelust bringt diese kleine Gemme mit einer Darstellung der *Susanna im Bade*, ein Renaissance-Schmuckstück aus dem Besitz der Medici, sie noch einmal wirkungsvoll zum Ausdruck (gegenüber, unten). Obwohl das Baden im 17. Jahrhundert generell als gesundheitsschädlich verschrien war, wurden in den Adelssitzen nach wie vor prachtvolle Baderäume eingerichtet, wie das barocke Meisterwerk im Neuen Schloß von Baden-Baden (oben), 1660 unter Erzherzog Ferdinand Maximilian erbaut. Die ausgefallene »Badenburg«, die der Kurprinz von Bayern 1718 bis 1721 im Park von Schloß Nymphenburg in München ausführen ließ (gegenüber, oben), verfügt über ein tiefes, mit Delfter Kacheln verziertes Becken. Von der umlaufenden Galerie aus konnte man die Badenden beobachten. Das Gebäude beherbergt außerdem einen Festsaal, einen Spielsalon und einen Ruheraum.

Ein »ruhmreiches Jahrhundert« mit prachtvollen, unnützen Badezimmern

Im 17. Jahrhundert sind Badefreuden nicht mehr zulässig. Die Herrschaft der »trockenen Körperpflege des Höflings« beginnt, wie Georges Vigarello es in seinem Buch *Le Propre et le sale* nennt. Das Bad wird durch Abreiben des Körpers und Abwischen von Gesicht und Händen mit parfümierten Handtüchern ersetzt und vor allem durch Verwendung der »am besten gereinigten Leibwäsche der Welt«. Auch wenn uns diese Form der Körperpflege als weniger reinlich erscheint, so war doch die Unterwäsche für die, welche sich feine Leinenhemden leisten konnten, ein echter Fortschritt, denn sie schützte sowohl den Körper als auch die Oberbekleidung. Man wusch also nicht mehr direkt die Haut, aber doch zumindest alles, womit sie in Berührung kam.

Um die Mitte des 17. Jahrhunderts wechselten die Adligen ihr Hemd täglich, und die wohlhabende Stadtbevölkerung alle drei bis sieben Tage. Anstatt sich eine Badewanne zu kaufen, legte man sich als Höfling im Schnitt dreißig Hemden zu: So verfuhr zum Beispiel Molière. Charakteristisch sind die Worte des Arztes Louis Savot, der 1624 schrieb: »Wir können eher auf das Baden verzichten als unsere Vorfahren, weil wir Leibwäsche verwenden, die uns hilft, den Körper auf bequemere Art sauberzuhalten, als es die Bäder und Dampfbäder der Vorfahren vermochten, die den Gebrauch und die Annehmlichkeit dieser Wäsche nicht kannten.«

Die gesamte Ärzteschaft zog einstimmig gegen das Wasser und das Baden zu Felde: Es schwäche die Körperkräfte und führe zu giftigen Ausdünstungen. Damit nicht genug: Es fördere den Schwachsinn und Wassersucht. Die Kirche, die jegliche erotische Versuchung zu unterbinden trachtete, empfahl eine oberflächliche Pflege von Mund und Händen.

Bleiben also frisch gewaschene Hemden, das Waschen von Gesicht und Händen, das Kämmen und Pudern der Haare (eine Vorform des Trockenshampoonierens) und wenig später das Tragen von Perücken. Man versteckte sich hinter parfümiertem Puder und farbiger Schminke, übergoß sich mit Parfüm oder schob sich Duftsäckchen unter die Achseln (eine Vorform des Deodorant) und in die Falten der Kleider. Dies verbarg sich also hinter der Definition des Wortes »Sauberkeit« in den Lexika des 17. Jahrhunderts: »anständig und geziemend«.

Diese Toilette, dieses »Sich-schön-machen«, wie man heute sagen würde, war also eine rein äußerliche Angelegenheit. Sie wurde wie ein Schauspiel in Szene gesetzt, zu dem man Freunde und Liebhaber einlud: Die Verführung durch das Spiel der Reflexe im Spiegel der Toilette spielte die Hauptrolle. Zeitgenössische Bilder widmen sich ausführlich jenen morgendlichen Szenen vor einem Möbel, das über und über mit Spitzen, später mit Musselin bedeckt ist und zugleich als Frisier- und Toilettentisch dient.

Die eigentliche Körperpflege findet hinter den Kulissen statt, in einem kleinen Zimmer, das man »Garderobe« nennt und das jetzt immer öfter neben dem Schlafzimmer eingerichtet wird. Es nimmt in Ansätzen das Badezimmer des 19. Jahrhunderts vorweg. Man zieht sich dorthin zum Waschen intimer Körperteile zurück und verbirgt die hierzu notwendigen Utensilien, bis die Architekten einen besonderen Raum dafür erfinden. So verschwanden Badezimmer und Badezuber aus den Pariser Wohnungen, und private Baderäume in den herrschaftlichen Häusern konnte man an einer Hand abzählen.

In den königlichen Residenzen entstanden dagegen weiterhin Badeappartements (diesen Namen tragen sie bis zum Ende der Epoche Ludwigs XIV.). Sie sind geräumig und prunkvoll, ebenso luxuriös wie unnütz… In diesen Bädern täuschen die Hähne das Vorhandensein fließenden Kalt- und Warmwasser vor, und zwar mit Hilfe von zwei Wasserreservoirs oberhalb des Badezimmers, wobei der Warmwasserbehälter über einem Holzfeuer angebracht ist. Jeden Morgen füllten die Bediensteten die Behälter mit Eimern…

Das Badeappartement, das Lemercier auf Wunsch Ludwigs XIII. im Louvre für Anna von Österreich einrichten ließ, war von seltener Pracht. Es ist in der Zeitung *Le Mercure galant* beschrieben und besteht aus »zwei von mehreren Marmorsäulen gestützten Gewölben, und an diesem Ort sieht man nur zwei Farben: Himmelblau und Gold. Ringsum die Portraits des Hauses Österreich (von Velázquez gemalt), Spiegel und eine weiße Marmorschüssel, in die das warme Wasser, das sich außerhalb befindet, durch Hähne fließt. Der Boden ist mit Darstellungen von Waldblumen verziert.«

Während der Herrschaft Ludwigs XIV. diente die Zurschaustellung solcher Einrichtungen vorrangig dem Prestige des Sonnenkönigs, ebenso wie

Im 17. Jahrhundert waren Darstellungen einer *Dame bei der Toilette* ein beliebtes Bildmotiv. Meist sitzt sie vollständig bekleidet vor ihrer »*toilette*«, einer Art reichlich mit Spitzen verzierten Frisiertisches, über dem ein Spiegel hing, und führt eine flüchtige Waschung im Kreis ihrer engsten Vertrauten aus. Die eigentliche Körperpflege nahm sie diskret in der »Garderobe« vor. In einem Jahrhundert, in dem Baden und öffentliche Nacktheit verpönt waren, wirkte sogar das Entblößen einer hübschen Wade aufreizend – das belegt der gebannte Blick des Eintretenden auf der um 1659 entstandenen Radierung von Bonnart (oben). Aus derselben Zeit wird folgende Anekdote über die Herzogin von Mazarin berichtet, die in einem Kloster lebte: Als die Schwestern ihr hartnäckig eine Gelegenheit zum Füßewaschen verweigerten, leerte sie einfach eine große Holztruhe aus und füllte diese mit Wasser, richtete damit allerdings eine denkwürdige Überschwemmung an.

die äußerliche Pracht der Wasserspiele mit ihrem hochkomplizierten Wasserleitungssystem. Die neue, symbolische Funktion des Wassers war also repräsentativer Art, weshalb unter anderem Ludwig XIV., kaum waren in Versailles und verschiedenen Schlössern die Badeappartements fertig, schon daran dachte, sie durch noch luxuriösere zu ersetzen.

Der Glanz des Schlosses von Vaux-le-Vicomte, das Louis Le Vau 1651–1661 für den Minister Fouquet erbaut hatte, und dort insbesondere ein als Rotunde gebautes Badeappartement, erregte die Bewunderung des Königs. So ließ er Versailles durch denselben Architekten verschönern. Er ordnete an, daß anstelle der schönen Bädersuite seines Vaters im Erdgeschoß ein prächtiges Ensemble von fünf Zimmern eingerichtet wurde. Es bestand aus zwei Vorzimmern, einem achteckigen Salon, einem Badezimmer und einem Ruheraum. Inmitten einer Unmenge von Pilastern und Marmortäfelungen thronten zwei Badewannen aus weißem Marmor mit zwei Bronzekränen an der Wand, ein riesiger Spiegel sowie Statuen, die auf Sockeln standen.

Feststehende Badewannen waren aus Marmor, wie diejenigen, die Ludwig XIV. später in den Boden des Badezimmers von Versailles einbauen ließ. Dieses Wunderwerk war achteckig, aus rosafarbenem Marmor und kostete den Staat etwa 15 000 Livres. Um sie in ihrer ganzen Länge von 3,30 Meter und einer Breite von einem Meter unterzubringen, mußte das Zimmer vergrößert, ein

Dieses originelle Bild eines anonymen Künstlers aus dem 17. Jahrhundert vereint den Genuß des Kakaotrinkens und Badens, war also zu seiner Zeit sicherlich eine Sensation (oben)! Die runde Badewanne ist mit metallenen Kanneluren verziert und ähnelt in der Form dem Geschirr für kleinere Waschungen. Das Badeleinen ist ebenso mit Spitzen verbrämt wie das Badehemd der Dame, die sich dem Betrachter in freimütig-koketter Pose darbietet. Elegante Speier versorgen sie mit warmem und kaltem Wasser aus Behältern in einem darüberliegenden Raum, die von Dienern mit Eimern gefüllt werden. Das Reservoir für warmes Wasser wurde mit einem kleinen Holzofen beheizt.

neuer Fußboden mit bunten Marmorintarsien angelegt sowie die Decke neu gestaltet werden, die mit Malereien und Boiserien verziert war... Später schenkte Ludwig XV. diese Wanne Madame de Pompadour. Sie ließ sich nicht ohne Mühe in den Garten ihres kleinen Hauses von Eremitage bringen. Sie mußte durch ein Hebelsystem auf Rollen gehoben werden, wozu man 22 Männer brauchte, meterlange Taue, riesige Gerüste. Auch ein Fenster war beteiligt... Heute thront das wertvolle Stück am Eingang der Orangerie von Versailles.

Überall in Europa baute man prachtvolle Badezimmer. Um 1700 wurde im englischen Chatsworth Castle (Derbyshire) ein großer Baderaum installiert, dessen Wände ganz mit weißem, blaugeäderten Marmor ausgekleidet waren. Die marmorne Badewanne war halb in den Boden eingelassen; tief und groß genug für zwei Personen. Einige Stufen führten hinein. Einen seltenen Luxus stellten die beiden Kräne für warmes und kaltes Wasser dar. Der Direktor der holländischen Handelsgesellschaft für die Südsee besaß zur selben Zeit einen Badepavillon, der mit Delfter Kacheln verziert war. Darüber befanden sich ein Wasserreservoir und ein Raum mit den entsprechenden Pumpvorrichtungen.

Als die Sommerresidenz der pfälzischen Kurfürsten, das Schwetzinger Schloß, Mitte des 18. Jahrhunderts umgestaltet wurde, richtete man 1766 auch ein Badehaus mit prächtiger klassizistischer Ausstattung ein: weiße stuckverzierte Wände, ein Relief mit Darstellungen von Nymphen, von Amethysten gesäumt. Der Boden bestand aus rosafarbenem und schwarzem Marmor. Eine Art Baldachin aus Stuck in Form drapierten Stoffes umgab die in den Boden eingelassene Marmorwanne; in die man über drei Stufen stieg. Das Wasser floß aus dem Schlund von sieben Schlangen, die sich um den Beckenrand ringelten. Was soll man erst zu dem im antiken Stil eingerichteten Badezimmer der Fürstengemächer im Palazzo Pitti in Florenz von 1754 sagen? Die Decke war ungewöhnlich hoch, der Boden bestand aus buntem Marmor, es war im strengen Florentiner Winter kaum zu heizen. Mit seinem reichen Freskenschmuck und der in einer großen Nische stehenden Badewanne war es einfach wunderschön.

Marmorne Pracht und Kälte, bombastisches Dekor, dies war das Motto des Jahrhunderts... Mit Beginn der Herrschaft Ludwigs XV. jedoch spürte man erste Anzeichen einer neuen Empfindsamkeit. Als die kleinen Privaträume in Versailles eingerichtet wurden, plante man kleine Badezimmer in intimem und gefälligem Ambiente. Es waren Badezimmer mit holzgetäfelten Wänden, in denen verzinnte Kupferbadewannen standen. Auch ein Ruhe- und Erholungsraum nach englischem Muster gehörte dazu. Statt Badeappartements nannte man sie im 18. Jahrhundert »Badekabinette«. In diese intimeren Räumlichkeiten sollte bald wieder genußvolles Baden Einzug halten.

Im Schloß von Versailles gab es vermutlich über hundert Bäder in der Art, wie sie Bonnart auf seiner Radierung *Dame, sich zum Bade anschickend* (oben) darstellt. Oberhalb der runden Wanne wölbt sich ein prachtvoller Brokatbaldachin mit einem Vorhang ringsum. Der Stil des Badeleinens mit seiner ausnehmend breiten und kostbaren Spitze ist typisch für das Zeitalter Ludwigs XIV. und weist die Protagonistin als Angehörige des Adels aus. Da wir uns im 17. Jahrhundert befinden, als man vorrangig aus medizinischen Gründen badete, bringt der Herr mit der Perücke vermutlich ein Heilmittel gegen den Liebeskummer, an dem die Dame zu leiden scheint... oder ein Stimulans! Das alltägliche Bad der Königin Marie Antoinette war bescheidener. Sie trug dabei ein langes Flanellhemd und ließ sich nur von einer Zofe bedienen. Das Badetuch bestand anstelle kostspieliger Materialien wie Batist und Spitze aus einer Art Piquéstoff.

Das intime Badekabinett des 18. Jahrhunderts

1715 starb der Sonnenkönig und mit ihm eine Epoche. Auf das Jahrhundert der Vernunft, der Strenge, der Etikette, des Siegs von Trug und Schein und der Leugnung des Körpers erfolgte die Rückkehr zur Natur, zu Empfindung und Innerlichkeit. Unmerklich bildeten sich Risse in der Schicht aus Puder und Vorschriften, die den Zugang zu Menschen aus Fleisch und Blut und ihrer verborgenen Persönlichkeit versperrt hatte. Es gab Anzeichen einer neuen Empfindsamkeit, die das Individuum in den Mittelpunkt des Lebens stellte. Ludwig XV. verkörperte selbst diese neue Art von Sensibilität: Er zog sich ins Privatleben zurück und vereinfachte die Hofetikette. Die Mode war nun weniger schwerfällig, die Röcke erhielten Rüschen, man verwendete leichtere Stoffe, und die Frisuren wurden schlichter. Man kehrte zur Natürlichkeit zurück, und das Jahrhundert der Aufklärung dachte die Natur wieder als Ganzes, dessen integraler Bestandteil der Mensch ist. Hinzu kam, daß man zu einer neuen Hygieneauffassung fand, die auf körperlicher Ertüchtigung und Reinigungsbädern beruhte.

Mit der Wiedereinführung der Bäder kehrte ein lange vergessenes Vergnügen zurück. In Versailles besaß die Königin Maria Leszcinska nacheinander drei verschiedene Badekabinette, deren letztes (das man heute noch sehen kann) schon die blaugrauen und weißen Holztäfelungen ankündigt, die zur Zeit Ludwigs XVI. groß in Mode kamen. Ludwig XV. zog viermal in ein neues Badekabinett um… Eines der sieben Badekabinette in den königlichen Privatgemächern von Versailles ist ein wahres Schmuckstück. Das nur 15 Quadratmeter große Zimmer ist mit Boiserien in Grisaille verziert. Auf den von den Brüdern Rousseau entworfenen, mit Blattgold überzogenen Medaillons in den Farbtönen Gelb, Rot und Grün sind spielerische Betätigungen dargestellt, die mit dem Wasser zu tun haben: Fischen, Entenjagd, planschende Kinder, badende Frauen und Männer beim Schwimmunterricht. Auf den Täfelungen der inneren Fensterläden sind unterschiedliche Utensilien der Körperpflege zu sehen: Kämme, Scheren, Flakons, Pudersäckchen und Bartbinden, eingerahmt von ineinander verflochtenen Gräsern und Delphinen.

Diese Badekabinette gingen sämtlich auf die Cour aux Cerfs hinaus, weil es dort Gräben gab. Nur das letzte Badezimmer von Marie Antoinette lag im Erdgeschoß auf der Seite der Cour Royale. Es war ein entzückender, fast quadratischer und von Richard Mique (1728 bis 1794) entworfener Raum, verziert mit blauweißen Boiserien und zwei Fenstern mit Blick auf einen Hof im englischen Stil, in dem ein Kirschbaum wuchs. Hier gab es einen Kamin und eine Badewanne, ein Ruhebett und einen Lehnsessel des berühmten Möbeltischlers Georges Jacob. Nebenan befand sich ein Kabinett mit Stühlen, das durch ein Fenster zum Badezimmer Licht erhielt… Seine luxuriöse Atmosphäre erhielt es durch die feinen Boiserien der Brüder Rousseau, auf deren Rahmen die Fauna und Flora des Wassers dargestellt wird, und vor allem alle möglichen Toilettenartikel, umgeben von einem Geflecht aus Bändern und Blumen.

In Versailles soll es in den Flügeln der Höflinge mehr als hundert Bäder gegeben haben, die sicher

Louis Léopold Boillys (1761–1845) Lithographie *Dame bei der Toilette* (oben) zeigt eine Frau, die ganz in ihre intime Toilette versunken ist. Sie benutzt ein neues »Möbel«, das im ersten Drittel des 18. Jahrhunderts aufkam, das Bidet. Es ist ein Sitzwaschbecken aus Nußbaumholz mit einem Becken aus Porzellan oder Silber. Diese wohl umstrittenste Waschvorrichtung wurde im Lauf der Zeit mit den kuriosesten Spottnamen bedacht: »kleines Hygienepferd« in Italien, »Hygienegitarre« in Spanien, in Frankreich »Violinkasten« oder »das kleine Indiskrete«. Andererseits entwickelte man sogar Doppelbidets, die von zwei Personen zugleich benutzt werden konnten, und es wurde gar chic, während der Prozedur Gäste zu empfangen, ähnlich wie bei »Empfangssitzungen« in der Badewanne. Diese war inzwischen länglich und aus verzinntem Kupfer, man badete wieder nackt und genoß die Wohltat parfümierten Wassers. Die Badende, die der Watteau-Schüler Jean-Baptiste Pater (1695–1736) um 1730 malte (gegenüber), steigt in die Kupferbadewanne, während Zofe und Hofdamen sich um sie herum zu schaffen machen.

weniger luxuriös waren. Sie sind alle zerstört. In der Mitte des Jahrhunderts gab sich der Adel wieder den Badefreuden hin. Künstler stellen sie wieder dar, entdecken mit Pinsel oder Stichel die harmonischen Kurven des entblößten weiblichen Körpers wieder.

Es gehörte bei Hofe zum guten Ton, Bäder zu nehmen und darüber zu berichten, im Bad Briefe zu schreiben oder dort Gäste zu empfangen. Da die Wannen meistens tragbar waren, konnte man sein Bad in allen Zimmern seiner Wohnung nehmen. Der Lehrer Marie Antoinettes, der Abbé de Vermont, gewährte in der Badewanne sogar Bischöfen und Ministern Audienz. Die Herzogin von Châteauroux lud, als wolle sie ihrem Status als Favoritin offiziellen Charakter geben, den König Ludwig XV. zu diesem Schauspiel ein. Dieser wiederum bat noch Höflinge dazu, die sich im Nebenzimmer aufhielten. Die Tür ließ man offen, um miteinander plaudern zu können.

Die Schriftstellerin Madame de Genlis (1746 bis 1830), Erzieherin der Kinder des Hauses Orléans, erzählt in ihren Erinnerungen: »1776 badete ich in Rom oft jeden Abend. Sobald ich mich im Bad befand, rief man den Kardinal de Bernis herbei, der mit seinem Neffen kam. Dann unterhielten wir uns eine Dreiviertelstunde.« Diese Form der Hygiene behielt sie in Frankreich bei und besuchte sogar das öffentliche Bad von Poitou. Im Schloß von Genlis teilte sie, wie es heißt, ihre berühmten Bäder in Milch und Rosenblüten in ihrer großen Badewanne mit ihrer Schwägerin nach dem Vorbild der Gabrielle d'Estrées. Wenn sie im Salon im Beisein anderer badete, kaschierte man ihre Nacktheit, indem man eine Kanne Milch ins Wasser goß, Ton hineinmischte oder Badewannen mit einem Deckel aus Rohr oder einem massiven Deckel wählte, durch die zugleich die Wärme des Wassers bewahrt wurde. Madame du Châtelet, die Freundin und Muse Voltaires, hielt es mit solchen Vorsichtsmaßnahmen lockerer. Wie ihr Diener Longchamp in seinen Erinnerungen berichtet, rief die Marquise ihn eines Tages zu sich und bat ihn, zum Aufwärmen ihres Bades heißes Wasser in die

Wie die »Dame bei der Toilette« im 17. Jahrhundert wird die »Dame im Bad« im 18. Jahrhundert ein Lieblingssujet der Malerei. Das Bad wird ein modischer Zeitvertreib und ein Schauplatz geselligen Treibens und erotischen Verführungsspiels. Entsprechende Szenen riefen wiederum die Karikaturisten auf den Plan, wie das Bild *Kleines mondänes Affentheater* von Christophe Huet (oben) demonstriert. Beim Bad im Salon trübte man das Wasser mit einer Handvoll Ton oder einer Kanne Milch, um seine Blöße leicht zu bedecken. Die Szene nach dem mit Ysop-Essig parfümierten Bad (gegenüber), von Marchetti 1906 als Werbung für einen Luxuswäschefabrikanten gemalt, stellt eine Reminiszenz an die Sinnlichkeit des 18. Jahrhundert dar.

Collection du High-Life Tailor
N° 1
Le Lever
A.D.
Marchetti
Les rayons de Phébus, comme disent les "roués" de l'époque, ont éveillé Vénus. Un bain tiède, parfumé au vinaigre d'Hysope, a pailleté de gouttelettes semblables à des perles le corps délicat et charmant, que la Marquise abandonne aux mains expertes de ses chambrières.
Tous droits réservés.

Wanne zu gießen, obwohl das Badewasser nicht mit Milch getrübt worden war. Als sie die Beine spreizte, um sich nicht zu verbrennen, wandte Longchamp den Blick ab. »Passen Sie doch auf, Sie verbrennen mich ja noch!« sagte sie daraufhin. Longchamp war einen Moment betroffen und dachte sich, daß die feinen Damen ihre Diener offenbar als Teil des Mobilars betrachteten.

Dem Bad kam indes auch eine interessante Rolle in Hinsicht inszenierten irdischen Spiels der besseren Kreise zu: Es bot Gelegenheit, körperliche Reize in wohl kalkulierter »Unschuld« zur Schau zu stellen. Casanova vermittelt in seinen Memoiren einen Eindruck davon: »Die Charpillon saß in einer großen Badewanne, den Kopf der Tür zugewandt, und die schamlose Kokette tat, als glaubte sie, ich sei ihre Tante, bewegte sich nicht und sagte: ›Liebe Tante, reichen Sie mir die Handtücher.‹ Sie saß in höchst verführerischer Weise da, denn die Wanne war nur zur Hälfte gefüllt, und ich konnte alle Reize ihres Venuskörpers genießen, ohne daß die Flüssigkeit, die sie wie dünnes Gazetuch bedeckte, meinen gierigen Blicken auch nur das Geringste entzog.« Warme Bäder dienten auf ihre Weise der Muße und der Sinnlichkeit und gaben so auch Anlaß zu sarkastischen Äußerungen: »Wir haben sie bei uns noch nie in solcher Zahl und so in aller Öffentlichkeit erlebt wie in letzter Zeit. Faulheit und Muße haben entscheidend ihre Einrichtung und Unterhaltung motiviert«, bemerkte ironisch Madame de Genlis, glühende Fürsprecherin der Vorzüge des kalten Wassers. Da warmes Wasser ihrer Meinung nach verweichlichend und geradezu dekadent war, setzten sich »moderne« und revolutionäre Gemüter für das Kaltbaden ein, das Ende des 18. Jahrhunderts wieder zunahm.

Dieses Standfoto (oben) vom Anfang des Films *Ridicule* von Patrice Lecomte demonstriert die Körperpflege des 18. Jahrhunderts. Nach dem Bad puderte man den ganzen Körper, was die Haut mattierte und Unebenheiten kaschierte. Hier blasen zwei Zofen den Puder von einer Porzellanschale, der in einer bläulichen Wolke zerstiebt und sich auf dem Körper der Herrin absetzt. Typisch für die zeitgenössische Badezimmereinrichtung ist die verzinkte Kupferbadewanne, die gut die Wasserwärme hält (gegenüber). Im Vordergrund ein besonders schöner Bidet-Stuhl aus Angers. In der Rückenlehne sind unter dem geposterten Deckel Accessoires für die intime Wäsche verborgen.

Badewannen, Frisiertische, »Kleine Indiskrete«, Krüge und Schüsseln

Vom 18. Jahrhundert an nahm man sein Bad im allgemeinen in »modernen Badewannen«. Sie waren nicht mehr aus Marmor oder verbleitem Holz, sondern aus Metall, meist aus verzinntem Kupfer, ein Material, das den Vorteil hatte, nicht zu rosten und die Wärme zu halten. Mit Beginn der 1770er Jahre wurden manche Modelle aus weniger edlem Material wie Blech hergestellt und bisweilen auch mit Farbe gestrichen, die wie Email wirkte. Innen waren die Badewannen verzinnt, die feineren versilbert. Außen waren sie oft mit Malereien verziert. Kunstschreiner schufen mitunter echte Stilmöbel, die mit Rohr versehen und gepolstert waren und die Form von Sofas, Liegen oder Chaiselongues hatten. Gegen Ende des 18. Jahrhunderts kam auch die berühmte Sabotière in Mode, die Badewanne von Marat oder Benjamin Franklin, welche die Engländer »Pantoffel« oder »Stiefel« nannten. Sie war aus über zwanzig Metallteilen zusammengesetzt und hatte eine trichterförmige Öffnung zum Füllen und einen Hahn zum Entleeren.

Die Badekabinette waren oft mit zwei Badewannen bestückt: eine zum Waschen, eine zum Spülen. Standen sie an einem festen Platz und besaßen einen Wasserzulauf, waren sie mit einem Baldachin und Musselinvorhängen versehen. War die Badewanne transportabel, so konnte sie mit Rohrgeflecht verkleidet sein – der Deckel wahrte die Wärme des Wassers und die Züchtigkeit – und konnte in ein Stilmöbel wie ein Canapé oder einen Sessel verwandelt werden... Dann handelte es sich aber nur um ein Halbbad, einen Vorläufer des Sitz- oder Hüftbades. Diese waren besonders verbreitet, weil man für sie weniger Wasser benötigte. Aus demselben Grund schuf man merkwürdige Utensilien: Minibadewannen für Fußbäder, Armbäder, Sitzbäder und andere Teilbäder, für die die Kunstschreiner sich ähnlich verrückte Modelle ausdachten wie für die großen Badewannen.

Das zweite wichtige Möbelstück im Bad war der Toilettentisch mit Schüssel und Wasserkrug. Im 18. Jahrhundert war es ein kleiner, von einem Kunstschreiner hergestellter Tisch mit Schubladen, Fächern und tausend kleinen, verborgenen Raffinessen, auf die sich besonders französische und englische Kunstschreiner wie Thomas Chippendale, George Hepplewhite oder Thomas Sheraton spezialisierten. Dieses kleine, elegante Möbel diente ausschließlich dem Waschen von Gesicht und Händen. Es wurde später zu großen Waschtischen weiterentwickelt, die mit einer Marmorplatte abgedeckt waren (nach dem Vorbild des französischen Empire).

Im 18. Jahrhundert kam das gewiß aufsehenerregendste Stück des gesamten Badezimmerarsenals auf, das Bidet. »Das Kleine Indiskrete« war nur einer von zahlreichen Spitznamen, die man ihm gab. Erfunden wurde es bereits im 17. Jahrhundert, aber mit Sicherheit ist es erst 1726 bezeugt, als Madame de Prie den Marquis von Argenson auf ihrem Bidet empfing. Zu einer Zeit, in der man die Körperpflege bevorzugt in einen intimen Raum verlegte und die Sitten locker bis frivol waren, hatte dieses aristokratische »Möbelstück«, das manchmal sehr aufwendig gearbeitet war, noch nicht den Hauch des Anstößigen. Es wurde von Frauen wie Männern benutzt und gelegentlich sogar auf Radierungen abgebildet, wie bei Watteau oder Boucher. Im Lauf des Jahrhunderts avancierten die Bidets zu regelrechten Möbeln, gelegentlich sogar höchst phantasievollen kunstgewerblichen Meisterwerken. 1739 entwickelte der Bidet-Hersteller Perverie in der Rue aux Ours eine an eine Geige erinnernde Form aus Porzellan mit ei-

Kunstschreiner übertrafen sich gegenseitig an Ideen und handwerklichem Geschick, um Wannen für das »Bad im Salon«, das man in Gesellschaft in seinem Schlafzimmer nahm, in echte Möbel zu verwandeln, die zum Stil der Zeit paßten und leicht zu transportieren waren. Auf diesen Stichen nach François Boucher (gegenüber) sind die Wannen für Sitz- und Halbbäder durch Polsterungen oder Rohrgeflecht als Lehnsessel, diejenigen für Vollbäder als Liege getarnt. Diese Modelle besaßen meist einen Deckel, der das Blechbecken verbarg. Durch eine Abdeckung entzog man sich indiskreten Blicken und konnnte zugleich das Wasser länger warmhalten. Die durchschlagendste Erfindung war zweifellos die Holzschuh-Badewanne (oben), im Englischen »Pantoffel« oder »Stiefel« genannt. Manche Exemplare waren sogar mit einem mit Weingeist betriebenen Ofen versehen. Später benutzte man Holzkohle, glühende Kohlen oder Alkohol.

ner Reisekiste, die man auf ein Holzgestell setzte. Man dachte sich auch Doppelbidets aus wie die »Stühle mit zwei Rücken«, die der Konversation dienten, und die Modelle für Offiziere im Feld, aus Metall und mit versenkbaren Füßen, »die selbst stärkste Erschütterungen aushielten«. Die »Möbel« der Pompadour zeugen von einem ganz anderen Geist. Eines war aus Rosenholz mit Blumenintarsien, die Schüssel war aus Zinn, Füße und Armaturen aus vergoldeter Bronze; das andere war aus Nußbaum, die Schüssel aus Sèvres-Porzellan, Deckel und Lehne waren mit rotem Leder bezogen und mit goldenen Nägeln bestückt. Dahinter waren Fächer für zwei Kristallflakons verborgen.

Zu Beginn des 19. Jahrhunderts wurde das Bidet zu einem typisch weiblichen Gebrauchsgegenstand. Einer der letzten prominenten Bidet-Benutzer war vermutlich Napoleon I., der mehrere Exemplare von Biennais besaß, darunter eines aus vergoldetem Silber »mit einem Schwammbehälter aus vergoldetem Silber und zwei Flakons aus nach Art von Diamanten geschliffenem Kristall«. Die Frauen benutzten es weiterhin, verbargen künftig jedoch schamhaft diesen anrüchigen Gegenstand. Die Kataloge der Spezialgeschäfte nahmen ihn in Pauschalangebote für Badeausstattungen auf, größere Läden priesen in ihren Katalogen verschiedene bewegliche Modelle an, die man sich nach Hause schicken lassen konnte, was wie so oft eine berühmte wahre Geschichte belegt. Eine Dame in der Provinz war höchst erstaunt, als sie den für das abendliche Essen vorbereiteten Tisch inspizierte und mitten auf dem Tisch ihr Porzellanbidet stehen sah. Der Oberdiener hatte es am Morgen in Empfang genommen und es »für Madames neue Suppenschüssel« gehalten.

Das Bidet wurde in ganz Südeuropa eingeführt, in England jedoch nie (und später in den USA ebensowenig), da ihm der Ruf eines »ungehörigen« Gegenstandes anhaftete. Ausnahmen bildeten die Herzogin von Bedford, die einen schönen Toilettentisch französischer Provenienz besaß, hinter dem sich ein Porzellanbidet verbarg, und Sir Arthur Young, der in den 1780er Jahren schrieb: »Es trägt zur persönlichen Sauberkeit bei, und ich würde es in England gern häufiger sehen.«

Bidets, tragbare Badewannen, Toilettentische, Schüsseln und Töpfe... All diese neuen, in der Körperpflege gebräuchlichen Gegenstände standen in den Garderoben der meisten Häuser des Pariser Adels, und auch in der abgelegensten Provinz wurden sie verwendet. Ende des Jahrhunderts fand man in Le Puy bei den Bonnevilles zwei Toilettentische mit Schüssel und Wasserkrug, einem Spiegel und einer Badewanne aus Hartholz.

Damals begann man auch, in die Herrenhäuser richtige Badezimmer einzubauen. 1780 entdeckte der Architekt Nicolas le Camus de Mézières, der die Lebensweise seiner Zeitgenossen präzise beobachtet hatte, daß sie sich nach mehr Privatleben sehnten und Räumlichkeiten benötigten, wohin sie sich zurückziehen konnten, ein Bedürfnis, dem das Badezimmer durchaus entsprechen könnte. Deswegen, so sagte er, »muß es ansprechend gestaltet sein und die Sinnlichkeit und Delikatesse des Vergnügens der Körperpflege spürbar werden lassen«. Schon vor Anbruch des Jahrhunderts gab es in 20 von 66 Herrenhäusern in Paris Badeeinrichtungen. Alle waren eine Augenweide.

Im Hôtel de Vergès im Pariser Faubourg Saint-Honoré ist der Boden ein Schachbrett aus schwarzen und weißen Kacheln; die Badewanne steht in einer mit Fresken ausgemalten Nische und wird durch zwei Kupferkräne aus drei oberhalb angebrachten Wasserbehältern versorgt. Der Raum ist in natürliches Licht getaucht, das durch eine Wand aus böhmischem Glas gefiltert wird. Das Badezimmer des Hôtel de La Reynerie an der Place Louis-XV besitzt eine Glaskuppel nach Vorbild des Panthéon, bemalte Wände mit wei-

Die Verkleidungen der Bidets verraten den jeweiligen Zeitgeschmack. Das hier abgebildete im ägyptisierenden Stil (oben) entstand nach der Rückkehr Napoleons von seiner »Ägyptischen Expedition«, stammt aber nicht aus seinem Besitz. Er nahm es übrigens mit der Körperpflege sehr genau und besaß mehrere Bidets aus den Werkstätten prominenter Kunstschreiner und Goldschmiede seiner Zeit. Anfangs wurden Bidets auch von Männern benutzt, aber seit Mitte des 19. Jahrhunderts blieben sie der weiblichen Toilette vorbehalten und gerieten in einen zweifelhaften Ruf... Zu einer Zeit, in der Moral und Mode nicht zuließen, daß man auch nur den kleinsten Teil des ins Korsett gezwängten Körpers sehen durfte, behandelt diese Lithographie von Maurin (gegenüber), die ein Doppelbad mit zwei Blechbadewannen zum Gegenstand hat, das ewige Thema der belauschten Nacktheit mit dem Titel »Ob er etwas sehen kann?«.

ßen Arabesken auf violettem Grund im pompejanischen Stil und eine Badewanne in einer mit Musselin verkleideten Nische, in der ein Spiegel aus einem Stück hing.

In einer zeitgenössischen Zeitschrift kann man eine komplette Badezimmerausstattung sehen: einen gepolsterten Bidet-Stuhl und unter einem mit grüner Seide bespannten Baldachin eine Badewanne auf einem Sockel, mit zwei Kränen in Form von Löwenmäulern. Denn, so schreibt der Berichterstatter, »die reichen Leute fangen an, sich Badezimmer zuzulegen [...] nicht nur für den Sommer, sondern der Gesundheit wegen«. Zwar werden sie noch nicht mit fließendem Wasser versorgt, aber die Täuschung ist perfekt...

Die Bäder, die man »in den Häusern der Adligen oder Vornehmen«, wie es in Diderots *Enzyklopädie* heißt, nimmt, bestehen aus »einem Zimmer mit Bett, wo man nach dem Bade ruht, einem Raum, in dem die Badewanne steht, und einer Kammer mit Abfluß oder Garderobe, einer Toilette, einem Raum zum Trocknen der Wäsche und zum Heizen des Wassers. Es muß auch ein kleiner Garten vorhanden sein, damit Leute, die diese Bäder eher aus medizinischen als hygienischen Gründen nehmen, ihren Körper durch Übungen kräftigen können, ohne dabei gesehen zu werden«. Wer sich den Luxus einer solchen Einrichtung nicht leisten konnte, hatte die Möglichkeit, tragbare Geräte zu erwerben, ein Badezimmer, das man im Freien in einem Hof oder Garten aufstellte.

Viele dieser wundervollen Badezimmerdekors gehörten Künstlern, berühmten Tänzerinnen oder Schauspielerinnen, also Frauen, die üblicherweise »ausgehalten« wurden: geschnitzte Spiegel zwischen farbigen, mit Gold bemalten und mit Vulkanstein verzierten Holzpaneelen »im orientalischen Stil«, mit Silber ausgelegte Holzbadewannen im Renaissance-Stil für Mademoiselle Elluini; eine Badewanne aus Onyx mit Metallinnerem für Mademoiselle Moisset von der Opéra-Comique; eine Badewanne aus Kupfer mit hübschem Korbgeflecht und Warmwasserzylinder für Mademoiselle Devise, Tänzerin an der Oper; Wandbehänge mit Storchen- und Wasserpflanzenmuster mit weißer Marmorbadewanne für Mademoiselle de La Panouse; drei aufeinanderfolgende Zimmer, ganz mit indischem Stoff mit Blumenmuster verkleidet, für die luxuriöse Badesuite der berühmten Tänzerin Mademoiselle Guimard in dem von Nicolas Ledoux entworfenen Palais...

Auch aus diesem Grunde stand das Baden im 19. Jahrhundert so lange im Ruf der Unmoral. Der zeitgenössische französische Roman wußte die Mischung von Lustempfinden, Weiblichkeit und anrüchigem Luxus, der in den prachtvollen Dekors zum Ausdruck kam, weidlich auszuschlachten: »... durch eine fast immer offene Tür sah man das Badekabinett ganz aus Marmor und Spiegeln mit dem weißen Becken der Badewanne, ihren Töpfen und Silberschüsseln, den Verzierungen aus Kristall und Elfenbein...« heißt es zum Beispiel in *Nana* von Émile Zola.

Auf diesen beiden Bildern wird durch das Gegenlicht eine ähnlich sanfte und intime Beleuchtung erzeugt. Die Badesitten richteten sich im übrigen auch nach der Zugehörigkeit zu einer bestimmten Gesellschaftsschicht. *Die Toilette* (oben) von L. M. Cochereau (1793–1817) zeigt in einem Raum ohne Badewanne, der aber mit allen sonstigen klassischen Requisiten für Teilwaschungen ausgestattet ist, eine junge Frau bei einem Fußbad in einem Kupferkessel. Er ähnelt stark demjenigen Marie-Antoinettes im Petit Trianon oder Napoleons in Fontainebleau. J. B. Mallets *Gotischer Baderaum* aus dem Jahr 1810 (gegenüber) ist der Lebenssphäre des Adels entlehnt. Die Nackheit dieser Schönen ist durch die Transparenz des Gewandes und ihre Körperhaltung eher betont als tatsächlich verborgen. Mallet, ein hervorragender Chronist des Einrichtungsgeschmacks seiner Zeit, zeigt hier ein Interieur im neogotischen Stil, den man damals in England bei der Ausstattung von Badezimmern mit fließendem Wasser bevorzugte.

Englischer »comfort«

»Mein Gott, was für ein Wort ist denn das, *comfortable?* [...] Vielleicht ein russisches Wort. Ich muß dazu nichts sagen«, schreibt Balzac in *Die alte Jungfer,* obwohl das Wort auch im Französischen existiert. Es hatte, bevor es die heutige englische Bedeutung annahm, die Bedeutung von »bestärkend« oder »tröstend«.

Den Franzosen war die Vorstellung von Komfort lange fremd, denn man verwechselte ihn häufig mit dem – nicht unbedingt »komfortablen« – Luxus der großen Badeappartements. Für einen Engländer bedeutet Komfort etwas ganz anderes als die Lust am schönen Schein. Es handelt sich eher um »soliden« Luxus, wie es Montesquieu nennt, einen vernünftigen, funktionalen Luxus, der lediglich dem eigenen Wohlbefinden dient und sich nicht um Äußerlichkeiten kümmert.

Als in England die ersten praktischen Badezimmereinrichtungen aufkamen, erhielt man einen Eindruck davon, was dieser Komfort bedeutete... Man entwickelte »Waschbecken« auf hohen dreifüßigen Gestellen mit Spiegel und zwei Ablageflächen, eine in Fußhöhe für die Kanne, die andere als Stauraum unter dem Becken. Dieses kleine, elegante Möbel ist Vorbild für den späteren raffinierten und praktischen, von Kunstschreinern geschaffenen Waschtisch, dessen beweglicher Spiegel auch als Deckel für die Waschschüssel dient und Fächer für Seife, Rasierzeug oder Haarbürsten hat. Bei den größeren Modellen kamen Schubladen hinzu, eine geschickt erdachte Vorrichtung zur Tarnung von Fuß- und Sitzbad...

Diese Möbel machten die Körperpflege zu einem wahren Vergnügen, noch vor Erfindung und Installation der berühmten englischen Rohrleitungen. Davon zeugt der begeisterte Bericht des Philo-

In England, das seinerzeit führend war bei der Weiterentwicklung sanitärer Technik, installierte man erstmals fließendes Wasser in Badezimmern. Die Benutzung des aufwendigen »gotischen« Baderaums in wohlhabenden Haushalten war allerdings meist den Familienmitgliedern vorbehalten. Gäste und Bedienstete mußten sich mit dem *hip-bath* (Sitzbad) begnügen. Auf diesem hübschen Aquarell von Alice Squire (1840–1936) mit dem Titel *Die Gouvernante* (oben) sieht man eine Sitzbadewanne und einen mit Handtüchern behängten Toilettentisch mit dem Porzellangeschirr für Hand- und Gesichtswäsche.

sophen und Historikers Hippolyte Taine, der England um 1860 besuchte: »In meinem Zimmer [...] zwei Waschtische mit jeweils zwei Schubladen, der erste mit einem beweglichen Spiegel versehen, der zweite mit einer großen Kanne, einer kleinen und einer mittelgroßen für warmes Wasser, dazu zwei Porzellanschüsseln, eine Bürstenablage, zwei Seifenschälchen, eine Karaffe mit Glas, eine Schale mit Glas. Außerdem ein dritter ganz niedriger Waschtisch, ein Eimer, eine weitere Schüssel, eine große, flache Zinkwanne für die Wäsche am Morgen. In einem kleinen Kabinett ein Handtuchhalter mit vier Handtüchern unterschiedlicher Machart, eines dick und plüschig. [...] Der Diener kommt viermal täglich ins Zimmer: Morgens bringt er einen großen Eimer mit heißem Wasser und ein Wollhandtuch als Fußmatte; mittags und um sieben Uhr abends bringt er Wasser und alles, damit sich der Gast vor dem Mittag- und Abendessen waschen kann; abends schließt er die Fenster, deckt das Bett auf, bereitet die Wanne vor und erneuert die Wäsche. [...] Was Engländer für Dienstleistungen und Komfort ausgeben, ist außergewöhnlich, und man könnte amüsiert feststellen, daß sie ein Fünftel ihres Lebens in der Badewanne verbringen.«

Das Verlangen nach Komfort hängt mit der Einstellung der Engländer zu ihrem *home* und insbesondere zu Hygiene und Körperpflege zusammen. Hier gab es keine bürgerlichen und religiösen Vorbehalte gegenüber dem Wasser, und in Fragen der Sauberkeit ist man ungenierter... Noch im 19. Jahrhundert, lange bevor es überall fließendes Wasser gab, entwickelte man in

England Badezimmereinrichtungen von erstaunlicher Qualität und Vielfalt. Dieses Muster an Komfort entspricht einer besonderen Lebensweise – einem gewissen Sinn für Intimität.

Durch das Zusammenspiel von Wasser und Gas, um Wasser zu erwärmen, verbunden mit der Erfindungsgabe englischer Ingenieure und Klempner findet diese Intimität ihre Heimat an einem Ort, wo dem Benutzer alles zur Verfügung steht: das Wasser rinnt warm aus dem Kran von Badewanne und Waschbecken, das Zimmer ist geheizt und die Wäsche nach dem Baden oder Duschen angewärmt. In dieser angenehmen Umgebung kann sich jeder im alten Sinn des Wortes wirklich »getröstet« fühlen.

Frankreich verschließt sich nicht auf Dauer vor dem englischen Komfort, diesem nützlichen, rationellen funktionalen Luxus, der allein dazu dient, daß man sich wohlfühlt, und der »der technischen und mit der Technik weiterentwickelten Zivilisation« zu verdanken ist. Allerdings lassen sich die Franzosen nur langsam überzeugen. Einerseits müssen erst die religiösen und bürgerlichen Verbote zu baden und sich nackt zu zeigen aufgehoben werden, andererseits muß es fließendes Wasser geben, damit man endlich dem englischen Vorbild folgt.

Bis es soweit ist, widmen sich Fürsten und reiche Bürger Badefreuden und Körperpflege in einem Dekor, das eher an Salons als an Badezimmer erinnert. Im Ersten Kaiserreich – Napoleon nahm täg-

Diese Radierung von John Leech (ganz oben) zeigt nicht etwa ein Kostümfest, sondern eine englische Familie um 1850 vor dem Duschen! Damals fürchtete man – das Duschen war ja eine neue Erfindung –, daß der Wasserschwall unmittelbar auf den Kopf Frakturen und Schwachsinn hervorrufen könnte... Diese Kopfbedeckung ist ein geringes Übel verglichen mit Michel de Montaignes Erfahrung im Bad einer italienischen Villa: »Was die Gepflogenheiten betrifft, sich den Schädel zu rasieren [um eine Dusche zu nehmen] und ein kleines Stück Stoff oder Wolldecke auf die Tonsur zu legen und mit Netzen oder Bändern festzubinden, mein kahler Kopf hatte das nicht nötig!« Diese englische Duschanlage (oben, untere Abb.) benötigte kein fließendes Wasser, da oben ein von Hand, gegebenenfalls auch durch eine Pumpe füllbares Wasserreservoir angebracht war.

lich ein heißes Bad – verzierte man die wunderschönen Badezimmer von Malmaison und Rambouillet in diesem Sinn, das in Fontainebleau war mit einer sehr originellen, vorn mit Mahagoni verkleideten Badewanne versehen, die wie eine Kommode aussah und sogar Schubladen mit vergoldeten Bronzegriffen vortäuschte. Im Boudoir der Kaiserin Marie-Louise war die Badewanne unter einem Überbau versteckt, auf den man nachmittags ein Canapé stellte.

Die Bäder im Élysée-Palast waren weit mehr auf Äußerlichkeit bedacht und lagen in einem besonders großen, von einem riesigen weißen Marmorkamin und einem ausladenden Teppich gewärmten Raum. Die Wände waren mit bemalten Spiegeln verziert, in denen sich ein prachtvoller Lüster widerspiegelte. Ein kleines Wunderwerk, das durch das Zusammenspiel von großem Raffinement und einer gewissen Strenge an den Orient erinnert. Es hat eine Grundfläche von etwa 16 Quadratmetern und wirkt so groß wie die Moschee La Mezquita von Cordoba, weil schlanke Säulen um die Badewanne und an den vier Wänden angebracht sind, deren Spiegel die Zahl der Säulen endlos vermehren… Nebenan befindet sich ein kleiner Ruheraum, der in türkischem Stil gehalten ist. In Blau und Goldtönen nimmt er die Form des Badezimmers wieder auf; anstelle der Badewanne steht ein Sofa darin, die Säulen werden von aufeinander folgenden Arkaden überspannt.

Transportable Badewannen und Hüterdienste

Solches Raffinement suchte man beim Durchschnittsbürger allerdings vergebens. Badezimmer waren hier eine große Seltenheit, und die meist tragbare Badewanne stand in einem der Zimmer. Man konnte sie zum Bad überall aufstellen, wo Platz war, meist im Flur. Stéphane Mallarmé erzählt, wie er eines Abends bei Nina de Callias sah, daß Édouard Manet sorgfältig seinen Mantel zusammenfaltete. Danach legte er ihn hin, auf etwas, was ihm im halbdunklen Flur wie die schimmernde Oberfläche einer Marmorplatte erschien. In Wahrheit war es die Wasseroberfläche einer Badewanne… Der Dichter bemerkte es zu spät, und so mußte er ohnmächtig zusehen, wie der Mantel des Malers kläglich »ertrank«. Das Aufstellen von Badewannen im Flur war so gang und gäbe, daß Georges Feydeau als genauer Beobachter der Sit-

Gegen Ende des 18. Jahrhunderts richtete man in Adelssitzen Badegelegenheiten in der Zurückgezogenheit der »Garderobe« ein. Hier verstaute man ebenfalls seine Utensilien für die Toilette und die *chaise percée* (durchbrochener Stuhl). Nach der Französischen Revolution verwandte auch die neue Oberschicht viel Geld und Mühen an die Ausstattung dieser Räumlichkeiten. Das Badezimmer Napoleons auf Schloß Rambouillet von 1807 war im antiken Stil gehalten (gegenüber); die Badewanne war in eine Nische eingebaut, an der Decke und den Holztäfelungen waren die Ruhmestaten des Kaiserreichs dargestellt. Das Badezimmer seines Adoptivsohnes Joseph im Hôtel de Beauharnais, das dieser aufwendig restaurieren ließ (oben links) erregte einen der legendären Wutanfälle des Kaisers: Als diesem die exorbitanten Rechnungen vor Augen kamen, war Joseph längste Zeit Besitzer des Schlosses gewesen. Gleichfalls nach antiken Vorbildern entwarf Karl Friedrich Schinkel (1781–1841) die Badewannen für Schloß Kleinglienicke bei Berlin (oben rechts).

ten seiner Zeit in einer Szene des Stücks *Un bain de ménage* eine Frau ihrem Mann, der nach Hause kommt und sich wundert, daß die Badewanne vor dem Wohnzimmer steht, nicht ohne Anflug von Bitterkeit entgegnen läßt: »Wo soll ich denn sonst baden, da wir kein Badezimmer haben?«

Daß man die Wanne ausgerechnet dort aufstellte, erklärt sich vielleicht durch die Nähe der Eingangstür, durch die das Wasser hereingetragen wird. Zum Wasserholen schickte man seine Bediensteten an die Seine oder zu einem Brunnen oder erwarb es bei Trägern, die »mit Tragegurt oder im Faß« gefiltertes Trinkwasser beförderten, dessen Verkauf streng reglementiert war. Für eine Wannenfüllung benötigte man zwanzig bis dreißig Eimer. Nun mußte das Wasser erst geheizt und dann in die Wanne gegossen werden. Nach dem Bad muß man es wieder fortschaffen, was dieselbe Prozedur in umgekehrter Richtung erforderte, es sei denn, man öffnete einfach das Fenster… Einige Privilegierte leisten sich die Illusion fließenden Wassers, dabei sind die Kräne der Badewanne mit Behältern verbunden, die man regelmäßig nachfüllen muß. Um warmes Wasser zu erhalten, gibt

es verschiedene Arten… Wer Ende des Jahrhunderts beim Marquis de Bonneval ein Bad nehmen wollte, »sagte zwei Stunden vorher dem Diener Bescheid, der den Holzofen heizte und einen Schlauch in die Badewanne hielt; dann floß das Wasser warm in den Zinkbehälter, der außen gestrichen war, um wie Marmor zu wirken«.

Eine originelle Lösung war die Lieferung von Bädern ins Haus. »In langsamem Trott kommt die flüssige Equipage an Ihre Tür, Bad, Bademantel und Tuch, alles wird herangekarrt, selbst in die

Bis in die siebziger Jahre des 19. Jahrhundert verfügten nur luxuriöse Haushalte über fließendes Wasser. Anderswo täuschte man es mit Hilfe verborgener Reservoirs vor oder ließ die Wannen mit Krügen füllen… So verhält es sich vermutlich auch auf dieser Radierung (gegenüber) nach Achille Devérias (1800–1857) Bild *Nach dem Baden,* wo man noch auf die Hilfe einer Zofe angewiesen ist. Diese Notwendigkeit entfiel mit der Einführung fließend warmen Wassers. So kann die Dame, die der Belgier Alfred Stevens (1823–1906) darstellte (oben, untere Abb.), in ihrer Kupferbadewanne ruhig vor sich hin träumen, eine Blume in der Hand, ohne Sorge, daß das Wasser kalt wird und sie die Dienerin rufen muß. Verfügte man noch nicht über diesen Komfort, konnte man sich ein Bad nach Hause bestellen. Hierfür gab es besondere Dienstleistungsunternehmen, die, wie ganz oben dargestellt, Wanne und Wasser ins Haus lieferten und sich auch um die Entsorgung kümmerten.

oberste Etage.« Einen solchen Dienst boten die Thermophoren in der Rue du Faubourg-Montmartre 10 an. Tag und Nacht konnte man dort ein Bad bestellen, das je nach Begehr mit warmem, kalten oder Mineralwasser gefüllt wurde. Die Idee zu diesem Service stammte aus Deutschland und wurde in Frankreich 1819 von M. Vilette mit großem Erfolg eingeführt. Er kam dem Wunsch vieler Pariser und vor allem Pariserinnen entgegen, Körperpflege und Bad zu genießen, ohne sich dafür in öffentliche städtische Einrichtungen begeben zu müssen, da eine anständige Frau sich in der Öffentlichkeit nicht auszog. Das Bad wird mit Pferdewagen geliefert; dazu gehören Behälter mit warmem Wasser, alle Arten Fässer mit doppelter Wand; der Zwischenraum wird mit Luft gefüllt. Zum Transport von Badewannen durch enge Treppenhäuser verfügten manche Unternehmen über zusammenlegbare Wannen aus Leder oder zusammenschiebbare aus Metall. Oben in der Wohnung stellte man sie auf und füllte sie aus Eimern. Nach dem Baden konnte man sich das Entleeren der Wanne erleichtern, indem man einen Schlauch über die Treppe leitete und das Wasser in den Rinnstein fließen ließ.

Heimbäder boten Stoff für zahlreiche Humoresken und Lieder; ein Theaterstück von Paul de Kock trug sogar den Titel *Heimbäder* und wurde 1845 im Palais-Royal gespielt. Darin kam der damals verbreitete Scherz vor, mehrere Bäder zu Freunden zu bestellen, die zu einem großen Abendessen eingeladen haben…

Nach dem Vorbild englischer Dandys, die sich mehrere Stunden täglich mit ihrer Toilette befaßten, ließ sich der Schriftsteller Jules Amédée Barbey d'Aurevilly jeden Morgen von den berühmten Bains Chinois am Boulevard des Italiens ein Bad ins Haus bringen. Selbst wenn viel über sie geschrieben und gesprochen wurde, so wurden 1838 insgesamt doch nur 1 013 Bäder geliefert.

Während der zweiten Hälfte des 19. Jahrhunderts erfaßte die industrielle Revolution die Städte und bewirkte umfangreiche Arbeiten für Infrastruktur und Sanierung. Zwischen 1860 und 1870 legte man in Paris Wasserleitungen in die Häuser, zuerst auf dem rechten, dann auch auf dem linken Seineufer. Auf den Straßen tauchten die ersten Wallace-Brunnen auf. In den großen herrschaftlichen Wohnsitzen am Boulevard Saint-Germain oder an der Rue du Roule verlegte man die Badekabinette in die erste Etage.

Man kann heute noch das aus dieser Zeit stammende Badezimmer der Païva, einer berühmten Kokotte, bewundern, die ihr Bad mit Blick auf die Champs-Élysées nahm, in einer Wanne, die halb in den Boden eingelassen und innen mit Silber ausgelegt und mit Kupferintarsien verziert war. Die Wasserhähne waren mit Türkisen besetzt. Außen war die Wanne mit Onyx verkleidet, ebenso wie die Wandsockel, der Kamin und die Gefäße. Das Dekor war in maurischem Stil gehalten (gleichfalls die Mosaiken am tragbaren Bidet), die Spiegel waren von maurischen Bögen gerahmt, außerdem gab es Keramiken auf Türkisgrund, die Decke war von einem Fries aus kleinen Kristallstalaktiten gesäumt.

Bäder werden nun zunehmend auch beim Neubau von Bürgerhäusern eingerichtet, wenn auch weniger aufwendig. In den anderen versucht man einen Platz zu finden, der oft wenig attraktiv ist.

Für alle, die nicht über fließendes Wasser verfügten, stellte die Lieferung von Bädern ins Haus die ideale Lösung dar. Manche der öffentlichen Luxusbäder, wie die Bains Vivienne (oben), boten einen Lieferservice mit oder ohne Badewanne an, außerdem Weißwäsche von feinster Qualität. Die Mehrheit der Bevölkerung war nach wie vor gezwungen, ihr Badewasser an öffentlichen Brunnen zu holen. Diese alltägliche Last mit dem Wasser hat Bovin realistisch ins Bild gesetzt (gegenüber). Eine Erleichterung bedeutete die Erfindung eines gewissen Robin um 1880: ein automatischer Verteiler am Brunnenrand, der sogar heißes Wasser (zwischen 65 und 90 Grad) abgab, acht Liter Wasser zu fünf Centimes. Diese sensationelle Neuerung funktionierte jedoch nicht einwandfrei – es kam häufig zu Explosionen –, weshalb man wieder davon Abstand nahm.

ami P.r Bresſant

Inzwischen haben wissenschaftliche und medizinische Erkenntnisse die Notwendigkeit deutlich gemacht, der gesamten Bevölkerung ausreichende Hygiene zu ermöglichen. In der zweiten Hälfte des 19. Jahrhunderts wird Gesundheit zum Credo der Volkserziehung. Hygiene gilt nun als Voraussetzung für soziale Ordnung, Tugend und Wohlverhalten. Ende des Jahrhunderts erscheinen zahlreiche Handbücher über Körperpflege und hygienische Wohnverhältnisse, die sich an alle Bevölkerungsschichten richten. Warme (oder laue) Bäder werden wieder empfohlen, und zum ersten Mal in der Geschichte des Badens taucht ein magisches Wort auf: Seife.

Mit dem Wort »Bad« assoziierte man aber noch immer einen Hauch von Sinnlichkeit (wie wir gesehen haben, besaßen außer den Reichen ausgehaltene Künstlerinnen, Kokotten und Bordelle Badezimmer) und Zügellosigkeit, der die weiblichen Kunden abschreckte. Um »ehrbare« Damen von der Unschuld der Prozedur zu überzeugen, mußte man darlegen, daß das Baden weder Religion noch Scham und Moral verletzte, sondern im Gegenteil eine bürgerliche Tugend war. So schrieb die Comtesse de Bassanville 1859: »Eine saubere und gepflegte Frau ist fast immer ehrenwert und tugendhaft. Die Toilette ist für den Körper, was die Erziehung für den Geist ist.« Zur Jahrhundertwende hatte man begriffen, wie notwendig Reinlichkeit war, und daß es nicht unbedingt unmoralisch und verwerflich war, sich zu waschen und zu säubern.

So konnte sich mit der Idee der Körperpflege gleichzeitig auch ein gewisser Narzißmus, eine Art Lustgefühl verbinden.

Das Badekabinett, ein Tempel der Weiblichkeit

»Man kann eine Frau betrügen, darf sie jedoch nie überraschen«, schrieb Louis Sébastien Mercier in *Ein Gemälde von Paris* (1781–1788). Und genau dies hat das Bürgertum des 19. Jahrhunderts im Schatten des Badekabinetts in die Tat umgesetzt.

Neben dem ehelichen Schlafzimmer taucht es nun als Teil der Privatgemächer an den vornehmen Adressen der Boulevards auf. Es befindet sich in einer Art Alkoven, meistens ohne Fenster, und ist hinter einem Vorhang verborgen, damit die Luft nicht stickig wird. Es stehen ganz einfache Möbel darin: auf einem Waschtisch Schüssel und Wasserkrug, manchmal ein Bidet und ein Eimer für das Schmutzwasser. Da es kein fließendes Wasser gibt, ist die Badewanne, sofern überhaupt vorhanden, transportabel.

Dieses kleine Kabinett bleibt lange ein Hort für intime Waschungen und ein »Tempel« weiblicher Schönheit. Um die Jahrhundertwende beschreiben die Baronin de Staffe, die Comtesse d'Alq, die Marquise de Garches, die Comtesse de Tramar, die Marquise de Pompeillan und die Comtesse de Gencé, wie das Waschkabinett einer »ehrsamen Frau« auszusehen hat.

»Das Waschkabinett muß unbedingt geschlossen sein«, betont die Comtesse de Tramar; es ist »eine Kultstätte der Frau, ihr Allerheiligstes«, meint die Baronin de Staffe. Man verbirgt darin »die indiskreten Möbel, die einen allzu privaten Lebensbereich offenbaren«, befindet die Marquise de Pompeillan. Deshalb müssen Badewannen, Bidets und Utensilien für Teilbäder, wie Krüge, Eimer und Schüsseln, nach Gebrauch wie von Zauberhand verschwinden, und

In den Pariser Stadtpalais des ausgehenden 19. Jahrhunderts gab der Geldadel Unsummen für seinen Badekomfort aus. Hiervon zeugt das maurische Badezimmer der Païva (gegenüber und oben, Detail eines Medaillons), einer prominenten Kokotte der Jahrhundertwende: onyxverkleidete Wände, die Wanne gleichfalls aus Onyx, mit Silber ausgelegt und innen mit einem Fries aus getriebenem Kupfer verziert. Der teure Halbedelstein hat zwar gegenüber dem Marmor den Vorteil, daß er sich warm anfühlt, verträgt aber plötzliche Temperaturschwankungen nur schlecht. Deshalb ist die Badewanne mit Metall ausgelegt. In den heutigen Palästen arabischer Emire wärmt man den Boden der Wannen an und sorgt für eine konstante Temperatur.

für das Auge darf nur ein schönes Ambiente übrig bleiben. Da das Reinlichkeitsbedürfnis mit dem Prinzip der Weiblichkeit gleichgesetzt wird, gehört das Waschkabinett in erster Linie Madame. Besitzt der Mann kein eigenes und benutzt das seiner Frau, so tut er es nie in ihrer Gegenwart. Außerdem sollte er sich beeilen und hinterher Wasch- und Rasierzeug so aufräumen, daß man nichts mehr von seiner Anwesenheit bemerkt. Obwohl es ein privater Raum ist, muß das Waschkabinett schön ausgestattet und sorgfältig angelegt sein. »Bei allen Frauen von Welt ist das Waschkabinett ebenso hübsch wie bequem«, schreibt die Baronin de Staffe. Madame de Gencé fügt hinzu: »Es kann nicht angehen, daß wir während der Stunden unserer Toilette Mißbehagen empfinden.«

Diese Ratschläge evozieren eine Art ideales Waschkabinett. In diesem Zimmer befindet sich eine wahre Flut rauschender Stoffe – indischer Blumenstoff, Musselin, Tüll oder Cretonne – in Form von Volants, Vorhängen und Gardinen. Das sieht hübsch aus, ist allerdings nicht besonders hygienisch – gleichwohl aber nicht weiter von Belang, denn nach dem Waschen mutiert das Kabinett, aus dem man alle unziemlichen Gegenstände entfernt hat, zu einem Ort der Schönheit und des Putzes. Er besitzt ein oder zwei Fenster mit matten Scheiben und Gardinen; an der Decke hängt ein Kristallüster, am Boden liegt ein Teppich in Pastelltönen. Zwei Waschtische identischer Ausstattung stehen einander gegenüber. Der größere ist für »kleine Waschungen« gedacht, darauf stehen ein Krug und eine Schüssel aus Porzellan oder Silber mit entsprechenden Accessoires wie Seifenschalen etc. Darüber befindet sich ein Ablagebrett für Parfumflaschen, Lotionen und Essig. Der kleinere Toilettentisch ist als Frisiertisch gedacht. Darüber hängt ein großer Spiegel, der mit Rüschen aus Satin und Spitzen gerahmt ist. Hinzu kommen zwei Schränke, jeder auf einer Seite, ein Toilettenspiegel und mehrere Sitzgelegenheiten: Puffs, vergoldete Klappsessel, Chaiselongue und Sofa, wo man nach dem Bad ein wenig ruht. Nicht zu vergessen die Utensilien für die Toilette, die hinter den Cretonnerüschen, in den Schränken oder in einem anderen Zimmer verborgen sind; das Bidet, die Badewanne oder häufiger die große Badeschüssel, die jeden Tag hereingetragen wird und in der man sich mit dem Schwamm wäscht.

Dieses »Waschen nach englischem Vorbild« ist der Vorgänger der Dusche. Zur Erfrischung wusch man sich mit kaltem Wasser, aber mit warmem Wasser konnte man sich beim Bad im Zuber gründlich reinigen. Dieser Behälter aus Zink, Email oder Silber war recht flach, tragbar und mit einer trichterförmigen Tülle versehen, um Wasser ein- und auszulassen. Die Engländer haben für die Reise, eingedenk der Sitten auf dem Kontinent und in fernen Ländern, das Reisebad erfunden, ein großes Metallbecken, das man als Waschschüssel, aber auch für ein Sitzbad verwenden konnte. Es

Das Waschkabinett avanciert in der zweiten Hälfte des 19. Jahrhunderts zu einem dekorativen Tempel der Weiblichkeit, einer Art Salon für kleine Waschungen und Schönheitspflege, aus dem die Männer verbannt sind. Es enthält gewöhnlich mindestens ein Fenster, einen Waschtisch mit passendem Porzellangeschirr, Frisiertisch, Wandspiegel, einen Sessel zum Ausruhen sowie ein Tischchen mit zwei Stühlen zum Teetrinken. So jedenfalls präsentiert sich die Einrichtung des Kabinetts der Kaiserin Eugénie im Schloß von Saint-Cloud auf dem Aquarell von Fortuné de Fournier (gegenüber, oben). Nüchterner und funktionaler war der Waschtisch mit verstellbarem Spiegel aus Pitchpine, der auf Mary Cassatts Bild *Die Toilette* von 1891 zu sehen ist (oben). Das extravagante Interieur im englischen Jugendstil, das 1897 in der Augustnummer der Zeitschrift *The Cabinet Maker* abgebildet war (gegenüber, unten), demonstriert, wie geschickt man eine Badewanne verstecken konnte.

besaß einen verschließbaren Deckel sowie ein Tragband und mitunter sogar einklappbare Füße. Später kam die Reisewaschschüssel aus Gummi auf. Für kleinere Modelle verwendete man auch Pappmaché, das leicht und billig war und so lange verwendet werden konnte, wie es wasserdicht blieb. Vor Rissen mußte man sich hüten... Das Bad nahm man vornehmlich am Morgen innerhalb von zwei Minuten. In einer englischen Gebrauchsanweisung heißt es, man müsse, bevor man hineinsteigt, kaltes Wasser und den Schwamm hineintun. Deshalb gab es ein paar verbesserte Modelle, in die man trockenen Fußes einsteigen konnte. Man begann mit dem Nacken, wusch sich den Kopf und dann von der Brust bis zu den Füßen und endete bei den Armen. Man trocknete sich mit einem Roßhaarhandschuh oder einem rauhen Tuch ab, damit einem nicht kalt wurde. In das Wasser der letzten Spülung konnte man auch ein Glas Eau de Cologne, Waschessig oder Whisky gießen oder die Prozedur mit ein wenig Gymnastik beenden.

Fürst Poniatowski beschreibt in seinen Erinnerungen auch seine Erfahrungen mit dem Badezuber: »Morgens stand in jedem Schlafzimmer auf einem Wachstuch eine große Waschschüssel aus emailliertem Blech mit zehn Zentimetern kalten Wassers und einem Schwamm darin. In Reichweite befanden sich Seife, ein Krug mit warmem Wasser für solche, die leicht frieren, und für hinterher ein Roßhaarhandschuh, ein Liter Eau de Cologne, ein Bademantel und Handtücher. Es war die bevorzugte Art, sich zu waschen, für Leute, die es genau nahmen.« Die Comtesse de Tramar sah in dieser Art, sich zu waschen, nur eine Form des Snobismus, die Comtesse de Gencé riet nur unter der Voraussetzung dazu, daß man keine Badewanne besaß. Dieses Verfahren setzte sich aber schließlich durch, und so wurden das Waschkabinett und seine Ausstattung fast zu einem Allerweltssujet der zeitgenössischen Malerei.

Das noch kaum verbreitete »echte« Badezimmer entsprach in der Ausstattung dem des Waschkabinetts, selbst noch an der Schwelle zum 20. Jahrhundert. So hat das Badezimmer, das Émile Zola in seinen Entwürfen für den Roman *Die Beute* beschreibt, nichts mit dem Komfort eines englischen Badezimmers gemein. Die Wände waren »mit rosafarbenem Musselin verziert, in große Falten drapiert, jede Falte mit einer Applikation aus Spitze. Dieser Vorhang fiel wie ein Zelt von der Decke, wo er scheinbar von einer silbernen Kuppel festgehalten wurde. An den Spitzenapplikationen liefen Silberfäden entlang. [...] Am Boden aus weißgrauem Teppich lag ein großes schwarzes Bärenfell. In einer Ecke vor den Fenstern öffnete sich das Musselinzelt, und man sah eine Wanne aus rosa Mar-

Um die Jahrhundertwende waren flache »Badeschüsseln« sehr verbreitet. In Colettes Roman *Claudine in Paris* ärgert sich die Titelheldin über diesen anglophilen Snobismus: »...und keine Badeschüssel, nein. Anstelle dieser Schüssel, bei der einem die Füße erfrieren, statt des lächerlichen Dings mit seinem Theaterdonnerlärm, ein Holzkübel, ein Zuber, ja! Ein guter Kübel aus Montigny-Holz, aus abgelagerter Buche, in den ich mich im Schneidersitz niederlasse, in warmes Wasser, und den man angenehm am Gesäß spürt.« Das simple »Bad mit dem Schwamm« inspirierte andererseits die Maler zu anmutigen, unprätentiösen Aktdarstellungen. So fing Anders Zorn, wichtigster Vertreter des schwedischen Impressionismus, 1888 in seinem Aquarell *Die Badeschüssel* (oben) das Ausdrücken des Schwammes über der Brust ein. Die Schöne auf dem wunderbaren Pastell von Edgar Degas von 1883, die *Frau in der Badeschüssel,* reibt sich wiederum sorgsam die Unterseite ihres Armes ab (gegenüber).

Degas

Badeschüssel, Fußwanne, Eimer und Krug (oben), all diese Untensilien aus Blech und Zink, »sichtbare Spuren des ganz persönlichen Lebensbereichs«, wie sie die Marquise de Pompeillan in ihrer *Anleitung für die Frau von Welt* nennt, mußten nach Gebrauch sorgfältig verborgen werden. Ende des 19. Jahrhunderts nimmt das Schamgefühl Anstoß »an jedem Anblick eines Requisits, das Bestandteil Ihrer Intimsphäre ist und daher unsichtbar bleiben sollte«, bemerkt noch deutlicher die Comtesse de Tramar im *Brevier der Frau.* Heutzutage sind diese Dinge sehr gesucht für das Bad im Garten und von besonderem Reiz durch ihre Patina. Pierre Bonnard schuf als Vorlage für manche seiner Gemälde wunderbare Photographien. So nahm er auch zahlreiche Bilder von Marthe auf, darunter die gegenüber abgebildete Gegenlichtaufnahme mit dem Titel *Marthe in der Badeschüssel.*

mor, über der ein silbergerahmter venezianischer Spiegel hing. Die Badewanne hatte die Form eines Beckens; das Wasser floß durch zwei Silberkräne hinein; man bestieg die Wanne über zwei Marmorstufen. Ein mit Silberintarsien verzierter Tisch, auf dem Toilettenutensilien aus Elfenbein liegen, mit silbernen Initialen versehen. Frisiertisch aus rosafarbenem Marmor, zweiflügeliger Spiegelschrank mit Silberintarsien. Eine Chaiselongue, zwei Puffs.«

Diese Art von Traumdekor, das sich nur »wenige reiche Frauen, Künstlerinnen und andere« leisten können, faszinierte Madame de Staffe: »Die Wände sind mit Onyx und Marmorplatten verkleidet, die Fenster haben orientalische Vorhänge, die Füße der Leuchter sind aus irisierendem rosafarbenem Kristall.« Die Badewanne hat die Form eines Beckens und ist aus rosa Marmor. Zu ihren Füßen »ein Teppich aus durchbrochenem geflochtenem Leder«. Hinter einem Seidenvorhang befindet sich »ein Duschgerät, das sanften Regen oder einen starken Strahl für die Satinhaut der Hausgöttin« von sich gibt. Sie

weist darauf hin, daß alle Einrichtungen Kräne für warmes, lauwarmes und kaltes Wasser haben und die Waschschüssel aus mit Wasserlilien, Seepflanzen und Aronstab verziertem Porzellan besteht.

Als auf der Hygieneausstellung 1900 die Besucher zum ersten Mal ein amerikanisches Badezimmer sehen, dessen ganz neue Einrichtung hinsichtlich Technik und Konzeption der Hygiene und leichteren Pflege den Vorrang vor der Ästhetik gibt, reagieren die Leute zunächst mit Unverständnis und Abwehr, man hört zunächst Worte wie »Labor« oder »Dreckentfernungsmaschine«...

Danach wird der Waschraum unerbittlich seiner femininen Ausstrahlung beraubt. In einem pastellfarbenen und hellen Dekor, in dem weder Dunst noch Staub noch Mikroben hängenbleiben, stehen die Waschgeräte nun an einem festen Ort und sind an die Wasserleitung angeschlossen. Sie sind so beschaffen, daß man sich bequem waschen kann und viel Bewegungsfreiheit genießt. Dieses neue Badezimmer bringt das Waschkabinett aus der Mode und versöhnt endlich Sauberkeit und Schönheit.

Anfangs richtete man das Bad neben der Küche ein, in der Nähe des einzigen Wasserzuflusses, den eine Wohnung besaß. Man benutzte das Waschkabinett weiterhin zur Körper- und Schönheitspflege, später fand beides in der Nähe des Schlafzimmers statt. Bis dahin mußte man die Verteilung der Zimmer neu überdenken, das Problem der Abdichtung und Isolierung der Wasserzuflüsse innerhalb der Wohnungen meistern, das Heizen des Wassers bewerkstelligen und Materialien für serienmäßig produzierbare Einrichtung erfinden... Erst dann wurde es möglich, das Badezimmer neben das Schlafzimmer in den privaten Bereich der Wohnung zu legen, unabhängig von der Qualität der Wohnung.

Nach englischer Tradition nahm man morgens ein zweiminütiges Kaltbad in der Badeschüssel, wie auf dieser Zeichnung von Louis Sabatier aus dem Jahr 1909 dargestellt (oben, untere Abb.). Fürst Poniatowski erzählt in seinen Jugenderinnerungen, daß er der Badeschüssel fünfzehn Jahre lang mit dem Argument treu blieb, daß ein junger Mann nach dem Schlaf oder nach einer körperlichen Anstrengung (Wanderung, Reiten, Boxen oder Fechten) »in der Badeschüssel mit kaltem Wasser eine Erfrischung finde, die er von der schwächenden Wirkung eines lauen Bades nicht erwarten kann«. Badet man hingegen ein Kleinkind, wie auf der kolorierten Radierung von E. Defonte von 1896 (ganz oben) zu sehen, sollte das Wasser gemäß ärztlicher Empfehlung ungefähr Körpertemperatur haben, also um 36 Grad. Darin kann man es lange aushalten, selbst als Königssohn: Ludwig XIII. ging als Kind um sieben Uhr ins Bad und verließ es erst um Viertel vor acht. Um 1860 konnte der Badekomfort einen weiteren Fortschritt verzeichnen: Boiler aus leuchtend rotem Kupfer, die die Warmwasserbereitung enorm erleichterten. Die junge Dame auf dem Bild des Spaniers Ramón Casas (gegenüber) wirkt zwar noch etwas traumverloren, muß aber unter solchen Voraussetzungen nicht lange auf ihre *Badestunde* warten.

Das moderne Bad

Bis man zum Gipfel des Komforts gelangt, den ein modernes Badezimmer bietet, muß man den Mäandern einer Entwicklung folgen, die in England beginnt und in den USA endet. Ihren Ausgang nahm sie in der Suche nach Komfort, der dann ab den dreißiger Jahren des 19. Jahrhunderts schrittweise verwirklicht wurde. Damals gab es noch nicht einmal im Buckingham Palace ein Badezimmer. 1837, im Jahr der Krönung Königin Victorias, beschäftigte sich das Parlament mit dem Plan, Wasser ins Schlafzimmer Ihrer Majestät zu leiten. Etwa 30 Jahre später sah man in den Bauplänen für die Badezimmer im Schloß Bear Wood in der Grafschaft Berkshire von Anfang an fließendes Wasser vor.

Das englische Bad

In dem berühmten englischen Badezimmer waren zwei Gegenstände unverzichtbar: eine riesige Waschkommode und später, als es fließendes Wasser gab, eine Porzellanbadewanne mit doppelter Wand, die aus einem Stück gefertigt und mit Mahagoni verkleidet war. Zwischen 1850 und 1910 wurden diese beiden Objekte nirgends in so guter Qualität hergestellt wie in England. Deshalb fand man englische Bademöbel damals beim »Jet-set« der ganzen Welt, bei den Fürsten in St. Petersburg, den indischen Radschas, vermögenden Amerikanern und nicht zuletzt im Palais von George Vanderbilt an der Fifth Avenue, dem Pionier moderner Badezimmertechnik.

Die englische Waschkommode ist eine Weiterentwicklung des rechteckigen Waschtisches mit Marmorplatte oder Kacheln aus Keramik, Schubladen und einer Abstellfläche zwischen den Möbelbeinen, um Kannen, Eimer und die Fußwanne unterzubringen. Sie befand sich im Waschkabinett oder im Schlafzimmer, wenn es ein Doppelzimmer war, gleich in doppelter Ausführung. Danach verwandelte sie sich in eine Art Kommode mit verstärktem Rücken, in dem sich ein Behälter mit Wasser befand, das in eine in eine Marmorplatte eingelassene Porzellan- oder Messingschale floß. Wenig später ließ sich dieses Becken umdrehen, um das verschmutzte Wasser in einen großen Behälter abzugießen. Hellyer, der einfallsreiche In-

»Nehmen Sie am liebsten eine Dusche oder bevorzugen Sie ein Bad? Was diese Präferenz über den jeweiligen Menschentyp aussagt, läßt sich kaum unterschätzen«, schreibt Michel Tournier in *Der Spiegel der Ideen*. Das Vergnügen, das Bad und Dusche gewähren, wird an der heiteren Gelassenheit von Bibi (S. 116) offenbar, die der Fotograf Jacques-Henri Lartigue 1920 auf ihrer Hochzeitsreise im Bild festhielt, oder an der lebensfrohen Ausstrahlung der Heldin des deutschen Films *Barcarole* (1935; S.117). Erst mit dem Jugendstil kündigte sich an, was Maurice Rheims »sanitäre Kunst« nennt – so in der Badezimmereinrichtung im Stil des belgischen Architekten und Designers Henry van de Velde (1863–1957) in einem Haus im Londoner Stadtteil Chelsea (oben).

genieur und Installateur des Prinzen von Wales, ersetzte dieses wenig hygienische System durch ein Abflußrohr.

Als die Waschkommode um 1870 an fließendes Wasser angeschlossen wurde, entwickelte sie sich zu einem imposanten, von Kunstschreinern hergestellten Möbel mit einem oder zwei Becken und einem System von Armaturen, die manchmal sogar eine Handdusche zur Pflege von Haaren und Bart einschlossen. Das Rohrsystem wurde mit Mahagoni vertäfelt, wobei der Mittelteil nur knapp über den Boden reichte, so daß Raum vorhanden war, um die Füße darunterzustellen. Hinter den Seitentüren waren auf einem Sockel ein herausziehbares Fußbad und eine Sitzwanne (auf dem Kontinent ein Bidet!) untergebracht. Alles befand sich in Reichweite: An beiden Seiten waren Stangen für Handtücher angebracht, an der Vorderwand unterhalb des Spiegels Halter für Seife, Schwamm und Zahnputzglas. Diese aufwendige Ausführung der Waschkommode, die sehr teuer war, wurde zunächst nur in England hergestellt, bald aber von allen großen ausländischen Firmen kopiert. Zunächst brachte man sie im Schlaf- oder Ankleidezimmer unter, doch sobald die Möglichkeit bestand, die Wannen an fließendes Wasser anzuschließen, plazierte man sie in einem eigenen Raum.

Im Wettbewerb mit der internationalen Konkurrenz entwickelten die Engländer riesige Badewannen aus Porzellan mit doppelter Wand. Sie waren aus einem Stück gefertigt und breiter, länger und höher als alle bisherigen Modelle. (Man mußte nun nicht mehr sparsam mit warmem Wasser umgehen und seine Temperatur so lange wie möglich zu hal-

Im ersten Jahrzehnt des 20. Jahrhunderts macht nicht nur die technische Ausstattung des Bades Fortschritte, man bemüht sich jetzt auch nicht länger, seine Funktionalität zu verbergen. Das edle Londoner Badezimmer von 1904 (oben) kann in dieser Hinsicht als exemplarisch gelten: eine riesige Porzellanwanne auf Kugelfüßen, ein Waschbecken mit verkleideter Säule, eine Dusche mit vernickelter Armatur und Ablaufbecken. Vorhänge gibt es nicht mehr, die Teppiche sind durch gemusterte Fliesen ersetzt. Allein die Lüster erstrahlen noch im alten Stil… Ein Zeichen der Zeit ist auch die großzügige Abmessung des Raumes: Hier kann man Gymnastik treiben und sich anschließend auf einem Massagetisch behandeln lassen.

ten versuchen, seit 1868 der »Geyser«, der erste mit Gas betriebene Warmwasserboiler, entwickelt worden war.)

Porzellan war das teuerste und schwerste Material (die Wannen wogen manchmal über 500 Kilo. Eine Badewanne aus Porzellan zu besitzen zeugte von Wohlstand (Modelle aus Zink, Kupfer oder emailliertem Blech sind wesentlich billiger), in ihrem makellosen Weiß war sie ewig haltbar, leicht zu pflegen und sehr angenehm zu berühren. Passend zur Waschkommode erhielt sie eine reichgeschnitzte Mahagoniverkleidung, die Wände darüber wurden mit verzierten Kacheln vor Wasserspritzern geschützt.

Den Gipfel des Prunks bildete die Badewanne, an deren Ende sich eine Dusche in Form eines repräsentativen gotisierenden Schilderhäuschens befand, mit mächtigen Holzpaneelen und gedrechselten Säulen, ein monumentales Möbel mit einer Wanne, in der man auch Wellenbäder nehmen konnte. In der Mitte der geschlossenen Duschkabine hing eine große Brause, mit der man den Wasserstrahl zerstäuben konnte, und an den Seiten war eine Vielzahl von horizontalen und vertikalen Wassersprühern verschiedener Stärke angebracht, die durch zahllose Löcher in der inneren Wand gespeist wurden. Der Wasserdruck wurde durch Kräne aus feuerrotem Kupfer reguliert, die an der äußeren Vorderwand angebracht waren. Königin Victoria besaß in Osborne ein solches Modell, bei dem die Kräne so dick waren, daß sie an die Dampfkesselanlage eines Kriegsschiffs erinnerten.

Bis in die achtziger Jahre gab es auch in großen Wohnungen nur ein Badezimmer, das von der ganzen Familie benutzt wurde. Gäste mußten sich in ihrem Zimmer mit einer Sitzwanne begnügen. Ein Teil der alten Aristokratie betrachtete die »modernen« Badezimmer als ausgesprochen vulgär und blieb lange der Badeschüssel treu; selbst einige Schlösser wie Carlton Towers in Humberside, das nach 1870 gebaut wurde, hatten keine Badezimmer.

Die englischen Badezimmer jener Zeit schienen unter der schweren Last ihres üppigen Dekors beinahe zusammenzubrechen. Das Licht, das durch ein oder zwei Fenster einfiel, wurde durch schwere, mit Bommeltressen besetzte Vorhänge und bunte Glasscheiben gefiltert, auf denen meist Vögel in einem Pflanzendekor dargestellt waren. Wände und Boden waren mit Keramik gefliest, Teppiche hielten die Füße warm. Der Raum war groß genug für gymnastische Übungen. Badewanne, Waschbekken, Sitz- und Fußwanne, ja selbst Armaturen wie

Ende des 19. Jahrhunderts setzte sich in Europa ein preiswerter Werkstoff durch, der unter anderem beim Schiffs- und Brückenbau Verwendung fand und bald auch die teuren Mahagoniverkleidungen im Badezimmer ersetzte: Gußeisen. Erste Waschbecken mit integriertem Spiegel kamen auf (oben rechts), später auch Badewannen aus diesem Material, das aufgrund seiner hervorragenden Eigenschaften allmählich führend wurde. Das berühmte Modell auf Löwenfüßen (oben links) ist noch heute sehr beliebt. Dieses Badezimmer mit englischen Armaturen befindet sich im früheren Palast des ägyptischen Vizekönigs in Istanbul, dem heutigen Hotel Hidiv Kasri. Die typische Einrichtung eines englischen Badezimmers Ende des 19. Jahrhunderts weist dieses Londoner Beispiel von 1895 auf (gegenüber): monumentale Badewanne mit Dusche, mahagoniverkleidet, rotgolden schimmernde Hähne, Überkopfdusche, Massagestrahler und Wellendüsen. Das (hier nicht sichtbare) Waschbecken im selben Stil befand sich an einer anderen Wand.

Handtuchstangen und die Toilettartikel verbarg man hinter Mahagoniholz. Vergleicht man die englischen mit französischen Badezimmern, so wirkt ihre Einrichtung strenger und weniger feminin.

Das englische Badezimmer war damals noch kein intimer Raum wie in späterer Zeit. Es war ein möbliertes Zimmer, wie die übrigen der Wohnung, das noch nicht neben dem größten Schlafzimmer lag und für alle Familienmitglieder bestimmt war. So ließ es sich das gesamte europäische Großbürgertum in mehr oder weniger luxuriöser Ausführung einrichten. Seine Ausstattung veränderte sich erst um die Jahrhundertwende unter dem Einfluß eines neuen Materials – des Gußeisens.

Die Engländer erwiesen sich nicht nur als Pioniere auf dem Gebiet der Fließwasserinstallation, sondern auch bei der Durchsetzung des Gußeisens. Sie bewirkten dadurch eine »Demokratisierung« des Waschbeckens, indem sie erstmals Konsolen auf Füßen mit eingelassener Keramikschüssel entwickelten; Spiegel, Ablagebretter, Kleiderhaken und Handtuchhalter waren darin integriert. Es waren Meisterwerke feiner Gußeisenarbeit, die in allen Stilformen angeboten wurden: von den geraden Linien des Empire bis hin zum schwelgerischen Rokoko.

Der Vorteil gußeiserner Waschbecken war, daß sie wesentlich preiswerter waren als die Waschkommoden von Kunstschreinern. Mit Gußeisen konnte man leicht die verschiedensten Materialien imitieren, im Handumdrehen sah es so aus wie Marmor, Holz, Bronze oder Gold.

Bald ging man dazu über, auch Badewannen aus diesem Werkstoff herzustellen. Man mußte dazu eine Schale in einem Stück gießen, die glatt, überall gleich dick und von akzeptablem Gewicht war, was erst in den achtziger Jahren des 19. Jahrhunderts gelang.

Dieses Gemälde (oben) zeigt die gängige Einrichtung eines hochmodernen, luxuriösen Badezimmers zu Beginn des 20. Jahrhunderts. Wasser ist das Leitmotiv, was in der zentralen Lage des Beckens und den Grün- und Blautönen der Kacheln zum Ausdruck kommt. Dieses Bad ist mit allem zeitgenössischen Badekomfort ausgestattet. Die Prunkbadewanne auf der rechten Seite, über der eine Dusche angebracht ist, und das Sitzbad sind aus glasiertem Porzellan. In einer Ecke befindet sich eine Dusche mit vernickelten Rohren, links in der Nische Bidet und WC, die man durch Vorhänge abteilen kann. An der Wand zwei Marmorwaschbecken auf geschweiften Beinen, eines davon mit einer beweglichen Brause für Gesicht und Bart. Während das Erscheinungsbild dieser Wandbecken noch deutlich von der Absicht geprägt ist, es »normalen« Möbeln anzugleichen (wozu auch die schweren doppelten Vorhänge passen), weist hier ansonsten alles auf die Prinzipien des modernen amerikanischen Badezimmers voraus, wie es 1900 in Paris auf der Hygieneausstellung vorgestellt wurde: Nüchternheit und Funktionalität.

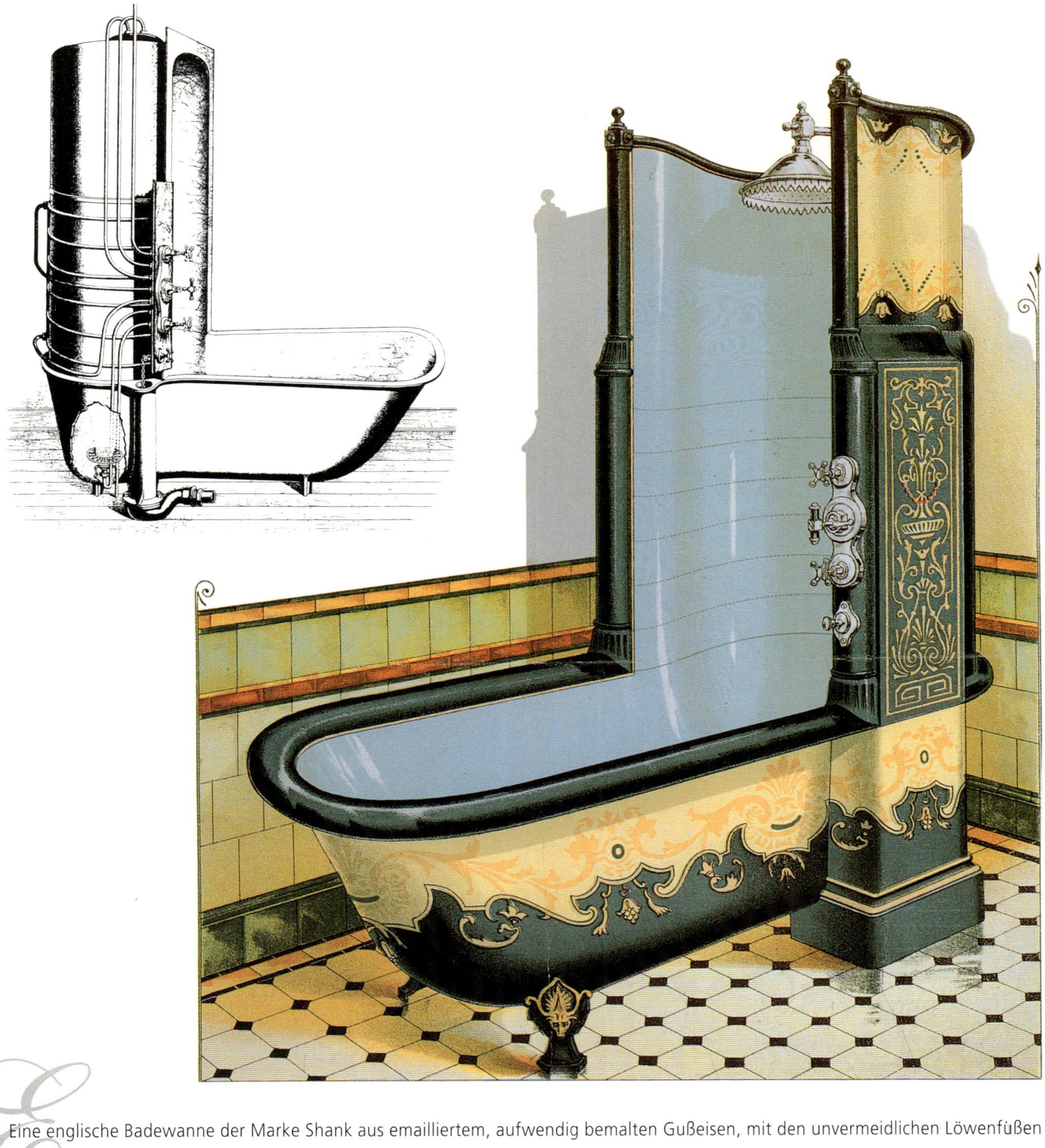

Eine englische Badewanne der Marke Shank aus emailliertem, aufwendig bemalten Gußeisen, mit den unvermeidlichen Löwenfüßen und einer Duschkabine (oben). Solche Modelle verdrängten die ehemals beliebten Duschen mit Mahagoniverkleidung in Schilderhäuschenform. Im Querschnitt (oben links) sieht man, wie das Wasser durch die Zinkrohre geleitet und die Wanne von unten gefüllt wird. Der Abflußsiphon war gleichfalls eine englische Erfindung. Die technischen Finessen dieses hundert Jahre alten Bades, wie der riesige Duschkopf, würden durchaus auch gehobene Ansprüche an ein heutiges Bad erfüllen. Das prachtvolle Badezimmer (folgende Doppelseite) mit farbigem Marmor wurde Ende des 19. Jahrhunderts im Roten Palast der Adelsfamilie Holkar im indischen Indore installiert. Die Wanne bestieg man über mehrere breite Stufen, auf denen man bequem sitzen konnte: Vermutlich wurde es also auch als Dampfbad genutzt.

Die ersten Modelle werden von den Firmen Carron und Cockburn hergestellt (in Deutschland kamen sie sechs Jahre später, in Frankreich erst Ende des Jahrhunderts in den Handel). Perfekt ausgereift waren sie erst an der Schwelle des 20. Jahrhunderts, als man die Technik beherrschte, den scharfen geraden Rand anzurunden und schließlich mit einer Emailschicht zu überziehen. Die bis dahin übliche Lackierung hielt unter der Einwirkung des warmen Wassers nicht lange, und das freiliegende Gußeisen begann schnell zu rosten. So mußte man seine Badewanne regelmäßig innen neu streichen. In seinen Erinnerungen *A Diary of a Nobody* erzählt ein gewisser Mr. Pooter humorvoll von den kleinen Unannehmlichkeiten, die sich dabei ergeben konnten: »Badewanne in Rot neu gestrichen. War sehr zufrieden. Badewanne gefüllt, Wasser zu heiß. Kaum erträglich. Ich steige trotzdem hinein, gewöhne mich langsam. Bleibe eine Weile drinnen. Ich fahre mit der Hand über die Wasseroberfläche und kriege den Schreck meines Lebens: Meine Hand trieft von Blut. Erster Gedanke: Eine Ader ist geplatzt. Wenn man mich findet, bin ich verblutet und so bleich wie Marat im Wachsfigurenkabinett von Madame Tussaud. Zweiter Gedanke: Sofort läuten. Aber ich habe keine Klingel. Dritter Gedanke: Die rote Farbe hat sich im kochenden Wasser abgelöst. Ich springe aus dem Bad. Ich bin rot von oben bis unten wie die Rothäute, die ich im East End im Theater gesehen habe. Carrie werde ich kein Wort davon sagen, aber ich bitte Farmerson, daß er Montag mit weißer Farbe vorbeikommt.«

Nach 1900 ist die Emailtechnik so weit ausgereift, daß solche Vorfälle nicht mehr zu befürchten sind. Von den englischen Herstellern werden nun

Der Amerikaner George Mortimer Pullman (1831–1897), der in den sechziger Jahren des vorigen Jahrhunderts die ersten modernen Eisenbahnschlafwagen entwarf, stattete seine *Pullman cars* auch mit komfortablen Waschgelegenheiten aus. Im 1906 fertiggestellten Privatzug der East Indian Railway, der eigens für die Indienreise des Prince und der Princess of Wales gebaut wurde, hatten die prominenten Fahrgäste, anders als Normalsterbliche, zehn Abteile für sich... Die Abbildung oben zeigt das Waschbecken der Prinzessin, ein großes, ovales Porzellanbecken auf vernickelten Streben. Im Zuge der Nostalgiewelle war diesem Typ Waschbecken in unseren Tagen eine neue Blüte beschert. Die qualitativ ausgezeichneten englischen Badausstattungen wurden führend auf dem Weltmarkt, und noch heute gelten Gußeisenwannen aus England als die besten. Anfang der zwanziger Jahre wurden die Residenz des Maharadscha von Dholpur in Zentralindien (gegenüber) mit Duschen und Badewannen *made in England* ausgestattet, auch die Kacheln und Fliesen im floralen Jugendstildekor stammen von dorther.

serienmäßig Badewannen auf Löwenpranken angeboten, innen emailliert und außen mit Lackfarbe gestrichen. Holzverkleidungen, diese altmodische Kombination von Sarg und Beichtstuhl aus Mahagoni, braucht man nun nicht mehr. Die Einrichtung wird leichter und besteht hinfort aus einer Badewanne auf Füßen, am Ende ein Halbzylinder mit einer doppelten Zinkwand, in der Innenwand mit Löchern versehen, um den Rücken zu besprühen, in der Mitte ein großer Brausekopf für die Dusche von oben. Auf diesen Typus greift man heute wieder zurück, wenn man eine Dusche oberhalb der Badewanne anbringen läßt.

Für die Außenverzierung dieser Wannen gab es eine ebenso vielfältige Auswahl an Motiven wie für die berühmten englischen Tapeten. Sie reichten vom einfachen Filetmuster in Gold über geometrische Reliefbänder bis hin zu handgemalten Blumenornamenten. Man konnte auch eigene Entwürfe verwirklichen lassen.

Auch das Waschbecken begann durch die Verwendung neuer Materialien seine Form zu verändern. Das Möbel aus Holz oder Gußeisen verschwand, und übrig blieb nur ein Marmortisch auf Füßen mit eingelassener Porzellanschale. Bis zum modernen Waschbecken war es also nicht mehr weit.

Nach 1900 findet sich in den Katalogen ein Standardmodell aus Keramik aus einem Stück, das auf vernickelten Beinen steht und dessen Form der heutiger Waschbecken sehr ähnlich ist. Erstmals tauchen Waschbecken auf Säulen auf. Die Hersteller entwickeln Becken aus Porzellan mit Blumendekor in allen Farben, vom schlichten Blauweiß Delfter Fayencen bis hin zur betäubenden Vielfarbigkeit üppiger Blumenbuketts… Dennoch entdeckt man hier und da, wenn man die prächtigen Kataloge zeitgenössischer englischer Hersteller (wie Shoolbred, Doulton, Twyford) studiert, die ersten einfarbigen und weißen Sanitäranlagen.

Unter dem Einfluß der USA verändern sich die Formen. Um 1910 orientiert man sich zunehmend am amerikanischen Vorbild: Das amerikanische Badezimmer ist weiß, hygienisch, gekachelt und versucht nicht mehr, seine Funktion zu verbergen. Die sanitären Einrichtungen und das Zubehör sind keine künstlerischen Schaustücke mehr. Alles ist vernickelt. Ein typisches Badezimmer nach der Jahrhundertwende besteht aus einem Waschbecken über einem glänzend vernickelten Abflußsystem und einer Kabine mit einer vernickelten Dusche an der Rückwand. Sie ist entweder als Abschluß einer Badewanne integriert oder – und das ist neu – separat in einer Ecke des Badezimmers über einer von einem wasserdichten Vorhang umgebenen Wanne angebracht. Die Amerikaner sollten den von den Engländern eingeführten Komfort durch fortschrittliche Technik erheblich verbessern…

Die Ausstattung in dieser unfreiwillig komisch wirkenden Badeszene um 1905 (oben) ist technisch nicht auf der Höhe der Zeit. Die Badewanne mit ihrem überreichen Dekor, das spitzenbesetzte Badelaken, der Hocker, die Pantoffeln, der Teppich, der Sessel, die schweren Vorhänge und die manierierte Haltung der Badenden: Dies alles wirkt wie eine nostalgische Ansichtskarte, eine Reminiszenz an eine Zeit, als moderner Badekomfort noch ein Fremdwort war.

Das funktionale Bad nach amerikanischem Muster

Waren im 19. Jahrhundert die Engländer noch unumstrittene Meister des komfortablen und wohlausgestatteten Badezimmers gewesen, so übernahmen im 20. Jahrhundert die Amerikaner diese Vorreiterrolle. Von einem ganz anderen Denken ausgehend, entwickelten sie ein Badezimmer, dessen in Serie produzierte Einzelelemente in erster Linie nur einer Aufgabe dienen: der Hygiene des Körpers. George Vanderbilt tat den ersten Schritt, indem er noch vor Beginn des 20. Jahrhunderts den revolutionären Plan eines technisch bestimmten und sehr funktionalen Badezimmers präsentierte. Technisch bestimmt, weil das ganze Rohrsystem sinnvoll geordnet an einer Wand angebracht ist, funktional, weil sich nur noch die Gegenstände darin befinden, die man für die Hygiene braucht: Badewanne, Waschbecken auf einem Metallunterbau und WC. Für diese Einrichtung braucht man nur wenig Raum. Einziger Luxus ist die Badewanne aus Porzellan, damals bereits so ausgereift, wie wir sie vom englischen Badezimmer kennen.

Das von den Amerikanern übernommene Standardmodell, das neben dem Schlafzimmer liegt, folgte den Anforderungen für Hoteleinrichtungen. Später wurde es in mehr oder weniger luxuriöser Form für Wohngebäude adaptiert. Der amerikanische Architekt Jefferson Williamson schrieb 1930 in einer Untersuchung über Hotels, im Grunde sei es der Aufenthalt in Hotels gewesen, der »den Amerikanern Gelegenheit gab, Badewannen, warmes und kaltes Wasser und WCs kennenzulernen«. Und tatsächlich scheint, »von den vielen Verbesserungen, die durch Vermittlung der Hotels in das Leben der Amerikaner Eingang fanden [...], die der Badezimmer an erster Stelle zu stehen«.

Das Tremont House in Boston ist das erste Hotel, das 1829 im Untergeschoß Badezimmer und WCs mit fließendem Wasser besaß. 1853 gelang dem Mount Vernon Hotel in Cape May, einem Badeort in New Jersey, ein großer Sprung nach vorn. Hier gab es in jedem Zimmer eine Badewanne. (Erst 1906 war dies auch im Pariser Ritz der Fall.) Zugleich konzentrierten sich die Architekten darauf, Badezimmer auf kleinstmöglichem Raum zu planen, so daß sie nach und nach für immer breitere Bevölkerungsschichten erschwinglich wurden.

Ein wichtiger Meilenstein war die Eröffnung des Hotels Statler in Buffalo im Jahr 1908, das mit dem Slogan warb: »Ein Zimmer mit Bad für anderthalb Dollar«. Dieser Werbegag wurde ebenso zur Sensation wie der Bau selbst. Zum erstenmal wurde der Beweis erbracht, daß ein Badezimmer nicht unbedingt an der Außenwand liegen mußte, wenn Installation und Belüftungssystem richtig geplant waren. Hier lagen zwei Badezimmer symmetrisch zwischen zwei Zimmern, zwischen beiden befand sich ein Hohlraum, durch den Abflußrohre und Belüftungsschacht geführt wurden. Den restlichen Raum konnte man auf beiden Seiten für einen Einbauschrank nutzen und so den Verlauf der Wand ausgleichen.

Damit war die Idee eines kleinen Badezimmers neben dem Schlafzimmer auch für Privatwohnungen geboren. Das große Familienbadezimmer nach englischem Vorbild geriet immer mehr aus der Mode, zumal man sich nun nicht mehr im Bademantel ans Ende eines zugigen Flurs begeben mußte, wobei man sich leicht erkältete... Die neue Form paßte sich auch besser den Grundrissen der Mietwoh-

Dieses Badezimmer (oben) mit seiner nach antikem Vorbild in eine Nische eingelassenen Wanne wirkt neoklassizistisch, auch wenn uns die glasierten Kacheln an den Wänden, die außerdem die beiden Waschbecken einfassen, daran erinnern, daß dieses Bad aus der Frühzeit des 20. Jahrhunderts stammt. In dieser Epoche entwickelten sich die Bäder unter dem Einfluß von Architekten wie H. Sauvage (der in Frankreich als einer der ersten in Sozialwohnungen Gemeinschaftsduschen und Badewannen einbaute) hin zu einer an Nacktheit grenzenden Strenge, wodurch die Kacheln mit Jugendstildekor besonders gut zur Geltung kamen.

nungen an, deren Fläche mit Entstehung der Wolkenkratzer immer kleiner wurde. In Einzelhäusern ordneten die Architekten nun alle sanitären Einrichtungen an einer Wand an, während die englische Wanne allein an der längsten Wand gestanden hatte. In den Mietwohnungen drehte man die Badewanne, um noch ein wenig Platz zu gewinnen, um 90 Grad, so daß ihre Länge die Breite des Badezimmers bestimmte.

Nun brauchte man nur noch die Einzelteile in Serie zu produzieren, vor allem die Badewanne, um das Badezimmer für jeden erschwinglich zu machen. Ab 1916 wurde die Standardbadewanne aus einem Stück aus beschichtetem Gußeisen mit doppelter Wand hergestellt. Sie konnte eingebaut werden, und über ihr wurde an der Wand eine Dusche angebracht. So hatte man Ende der dreißiger Jahre die »Demokratisierung« des Badezimmers erreicht. Auch in Großbritannien, wo die Idee des großen, luxuriösen Badezimmers entstanden war, neigte man nun zu Einrichtungen nach amerikanischem Muster, wodurch auch das mittlere Bürgertum vor Beginn des Ersten Weltkriegs in den Genuß eines Badezimmers kam. Nach 1919 wurden in allen staatlich geförderten Gebäuden Badezimmer eingebaut. Obwohl der britische Schriftsteller William Somerset Maugham noch 1922 bemerkte, »das morgendliche Bad [spalte] die Gesellschaft deutlicher als Geburt, Reichtum oder Bildung«, war das Badezimmer in den dreißiger Jahren zu einer allgemeinen Errungenschaft geworden, so daß es nicht mehr als Inbegriff großbürgerlichen Lebensstils galt.

In Frankreich setzt sich eine vereinfachte Form des amerikanischen Modells durch, doch das Badezimmer bleibt allgemein das Stiefkind der Wohnung; es liegt meist am Ende des Flurs nah bei der Küche, wo sich der Anschluß an das fließende Wasser befindet. Als Jules Verne 1870 in *Zwanzigtausend Meilen unter dem Meer* sein futuristisches Badezimmer in der »Nautilus« erfand, dachte er nicht eine Sekunde daran, es an einer anderen Stelle unterzubringen. Wie Pierre Larousse in seinem *Grand Dictionnaire universel* feststellt, hat man mit der

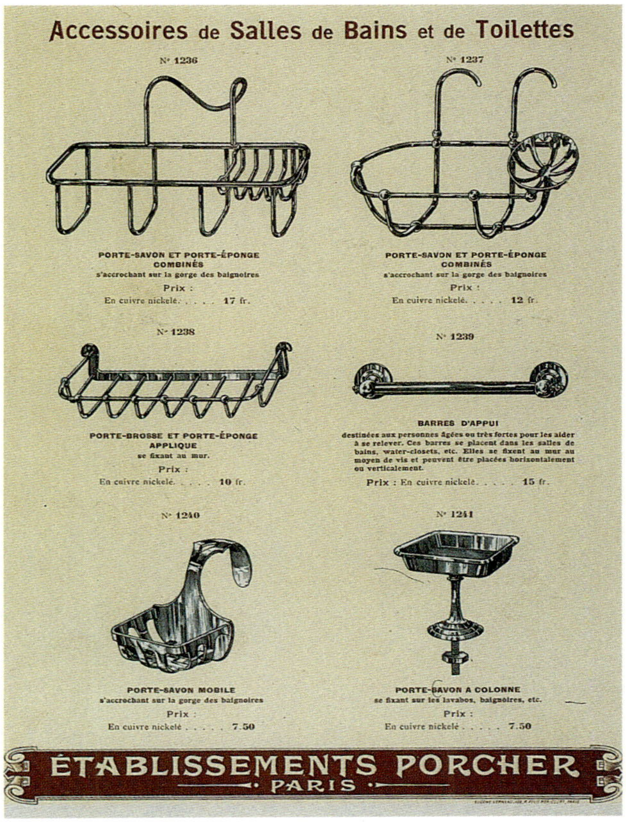

Privatisierung des Bades in gewisser Weise einen schlechten Tausch gemacht: »Man badet in einer schmucklosen kleinen Kammer ohne Luxus, in einer Ecke, in der eine enge Badewanne steht und wo das Wasser nach nichts anderem riecht als nach Rohren. Und wenn man hinaussteigt, kein Ruhebett, keine Massage, kein Abreiben, keine duftenden Essenzen, ein abrupter Übergang vom Warmen ins Kalte; so sieht das moderne Bad aus…«

In den Häusern des einfachen Volkes wäscht man sich noch lange Zeit in der Küche mit Hilfe von Schüsseln, Becken und Krügen. Was Henry Provensal, Architekt der Fondation Rothschild, 1911 noch als Wunschvorstellung beschrieb, erscheint uns heute als selbstverständlich: »Es wäre ein Traum, wenn jede Wohnung über einen kleinen Raum mit Dusche in der Nähe der Küche verfügte. So könnten der Arbeiter, die Mutter, die Kinder

Im Jahr 1884 fotografierte Paul Nadar das Badezimmer der jungen Fürstin Radziwill (gegenüber) in ihrem Palais am Boulevard de la Tour-Maubourg in Paris. Aus heutiger Sicht strahlt es trotz des für die damalige Zeit beachtlichen Komforts einen nostalgischen Charme aus, mit dem Kamin, der gepolsterten Liege, dem Teppich und den stoffverkleideten Wänden. Der Standspiegel und der große Spiegel gegenüber erlaubten eine perfekte Überprüfung der weiblichen Erscheinung… Auf dem großen, holzverkleideten Waschbecken verschiedenste Porzellangefäße, die Schwämme, Kämme, Bürsten und andere Utensilien aufnahmen. Die 1905 im Katalog der Firma Porcher angebotenen Accessoires für das hygienische Badezimmer (oben) gab es damals noch nicht. Zusätzlich zu dem großen Brausekopf über der Badewanne ließ die Fürstin eine bewegliche Handbrause installieren, damit sie auch duschen konnte, ohne daß dabei ihr Haar naß wurde.

In den aufwendigen Katalogen der Sanitärfirmen (hier von Porcher und Grand Dépôt) fand man Anfang des Jahrhunderts neben Neumodischem auch noch Altbewährtes, zum Beispiel Badewannen aus bemaltem Porzellan neben solchen aus Gußeisen. Blättert man heutzutage darin, ist man einerseits bezaubert von der »poetischen« Qualität der Abbildungen und erfährt andererseits eine Menge über die Lebensgewohnheiten einer längst vergangenen Epoche. Waschbecken (oben) waren im traditionellen »Möbelstil« erhältlich, der Bidet und Fußbad diskret den Blicken entzog, ebenso gab es aber Doppelwaschbecken mit Wandhalterung und integriertem Zubehör, die stolz ihre technischen Installationen sehen ließen. Aus England stammte auch die Mode, der modernen Technik durch opulentes Vogel- und Blumendekor einen »künstlerischen« Anstrich zu verleihen (oben rechts).

täglich ihren Körper warm waschen, ohne die Wohnung verlassen zu müssen.« Solche Verhältnisse waren damals noch weit von der Wirklichkeit entfernt, doch sicher war, daß sich die Dusche gegenüber der Badewanne durchsetzte, weil sie weit weniger Raum und Wasser benötigte. Die Wanne hingegen wurde zum Symbol großbürgerlicher Badekultur. Nur in luxuriösen Gebäuden mit übereinanderliegenden, gleich geschnittenen Wohnungen beginnt man 1880, Badewannen zu installieren. Zwischen 1905 und 1914 gehören sie zum allgemeinen Standard.

Gleichzeitig kam eine Menge nützlicher Accessoires auf den Markt. Seitenweise präsentieren die Kataloge ein ganzes Arsenal von Fußstützen und Badewannenbrücken, Haken für Wasch- und Roßhaarlappen, Handtuchhalter, Seifenschalen, Schwammbehälter, Zahnputzglashalter, Konsolen, kleine Schränke, Stumme Diener für Kleidungsstücke... Und ein besonderes, mit weißer Farbe lackiertes Mobiliar, das dampf- und wasserresistent ist.

Das Badezimmer wird praktischer, doch auch banaler; ständiges Reden über Hygiene und Sauberkeit, verbunden mit steigendem sozialem Druck hilft dem funktionalen amerikanischen Typ zum Durchbruch. 1909 verkündet die Comtesse de Gencé, eine Dame, die »auf sich halte«, müsse ihr Badezimmer mit abwaschbarer Ölfarbe streichen, und rät, Vorhänge und Teppiche zu entfernen, »in denen sich sonst nur Mikroben festsetzen«. Gleichzeitig wendet sie sich an die Architekten und fordert sie auf, das Bad in einem luftigen und hellen Raum in der Nähe des Schlafzimmers unterzubringen. Hinsichtlich der Anordnung folgen sie ihr, doch Fenster sucht man häufig vergebens.

Die neue Entwicklung bedeutet das Ende des sakrosankten Waschkabinetts. Es ist nun nicht mehr ein als weibliche Domäne definierter Ort, in dem der Mann jegliche Spur seiner Gegenwart tilgen muß... Und es dauert eine Weile, bis die Frauen sich den Raum wieder aneignen. In den Nebenräumen der großen Wohnungen taucht das Waschkabinett wieder auf, in dem sich ein Waschbecken und manchmal auch ein Bidet befindet.

Von nun an geht alles sehr schnell. Die Unternehmen bieten verstärkt Ausstattungen für »komplette Badezimmer« an, alles wird serienmäßig hergestellt. In den Katalogen findet man eine ganze Palette von Varianten, von der äußerst luxuriösen oder besonders komfortablen Ausführung bis hin zum einfachsten und preiswerten Modell. Zu Beginn der zwanziger Jahre unseres Jahrhunderts hat sich ein ganz neuer Markt etabliert, auf dem zusätzlich Seifen und andere Kosmetika erscheinen. Durch zahlreiche Annoncen in den Medien wird der Verkauf kräftig angeheizt.

Diese Szene von Albert Guillaume, der sehr lebendig und mit beißendem Humor die Pariser Sitten zu Beginn des 20. Jahrhunderts porträtiert (oben), weist darauf hin, daß damals die Hilfe einer Zofe im Bade noch durchaus willkommen war. Das änderte sich mit dem Komfort moderner Badezimmer, in die man sich allein zurückziehen und sogar die Tür abschließen konnte. Dieser Wandel wird anschaulich in den Worten der Célestine in Octave Mirbeaus Roman *Tagebuch einer Kammerzofe* (erschienen 1900, verfilmt 1964 von Luis Buñuel mit Catherine Deneuve in der Titelrolle): »Wo bin ich bloß hingekommen ... Madame zieht sich selbst an und kämmt sich allein. Zweimal dreht sie den Schlüssel im Türschloß ihres Waschkabinetts herum, und ich darf es kaum noch betreten... Weiß Gott, was sie all die Stunden darin macht!«

Von der Körperreinigung zur Badelust

In dem spannend geschriebenen Buch *L'Invention de l'habitation moderne* (Die Erfindung der modernen Wohnung) von Monique Eleb (erschienen 1884–1914) kann man die Entwicklung von Werbeanzeigen des Unternehmens Albert Prost verfolgen, die in drei aufeinanderfolgenden Jahren in dem Magazin *L'Illustration* publiziert wurden. Die erste von 1909 wirbt für eine komfortable Einrichtung, die noch vom Geist des 19. Jahrhunderts bestimmt ist: ein Waschtisch mit Spiegel, ein Boiler aus Kupfer am Ende der auf Füßen stehenden Badewanne. Die Annonce von 1910 zeigt bereits eine Einrichtung, die der heute üblichen ähnelt: Kein Boiler mehr im Badezimmer, ein richtiges Waschbecken auf einer Säule, ein Tisch mit Spiegel als Frisiertisch und ein Bidet. Im Jahr 1911 verwendet das Unternehmen das gleiche Photo, doch die Aussage ist eine andere. Betont die erste mit dem Slogan »Ohne Hygiene keine Gesundheit« noch besonders die Notwendigkeit der Körperpflege, so hebt man nun vor allem die Freude am Komfort eines Badezimmers hervor, das bereits zu einem geringen Preis erhältlich sei.

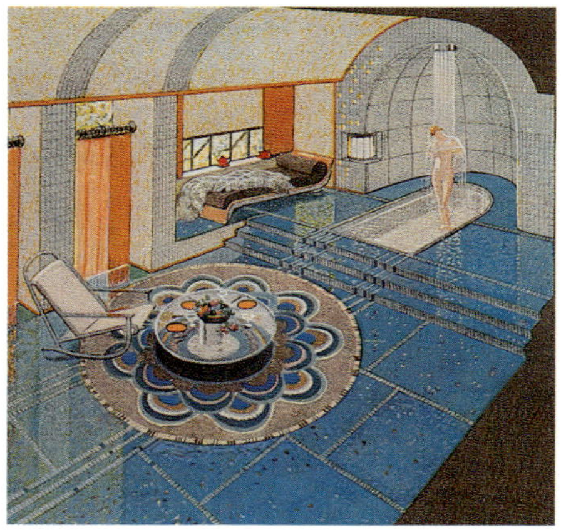

Das eifrige Bestreben, jede Wohnung, ob luxuriös oder bescheiden, mit einem Bad auszustatten, selbst kleinste Räume – etwa in Schiffen und Zügen –, fordert die Kreativität der Architekten heraus. Man bemüht sich, die Installationen zu vereinfachen, neue Materialien zu verwenden und bestimmte Teile in Fertigbauweise herzustellen, um die Kosten zu senken. In dem Buch *Die Herrschaft der Mechanisierung* berichtet Sigfried Giedion, der Mitbegründer des Internationalen Kongresses für Neues Bauen (CIAM) über verschiedene amerikanische Erfindungen der dreißiger Jahre, mit denen man versucht, das Badezimmer in einer Art Modulsystem zu produzieren, entweder vertikal – dabei wird beispielsweise das Waschbecken mit Spiegel, Ablagebrett und Seifenhalter komplett geliefert – oder horizontal, so daß man es in »Schichten« übereinandermontieren kann. Richard Buckminster Fuller, ein wichtiger Protagonist der Präfabrikation, entwickelt eine komplette Einheit, die man überall installieren kann und die er auch in seinem Modellhaus »Dymaxion« (1927) unterbringt. Man denkt eher an ein Badezimmer für die *Nautilus* als an ein übliches Bad. Alle Elemente und das Zubehör sind mit Boden und Wänden verbunden. Später bezieht er sogar Küche und Heizung in sein Fertigbaumodell mit ein, aber das System ist in seinen Möglichkeiten zu beschränkt, als daß man es überall verwenden könnte. Auch widerspricht die absichtliche formale Beschränkung individuellen Gestaltungswünschen.

Für Hoteleinrichtungen ist dieser Weg viel eher geeignet. Die Architekten Charles-Édouard Jeanneret, genannt Le Corbusier, und Charlotte Perriand zeigen auf der Weltausstellung von 1937 im Rahmen der UAM (Union des Architectes Modernes) ihre berühmte Sanitärzelle für Hotels. Sie wurde bei Jacob-Delafon hergestellt und enthielt Waschbecken und WC, Bidet, die Dusche befindet sich direkt auf dem Fußboden. In den siebziger Jahren entwickelt Charlotte Perriand diesen Gedanken mit Hilfe von PVC für das Wintersportstadion Les Arcs noch weiter. Mit der wertvollen Hilfe eines bretonischen Sanitärherstellers, der für die Marine arbeitet und Polyester verwendet, entwirft sie ein aus einem Stück geformtes Badezimmer, das gebrauchsfertig geliefert wird. Skifahrer auf der ganzen Welt kennen diese Kabine: Man betritt sie über eine Stufe; sie enthält eine Badewanne, ein Waschbecken, ein Ablagebrett, ein WC und alles

Die Kreativität, mit der man sich der Badezimmerausstattung in den dreißiger Jahren widmete, ging auf einen allgemeinen Innovationsdrang in Baukunst und Innenarchitektur zurück. Sie reflektiert außerdem den Stellenwert, den Hygiene und Körperkultur damals genossen, sei es im privaten Rahmen oder an den Stränden der immer populäreren Seebäder. Typische Gestaltungselemente des modernen Badezimmers, das möglichst auch geräumig genug für die tägliche Gymnastik sein sollte, finden sich in einem Entwurf von Henri Rapin aus Jahre 1933 (oben): gestrichene Wände, die Glaselemente, Mosaiken, lackierte Metallmöbel, Einbaubadewanne. Alles steht im Zeichen von Licht, Farbe und Wasser. In den Boden eingelassene Wannen galten übrigens als Symbol von ausgesprochenem Luxus. Man begegnete ihnen auch auf der Kinoleinwand wieder, wie in dieser Szene (gegenüber) aus der Komödie *Faithless*.

nötige Zubehör sowie Beleuchtung. Charlotte Perriand exportierte ihre Idee auch in die Hotels eines Landes, in dem nicht nur das Bad eine lange Tradition hat, sondern in dem man auch besonders sparsam mit Raum umgehen muß: nach Japan.

Im Bereich des normalen Badezimmers, ob luxuriös oder einfach, ändert sich bis zur zweiten Hälfte der sechziger Jahre nur wenig, wenngleich der »Standardtyp der doppelschaligen Emailwanne« in den zwanziger Jahren, wie Sigfried Giedion feststellt, »einen Grad von Komfort [erreicht], wie er Jahrtausende lang gesucht wurde«. Hinzu kamen außerdem das serienmäßig hergestellte Eckmodell und Keramik in Farben wie »Jadegrün«, »Schwarze Tulpe« oder »Rose Dubarry«.

Bei der Wiederentdeckung des lustvollen Bades spielten besonders Zeitungen und Zeitschriften eine maßgebliche Rolle, außerdem das Kino und das Aufkommen des Star-Kults, durch den bestimmte Verhaltensweisen bei einem breiten Publikum auf Nachahmung stoßen.

Nach 1918 tauchen in den Filmen von Regisseuren wie Cecil B. De Mille zum großen Entsetzen der puritanischen Kritiker Badeszenen auf. Zunächst ist ihre Botschaft durchaus handlungsgebunden: Mit einer Szene im Badezimmer kann man z. B. die Nachlässigkeit und Unordnung einer Ehefrau vorführen, die erklärt, warum der Ehemann sich vom Charme einer äußerst gewissenhaften, immer adrett aussehenden Rivalin hinreißen läßt. Mit Gloria Swanson in *Male and Female* erhält eine Badeszene zum ersten Mal Hollywood-Glamour: ein seidener Morgenrock, Dienerinnen, schaumüberzogene Schwämme und eine Badewanne in Schwimmbeckendimension, in die man über Stufen hinabsteigt. Der Regisseur wußte immer häufiger Badesequenzen in seinen Filmen unterzubringen, in denen Badezimmer gezeigt wurden, wie es sie damals in Wohnungen nur selten gab. Er nahm damit starken Einfluß auf die amerikanische Bevölkerung und trug dazu bei, daß sich auch im privaten Bereich die Badekultur weiterentwickelte und das Badezimmer immer komfortabler und raffinierter wurde... Warum auch nicht, wenn man bedenkt, daß noch heute im Kino die Stars besonders in Badeszenen wirkungsvoll zur Geltung kommen, wenn sie sich etwa im blendendem Weiß des Badeschaums in Wannen von mitunter höchst ungewöhnlichem Dekor aalen. Badewannen in Wellen- oder Muschelform, gestaltet als Schwan oder weißer, radschlagender Pfau, und nicht zuletzt die riesigen Marmorwannen in historischen Monumentalfilmen brachten Generationen von Zuschauern zum Träumen. Diese Faszination erhält weitere Nahrung durch einschlägige Magazine, die die extravaganten Badezimmer in den Villen der verehrten Hollywoodstars auf Hochglanzphotos unter die Leute bringen...

Zwei Badezimmer, zwei Sexsymbole der fünfziger Jahre. In einer berühmten Szene aus Billy Wilders Film *Das verflixte siebente Jahr* von 1954 (oben) müht sich der Klempner mit den Armaturen, während Marilyn Monroes Zehen mit dem Schaum spielen, in einer der typischen schwarzgekachelten Badewannen der Zeit. Das private Badezimmer der fülligen Jayne Mansfield (gegenüber) wirkt dagegen mit seinem plüschrosa Teppich und der mosaikvergoldeten herzförmigen Badewanne wie eine kitschige Schmuckschatulle.

Moderner Bade- und Duschkomfort

»Verschiedenste Tiegel auf einem weißen Waschbecken, weiche Handtücher, Eau de Cologne; eine Badewanne, in die man sich setzen kann. Man drehte den Hahn auf, und kaltes Wasser lief heraus, aus dem anderen warmes…« In den zwanziger Jahren besitzt dieses Brüsseler Badezimmer, das die kleine Lise Vanderwielen aus Lille in der Erzählung *Lise du plat pays* (Lise aus der Provinz) so bewundert, schon jeglichen Komfort, der das Baden zur Lust macht… Selbst wenn die Beschreibung für die damalige Zeit von größter Modernität zeugt, liegen sowohl in technischer als auch in ästhetischer Hinsicht noch Welten zwischen diesem und einem modernen Badezimmer.

Das Modell des Waschbeckens ist nicht überholt, doch von allen Elementen des Badezimmers ist es dasjenige, was sich am ehesten für neue Ideen eignet. Man glaubte, nun seine endgültige Form gefunden zu haben, die seiner Funktion am besten gerecht wird. Seit einigen Jahren findet man jedoch zunehmend zum frei stehenden Modell zurück (in dessen Sockel Rohre und Leitungen untergebracht sind, so daß man es überall aufstellen kann). Die Hersteller haben daraus eine Art Kultobjekt gemacht, das nicht nur für das tägliche Waschritual bestimmt, sondern aufgrund seiner ästhetischen Qualitäten auch als eine Art Raumskulptur gedacht ist.

Das klassische Waschbecken wird immer noch aus feuerfester Keramik hergestellt und glasiert (wie auch Bidets und WCs), um es unempfindlich gegen Säuren und Laugen zu machen. Das schöne, auf einer Säule stehende Modell der Zwischenkriegszeit, in seinem makellosen Weiß untrennbar mit der Vorstellung von Hygiene verknüpft, hat noch eine lange Entwicklung vor sich. Unterschiedliche Farben, Wandaufhängungen, eingelassene oder flache Becken aus synthetischem Material faszinieren eine immer größere Käuferschicht. Im Zuge veränderter Körperpflegegewohnheiten werden Doppelbecken nicht mehr unbedingt nebeneinander installiert. So können sich zwei Personen am selben Ort waschen und doch eine gewisse Intimität bewahren.

Nur auf begrenztes Interesse stoßen die originellen Schöpfungen von Innenarchitekten oder exklusiven Designern, die sich formal jede Kühnheit erlauben. Ein Typus mit rundem Becken, der auf einer Basis ruht, erinnert an das griechische *loutérion*, das für religiöse Waschungen verwendet wurde; andere, die in Design und durch Verwendung von Materialien wie Aluminium, mattem oder verchromtem Stahl oder PVC bester Qualität höchste Perfektion anstreben, kommen auf die zierliche Toilettenkonsole zurück, bei der das Becken durch eine Kommode, Ablagebretter, Spiegel, Handtuchhalter sowie ein Gestell für Zahnputzglas und Zahnbürste ergänzt wird.

Edel sind die Waschbecken von Philippe Starck oder Andrée Putman, gewagte »Wasserabenteuer« die von Finn Skoedt, Becken mit austauschbaren Säulen entwirft Dieter Sieger, verspielte »Totems« Marc Sadler, bei denen alles Zubehör schwenkbar auf einer Säule übereinander angebracht ist. Das Waschbecken reicht manchmal fast an ein Kunstwerk heran, etwa dasjenige, das Elisabeth Lux 1991 im Rahmen der Ausstellung *Capitales Européennes du Nouveau Design* (Europäische Hauptstädte des neuen Design) präsentierte: ein elegantes Becken, eingelassen in eine Fläche aus Milch-

Die Wände dieses an einen Hammam erinnernden Badezimmers der Jahrhundertwende im »römischen« Stil (oben) sind mit italienischen Glasmosaiken verkleidet, ebenso Badewanne und Waschbecken – ein idealer Schutz gegen den Dampf des Wärmeumluftsystems, das in den Säulen beiderseits des Waschbeckens installiert wurde. Es läßt sich kaum ein größerer Kontrast hierzu denken als die fast sterile Nüchternheit der modernen Variante auf der Fotografie von Robert Doisneau (gegenüber): makellos weiß die Kacheln und das Waschbecken, chromblitzende Armaturen, Accessoires aus Kristallglas… Der prüfende Blick des Zimmermädchens verharrt auf der glänzenden Oberfläche von Deckel und Handspiegel. Waschbeckenkonsolen dieser Art erleben zur Zeit ebenso eine Renaissance wie Wasserkräne mit Porzellangriffen.

glas, kombiniert mit mattem Stahl, vergoldetem Messing und einem Spiegel.

Ein Bidet erwähnt die kleine Lise nicht... Dies ist auch nicht verwunderlich, wenn man dessen Ruf in der Vergangenheit als »ungehöriger Gegenstand« kennt, den es erst in den dreißiger Jahren langsam verlor. Dabei kann seine Erwähnung noch heute in Ländern, wo es ein durchaus gängiger Gegenstand ist, unpassend erscheinen und je nach der Situation schelmisches Lachen oder höfliches Schweigen oder gar Tadel auslösen.

Während es in den romanischen Ländern (einschließlich Süddeutschland) immer benutzt wurde, haben es die angelsächsischen Länder im allgemeinen verschmäht. Das New Yorker Hotel Ritz hatte vor dem Zweiten Weltkrieg gewagt, in die Badezimmer Bidets einzubauen. Sie mußten entfernt werden, nachdem Anwälte öffentlicher Moral ein Zetergeschrei erhoben hatten. Ebenso aus den Luxuskabinen des Dampfers *Normandie*...

In den USA hat man diese Meinung bis heute nicht geändert, in England aber hat man sich inzwischen mit dem Bidet angefreundet. Die Franzosen dagegen haben es seit etwa zwanzig Jahren zunehmend aufgegeben und im Sozialen Wohnungsbau gehört es nicht mehr zur standardisierten Einrichtung. Jugendliche wissen gar nicht mehr, wozu es eigentlich benutzt wird: Diese Entwicklung erklärt sich aus der Praxis des täglichen Badens oder Duschens, die Teilwaschungen überflüssig macht. Im Mittleren Osten allerdings hat sich ein neuer Markt erschlossen, dorthin werden Bidets in großer Zahl exportiert.

»Eine Badewanne, in die man sich setzen kann«, wundert sich Lise in dem erwähnten Buch... Damals waren die Wannen schon aus emailliertem Gußeisen, das der Haut ein angenehmes Gefühl vermittelte, daneben fand man aber auch noch das alte Modell auf Füßen – mit hohen Wänden, um ein Sitzbad zu ermöglichen, und bauchig, damit man sich besser bewegen konnte, sowie jene Form, die 1920 hochmodern war. Sie war länger und weniger hoch, und man konnte sich hineinlegen, weil sie im Rücken eine Schräge aufwies.

Bis heute scheint emailliertes Gußeisen unverzichtbar und gilt als unübertroffenes Material... mit allen Vorzügen und Mängeln. Es ist teuer, schwer und fühlt sich ein wenig kalt an, wenn die Wanne leer ist, doch wenn sie gefüllt ist, hält es die Wasserwärme am besten. Es klingt nicht, ist stabil, verformt sich nicht und bleibt jahrelang strahlendweiß und tadellos.

Woraus müßte heute eine Badewanne bestehen, um Aufsehen zu erregen? Aus Plastik mit Unterwassermassage? Oder aus Marmor, Stein oder Kupfer, um darin zu baden wie zur Zeit der Poppaea, der Gabrielle d'Estrées, der Pompadour oder der Pauline Bonaparte?

Nimmt man Modernität als Maßstab, so müßte sie sicher aus Kunststoff sein, denn mit diesem Material beschreitet sie den Weg ins 21. Jahrhundert. Die Acrylbadewanne wurde in den achtziger Jah-

Mit Marmor ließen sich seit jeher wunderschöne Badezimmerinterieurs gestalten. Mitunter wirkt er zwar etwas kalt, aber sein Glanz und seine Äderungen harmonieren ausgezeichnet mit der spiegelnden Oberfläche des Wassers. In Charters, dem Landhaus, das der englische Unternehmer Frank Parkinson 1938 erbauen ließ (oben), ist der Marmor rosafarben mit schwarzer Maserung. In Otto Premingers berühmtem Film *Laura* von 1944 mit Clifton Webb und Dana Anderson (gegenüber, oben) gibt es auch eine Marmorbadewanne, doch das Material ist hier eher nebensächlich: Sie steht nämlich mitten im Büro eines Journalisten, der während des Bades seine Artikel verfaßt. In dem Film *Die Frauen* von George Cukor aus dem Jahr 1939 (gegenüber, unten) ist die Badewanne ganz aus Kristallglas – ein wirklich außergewöhnliches Exemplar! Und Joan Crawford führt endlose intrigante Gespräche von einem Telefonapparat, der auf einem Badewannentablett mit beweglichem Spiegel steht.

ren von den Engländern entwickelt. Sie ist leicht, widerstandsfähig (wird sie angestoßen, kann man sie leicht wieder in Form bringen) und angenehm temperiert, wenn man sie berührt. Das Wasser hält sich darin einigermaßen warm, und man rutscht nicht aus. Acryl läßt einem jede Gestaltungsfreiheit, es ist für alle Farben geeignet, die zweihundert Farben der Keramik ebenso wie für Ihre ganz eigene Farbe, die des Lieblingstuchs, mit dem Sie als Kind einschliefen, oder die des kleinen Rombus auf den Keramikkacheln vom letzten Marokko-Urlaub… Auch Ihre Lieblingsvenus läßt sich darauf abbilden, ein Fresko aus der Sixtinischen Kapelle oder ein Meerestier aus der Südsee… Jedes Motiv kann man mit der Hand auf die Außenwand der durchsichtigen Wanne malen.

Dank synthetischer Materialien konnten die Hersteller auch neue Formen entwickeln, die noch größeren Komfort garantieren sollen. Große Badewannen kann man zu mehreren benutzen, Eckbadewannen leichter unterbringen, Wannen mit einer Dusche kombinieren… Man findet sie in allen Formen, Größen und Tiefen. Und wenn man Energie sparen möchte, braucht man nicht George V. nachzuahmen, der während des Zweiten Weltkrieges, um kein Wasser zu verschwenden, in seiner Badewanne eine rote Linie ziehen ließ, über die hinaus kein Wasser eingelassen werden durfte.

Wie groß sie auch sein mögen, die Badewannen von heute sind sehr bequem. Die Hähne sind einfach zu bedienen (man braucht nicht mehr die Zehen zu benutzen), die bewegliche Dusche läßt sich über dem Abfluß fest einbauen (Schluß mit dem Schlauch, der herumhängt, sich verwickelt und Risse bekommt). Und wenn Ihnen auch die ergonomische Form im Inneren auf den ersten Blick nicht ganz einleuchtet, so lassen Sie sich darüber aufklären, daß es sich um Fußstützen in drei Größen handelt: für Kinder, mittelgroße und große Erwachsene, je nachdem, in welcher Richtung man sich hineinlegt. Auf mittlerer Höhe befinden sich Lehnen, an beiden Enden eine weiche Kopfstütze, die eine mit einer Neigung, damit man sich hinlegen kann, die andere zum Sitzen. Das Neueste ist die Badewanne mit Doppelfunktion. Auf der einen Seite hat sie die klassische Form einer Badewanne, auf der anderen einen abgerundeten Duschbereich mit verschiebbarer Tür aus Glas,

Seit Anfang der zwanziger Jahre gußeiserne, beschichtete Badewannen aus einem Stück (oben, untere Abb.) aufkamen – nach Auffassung des Ingenieurs und Kulturhistorikers Sigfried Giedion »ein Grad von Komfort, wie er seit Jahrtausenden gesucht wurde« –, gab es bis in die fünfziger Jahre kaum noch bemerkenswerte Fortschritte bei der Badezimmerausstattung, abgesehen von der serienmäßigen Produktion von drei Größen und der eleganten Eckbadewanne (oben, obere Abb.). Mit dem großen eckigen Konsolenwaschbecken bildet sie ein Duo »von Charme und Vornehmheit, verbunden mit der Gewißheit von Stabilität und Hygiene, die das moderne Badezimmer verlangt«, wie es in der Werbung der englischen Firma Ideal Standard in zwei Annoncen der Jahre 1951 und 1953 heißt.

manchmal sogar mit einem Sitz, um sich dort niederzulassen und sich bequem die Füße zu pflegen.

Wer keine Zeit hat, es sich im Bad bequem zu machen, kann sich eine Dusche gönnen. Die Baronin de Staffe begeisterte sich schon zur Jahrhundertwende über die neuen Modelle von Handduschen in Form einer Sichel, eines Kreises oder einer Kugel, deren Vorzüge sie offenbar besonders schätzte: »Eine zauberhafte Dusche, eine elegante Erfindung, ein Hochgenuß; wie Tau, der einen wie ein Federkissen aus feinsten Daunen streichelt.«

Die Dusche, die vielfach in die Sozialwohnungen eingebaut wurde, galt lange als minderwertig im Vergleich zur großbürgerlichen Badewanne. Heute aber ist sie wieder in Mode. Ihre belebende Wirkung kennt und rühmt man seit langem, und vermutlich ist der zunehmende Freizeitsport Hauptgrund dafür, daß sie auf soviel Begeisterung stößt. Nach körperlicher Anstrengung zieht man sie dem Bad vor, weil sie Müdigkeit vertreibt und neue Energien verleiht. In einer Gesellschaft, in der Zeitgewinn eine ebenso große Rolle spielt wie Körperpflege, ist morgens das Duschen beliebter, am

Mit den bescheidenen Abmessungen einer durchschnittlichen Einbaubadewanne (oben) schlägt sich der hochgewachsene Gary Cooper in Cecil B. De Milles Film *Dr. Wassels Flucht aus Java* (1944) herum. Während Badeszenen bei weiblichen Akteuren oft mit Erotik und Glamour verbunden sind, ist die Badewanne bei den männlichen Kollegen häufig ein Ausgangspunkt komischer Szenen, man denke an Laurel und Hardy, Buster Keaton oder Groucho Marx mit seiner legendären Zigarre; oder Tony Curtis (und Marilyn Monroe!) in *Manche mögen's heiß,* Peter Sellers in *Der Partyschreck,* Dustin Hoffman in *Little Big Man.* Auch Mick Jagger verbringt in Nicolas Roegs *Performance* (1968) ein Bad in reizender Gesellschaft.

Abend und am Wochenende ein entspannendes Bad.

Man hat ermittelt, daß mehr als 70 Prozent der Bevölkerung in Industrieländern jeden Tag duschen, was durch die Verbreitung der beweglichen Handdusche mit ihrem kleinen runden Duschkopf und der Wandhalterung sicher gefördert wurde. Die Freude am Duschen ist noch größer geworden, seit Ende der sechziger Jahre eine ergonomische Dusche auf den Markt kam, bei der man die Stärke des Strahls durch einfaches Drehen am Duschkopf verstellen kann. Diese geniale Erfindung der deutschen Firma Hansgrohe ist schon mehr als siebzehnmillionenmal verkauft worden. Heute sollen Duschen vor allem weniger Wasser verbrauchen, ohne daß der Benutzer einen Komfortverlust erleidet.

Komfortabler noch als kombinierte Dusch-Badewannen sind geschlossene Kabinen mit Glastür, bei denen die Dusche an der Wand angebracht ist. Welch eine Freude, wenn das klare, reine Wasser herausspritzt! Sie werden in jeder gewünschten Größe gebaut, sind an den Wänden gekachelt und bieten ein Höchstmaß an Ästhetik und Wohlbefinden. Die beweglichen Kabinenwände, die ebenfalls angeboten werden, sind zwar nicht sonderlich schön, doch sehr praktisch. Sie lassen sich leicht einbauen und bieten den Vorteil, daß man sie beim Umzug mitnehmen kann.

Bisher wurde alles zusammengetragen, was nötig ist, um ein ungetrübtes Badevergnügen zu gewährleisten... Zumindest beinahe, es fehlt nur noch die Gewißheit, daß genug warmes Wasser fließt und die Temperatur konstant bleibt, damit man nicht die Unannehmlichkeit einer »schottischen Dusche« erleben muß. Was würde man ohne das in Strömen fließende warme Wasser tun?

»Man drehte den Hahn auf, und kaltes Wasser lief heraus, aus dem anderen warmes...«, erzählt die kleine Lise, staunend über dieses Wunder.

Heute erscheint uns warmes Wasser als Selbstverständlichkeit, dabei wurde eine verläßliche Warmwasserbereitung erst durch die Nutzung von Gas möglich, das über ein Rohrsystem in die Wohnungen geleitet wurde und der schädlichen Wirkung von Kohle oder Holz und den Gefahren des Brennspiritus ein Ende bereitete. Um 1851 kamen die ersten Gasboiler auf. Nach häufigen Explosionen in der Frühphase waren sie um 1879 soweit ausgereift, daß sie ein je nach Bedarf festgelegtes Wasservolumen schnell erhitzen konnten, mit der Möglichkeit, dank der Erfindung des Thermostats die Temperatur konstant zu halten. Der Boiler hatte zuerst eine zylindrische Form und bestand aus Kupfer oder Messing mit einem kronenförmigen Gasbrenner darunter. Nach einer Stunde hatte man warmes Badewasser; in einem Gehäuse mit geschlossener Tür oberhalb des Geräts konnte man die Badehandtücher hinterher langsam trocknen lassen.

Der Boiler erwies sich als großer Erfolg. Im Jahr 1907 soll die Firma Porcher 82 000 Stück verkauft haben. Die zylindrische Form wurde zugunsten einer flacheren Ausführung aufgegeben, die leichter an der Wand befestigt werden konnte. Durch die Verfügbarkeit warmen Wassers wurde das Bade-

Rückkehr zu den Ursprüngen und Einfachheit kennzeichnen die Entwürfe des französischen Designers Philippe Starck für die deutschen Firmen Duravit, Hansgrohe und Hoesch (gegenüber). Das Becken unserer Vorfahren wird hier zur modernen Duschwanne. Die antike Schale, in die das Wasser mit elegantem Schwung gegossen wurde, ist im Waschbecken wiederzuerkennen. Die Badewanne steht wie der gute alte Holzzuber mitten im Raum, umgeben von einer Chromstange für die Handtücher. Bidet und WC erinnern in ihrer Form an den verzinkten Blecheimer, der hundertmal gefüllt und ausgeleert wurde. Das Waschbecken wiederum gemahnt an ein rustikales Faß. Vorbild für die Einhebelmischbatterie war eine Schwinghebelpumpe, der zierliche Griff erinnert an die typische Hin- und Herbewegung. Das Foto der jungen Frau, das Paul Outerbridge Anfang der vierziger Jahre aufnahm (oben), demonstriert ausgelassenes Duschvergnügen par excellence. Der recht muskulöse Körper, den man hinter dem Duschvorhang erahnt, bringt eine Nuance sportlich-moderner Körperkultur mit ins Spiel.

zimmer nun zu einem privateren Ort, denn Bedienstete brauchte man nun nicht mehr. »Ein Streichholz genügt, und während man sich auszieht, sind Dusche oder Bad bereit.«

Mit Weiterentwicklung der Installationstechnik mußten die Geräte zum Erwärmen des Wassers nicht mehr in unmittelbarer Nähe des Badezimmers liegen. So kam das warme Wasser wie durch ein Wunder von einer beliebigen Stelle des Hauses, zum Beispiel aus dem vom großen Küchenherd oder Kohleofen geheizten Warmwasserreservoir. 1939 pries eine Werbeanzeige im Magazin *L'Illustration* den Kohleofen »Aga«, der in nur vier Minuten einen Wassertank aufheizen konnte und so ein Bad für 40 Centimes ermöglichte, »den Preis einer Zigarette«. Auf dem Bild ist eine Frau im eleganten Bademantel zu sehen, die lässig eine Zigarette hält und sich die Finger mit dem fließenden Badewasser benetzt... Bald erfolgte der Übergang zum Heizkessel, der sowohl die Zentralheizung als auch den Warmwassertank bediente und der zunächst mit Kohle oder Erdöl, später auch mit Gas oder elektrischem Strom betrieben wurde.

Im 20. Jahrhundert wurde der Heizvorgang immer abstrakter, die Distanz zwischen Heizquelle und Verbrauchsgeräten noch größer, und die Energie kam entweder aus demselben Gebäude oder einem städtischen Kraftwerk, später auch von Solarzellen.

Die wichtigste neue Einrichtung der Badezimmer sind die Wasserkräne. Sie sind Ergebnis hochentwickelter Technik, ein wahres Meisterwerk an Perfektion. Der moderne Kran besteht aus mehr als vierzig Einzelteilen und wurde unzählige Male getestet, um die vielen tausend Bewegungen, denen er ausgesetzt ist, zu überstehen.

Das System des Abflußhahns, der mit einer Vierteldrehung geöffnet oder geschlossen werden kann (er fand Verwendung bei Fässern und Essigbehältern) ist seit der Antike bekannt. Bei den Römern wurde er aus Blei hergestellt (man kannte ihn aber auch aus Holz, Zinn oder Bronze) und war mit einem konischen, oft mit Tiergestalten verzierten Mittelstück mit einem Loch versehen, das man öffnen und schließen konnte. Dieses jahrtausendealte System konnte dem zunehmenden Druck in den Wasserzuleitungen seit der Industrialisierung jedoch nicht mehr standhalten. Deshalb stellte man seit 1879 Kräne mit Schraubverschluß her, den man einmal herumdrehte. Sie waren aus Messing, dessen Gewinde mit Werg abgedichtet wurde. Im Badezimmer der dreißiger Jahre waren sie vernickelt oder verchromt. Der heutige Kran funktioniert mit Scheibenventilen aus Keramik und einer Sperre von einer Viertel- oder halben Drehung. Außen ist er verchromt oder mit Plastikmaterial beschichtet.

Die Idee der Mischbatterie existierte bereits seit der Römerzeit, setzte sich jedoch erst vor relativ kurzer Zeit allgemein durch. Bis Ende der fünfziger Jahre verfügten nur Bessergestellte darüber, die sich so direkt unter fließendem Wasser waschen konnten. Bei Verwendung von zwei Hähnen dagegen muß man das Waschbecken ganz füllen, und ahmt damit in gewisser Weise die jahrhundertealte Bewegung nach, mit der man Wasser in eine Schüssel gießt...

Wirklich modern wird es erst durch die erste Mischbatterie, die Ideal Standard 1972 auf den Markt bringt. Mit einer Hand kann man sie in zwei Richtungen drehen und erhält somit Wasser in jeder gewünschten Temperatur. Durch Kombination mit einem Thermostaten, mit dem die Wassertemperatur auf den Grad genau geregelt werden kann, ist schließlich der Gipfel des Komforts erreicht. Hat man die gewünschte Wassertemperatur eingestellt, so bleibt diese konstant, sobald man den Kran öffnet.

Die Bedienung ist einfacher geworden, Technik und Komfort, die für ein Maximum an Sicherheit und Wohlbehagen sorgen, sind kaum mehr zu verbessern – so könnte man den Stand der Badezimmertechnik am Ende des 20. Jahrhunderts zusammenfassen. Bleibt noch zu sehen, wie sich in dieser Zeit die Formen verändert haben und wie sie im privaten Bereich Anwendung fanden.

Diese kleine Handdusche von Hansgrohe ist ein Verkaufsschlager (gegenüber): Mehr als siebzehn Millionen davon gingen seit 1968 über den Ladentisch. Ihre revolutionäre technische Neuerung bestand darin, daß die runden, oft verkalkten Löcher althergebrachter Duschköpfe durch viereckige Öffnungen ersetzt wurden, deren Strahlstärke man durch einfaches Umdrehen eines Ringes verstellt. Die heutigen Modelle sind technisch aufwendiger und bieten im allgemeinen drei regulierbare Strahltypen (normal, soft und Massage). Außerdem verbinden sie ökologische Vernunft (durch wassersparende Vorrichtungen) mit einem Höchstmaß an Komfort.

Vom Art-déco-Badetempel zum modernen Bad

Auch bei den Inneneinrichtungen von Badezimmern kommen die großen Strömungen des 20. Jahrhunderts zum Tragen. Zur Zeit des Jugendstils waren die in Nischen stehenden Badewannen mit Fayencen verziert; Waschbecken und Bidets bestanden aus lackiertem Steingut, hatten die Form von Wellen und Muscheln und waren mit vielfarbigen, reliefartigen Ornamenten dekoriert. Das überreiche Dekor umfaßte typische Jugendstil-Motive wie Blätter und Blumen oder Lebewesen aus dem Meer: Muschelwerk, Meerestiere und Algen wanden sich um Najaden mit überlangem, fließendem Haar, welche die Badewanne flankierten. Zu Beginn der zwanziger Jahre kam es zum Bruch mit diesem Stil, eine gewisse Nüchternheit kündigte sich mit der Art-déco-Strömung an.

Eines der berühmtesten Badezimmer dieser Zeit richtete der Innenarchitekt Armand Rateau für Jeanne Lanvin ein, die damals zu den großen Couturiers gehörte. Es war von der Antike inspiriert, aber in hohem Maße ornamental stilisiert; auf dem geometrischen gemusterten Boden aus mehrfarbigem Marmor standen marmorne Sanitärbecken in leicht ovalen Formen, Haken, Halterungen und andere Dekorationselemente bestanden aus schwarzem Schmiedeeisen, auch die Hähne in eleganter Vogelgestalt. Die Badewanne stand in einer Nische mit Wandrelief, das u.a. das Vogelmotiv in reichem Blattwerk wieder aufnahm. Einen Nachbau dieses edlen Interieurs kann man in der Sammlung des Musée des Arts Décoratifs in Paris bewundern.

Nach 1930 hatte der Art-déco-Stil mit seinem ästhetischen Experiment einen Komfort erreicht, der die Badeeinrichtungen über den Zweiten Weltkrieg hinaus prägen sollte und noch heute Designer inspiriert. Das opulente Badezimmer der dreißiger Jahre entspricht einem Wunsch, den Madame de Gencé schon um die Jahrhundertwende geäußert hatte: Es bietet genügend Raum und Helligkeit und liegt in der Nähe des Schlafzimmers.

Die Schöpfungen der Dekorateure und Architekten dieser Zeit sind zunächst Ausdruck des Lebensstils privilegierter Schichten. Vieles setzte sich jedoch später als Norm durch. Man hatte sich bereits die Lehren der Hygieniker angeeignet, trieb Sport zur Ertüchtigung des Körpers (das Badezimmer lag häufig neben einem Gymnastikraum) reiste in Thermalbäder oder zur Luftveränderung ans Meer und legte am Strand seine Kleider ab. In der Stadt wurden Haare und Röcke kürzer, man trug geschlitzte Röcke, zeigte Dekolleté und die Beine, deren »Kleidung« nun die gebräunte Haut war. 1937 wurde dieser Frauentyp in der Zeitschrift *Marie Claire* mit einer Auflage von 800 000 propagiert: eine neue Frau, die perfekt aussah und zu diesem Zweck viele Stunden im Badezimmer verbrachte.

In einem Hochglanzkatalog der Société de Fonderie erklärt der Schriftsteller Pierre Mac Orlan den Zusammenhang zwischen modernem Komfort und Ästhetik: »Der Komfort von 1931 hat dem Privatleben von 1931 seine Ästhetik verliehen. [...] Erstmals wird das Dekor von der Funktion bestimmt, die ihm ihre klaren Formen gibt, und es ist nicht mehr das Dekor, das die Dinge seinen willkürlichen Launen unterwirft... Das menschliche

Diese märchenhafte Dusche (oben) hat eine bewegte Geschichte. Sie ist Teil des prunkvollen Badezimmers der Maharani von Radjastan im Palast von Jodhpur, dessen Bau 1929 begonnen und erst 15 Jahre später vollendet wurde. Da alle Möbel und die gesamte in England bestellte Ausstattung während des Transports ein Opfer deutscher Torpedos wurden, bauten Handwerker an Ort und Stelle alles nach englischem Muster nach. Der Raum ist ganz mit Marmor verschiedener Färbung ausgekleidet, die Nischen für Onyxwanne und Dusche vergoldet. 1977 wurde der Palast in ein Luxushotel umgewandelt. Weniger protzig, aber raffiniert ist das Badezimmer der Modeschöpferin Jeanne Lanvin (gegenüber), das der Innenarchitekt Armand Rateau 1923 in Anlehnung an antike Vorbilder entwarf. Für den geometrisch gemusterten Boden wurde farbiger Marmor verwendet, die Sanitärbecken sind aus gelblichem Marmor und leicht oval. Die gußeisernen Zierelemente sind Silhouetten von Vögeln nachempfunden. Diese edle Einrichtung kann man im Musée des Arts Décoratifs in Paris bewundern.

Im amerikanischen Art-déco-Stil richtete Jacques Delamarre das Badezimmer in der Dienstwohnung des Chanin Building in New York ein (gegenüber). Seine Ausstattung ist funktional und klar, wie es seit der Jahrhundertwende üblich war, und dennoch von großer Pracht. Die Kacheln wurden nach altägyptischen Motiven hergestellt, Beleuchtung und Heizung sind technische Meisterwerke. Die Farbe Silber und französisches Art déco prägen die Atmosphäre im Badezimmer des Außenministers im Palais d'Orsay von Jacques-Émile Ruhlmann (oben). Wanne und Waschbecken sind mit schimmerndem Perlmuttmosaik verkleidet, der Kristallschwan über der Wanne stammt von dem berühmten Jugendstilkünstler René Lalique, ebenso der schöne Schrank mit Perlmuttintarsien. Der anmutige Glasmosaikschmuck des Badezimmers in Bordeaux (vorhergehende Doppelseite) läßt die eigentliche Funktion dieses Raumes fast vergessen.

Auge gewöhnt sich an die edle Einfachheit der Linien und Gegenstände. [Vorher dagegen] bewahrten unsere Augen eifersüchtig die alten Bilder jener Dekorationen, die nichts als die Tradition eines rein intellektuellen Komforts förderten.«

Eben dies setzen Innenarchitekten und Architekten in die Tat um, die einen aus der Perspektive verbesserten Komforts, wodurch ihre Schöpfungen zeitlos wurden, die anderen in einer avantgardistischen Suche nach neuen Raumkonzeptionen und neuen Materialien. Pierre Chareau, René Herbst, Le Corbusier oder Frank Lloyd Wright, um nur einige zu nennen, gehörten dabei zu den prägenden Figuren.

Zeitschriften für Innenarchitektur aus dieser Zeit, aber auch neuere Publikationen zum Thema enthalten wertvolle Illustrationen, die private Bäder von der Hand berühmtester Designer zeigen. Bei den Innenarchitekten Jean-Michel Frank oder Jacques-Émile Ruhlmann sind die Materialien streng und repräsentativ, geäderter Marmor für die Wände, Weiß- oder Schwarztöne für Badewanne und Waschbecken, Travertin, Granittäfelung, Spiegel aus verchromtem oder vernickeltem Metall oder in Bronze gerahmt, Mosaiken aus Glasfluß und Spiegelsteinchen, Opalglas, signiert von großen Namen wie Daum oder René Lalique. Der Architekt Pierre Chareau benutzt häufig Holz und schafft damit eine japonisierende Atmosphäre mit Armaturen, Bodenbelägen und Duschkabinen aus Teak, oder er verwendet Industriematerialien wie Milchglas für die Trennwände und Duschabtrennungen, Duralumin, Aluminium, weiße Kacheln, Terrazzo oder Fliesen aus Naturkautschuk für den Boden, wie in seiner berühmten »Maison de Verre«, die er für Jean Dalsace gestaltete.

Im Herbstsalon von 1934 präsentierte der Architekt René Herbst seine berühmt gewordene Schiffskabine, ein Meisterwerk an Reduktion und Funktionalität: Zylinderförmige Schränke und Duschen aus vernickeltem Metall, ein an einer Rohrkonstruktion aufgehängtes Waschbecken aus demselben Material mit schwenkbarem Glashalter, Seifenschale und Spiegel. Le Corbusier »konstru-

Welch ein Kontrast zwischen diesen beiden 1930 von Pierre Chareau entworfenen Badezimmern! Als Architekt der Avantgarde wählte er für die *Maison de Verre* in Paris (ganz oben) nüchterne Strenge: graue Glasmosaiken, Industriematerialien und Trennwände aus Milchglas, um den Raum optisch nicht einzuengen und lichtdurchlässig zu halten. Dahinter verbergen sich eine geräumige Dusche und eine sehr große Badewanne. Als Innenarchitekt erzielte er mit der Verwendung des teuren und feuchtigkeitsbeständigen Teakholzes in einem an japanischen Vorbildern orientierten Badezimmer eine Atmosphäre sachlicher Eleganz: ästhetisch ansprechend wie komfortabel (oben, untere Abb.).

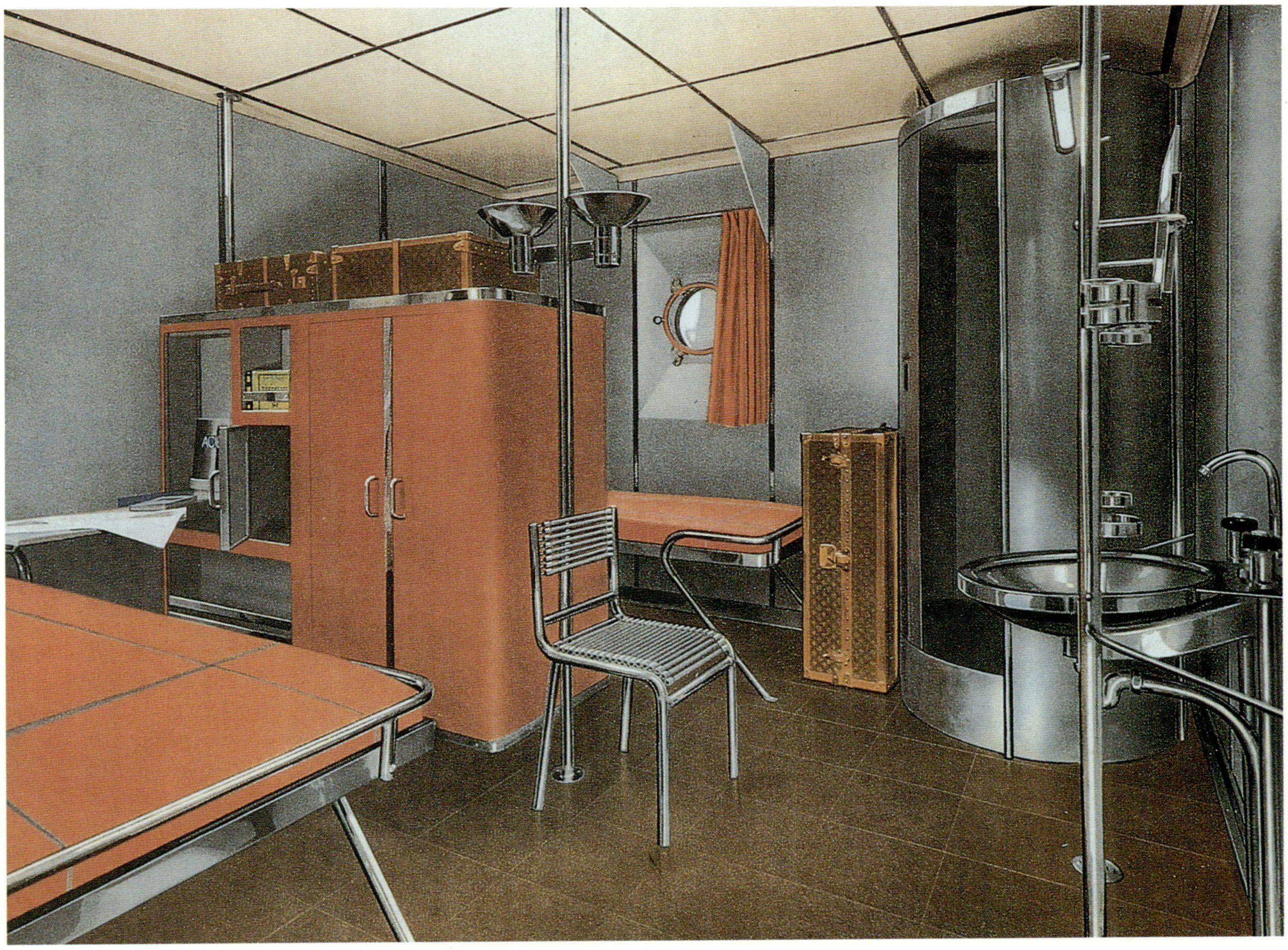

ierte« für die Villa Savoye in Poissy bei Paris eine Dusche und Badewanne aus Glassteinen, an deren Ende er in einem Gestell eine Ruheliege aus demselben Material anbrachte. Der Architekt arbeitete auch lange für den sozialen Wohnungsbau, den er mit sanitärem Komfort ausstattete; die Pläne für die »Cité Radieuse« in Marseille, die 1952 fertiggestellt wurden, sahen grundsätzlich ein Badezimmer für die Familie und Waschbecken in den anliegenden Schlafzimmern vor.

In den vierziger und fünfziger Jahren mußte Frankreich in Sachen Badekultur den Vorsprung der Nachbarländer aufholen. In alten Gebäuden, in denen es keine Badezimmer gab, installierte man sie später, wenn man kein eigenes Zimmer dafür opfern wollte, in Abstellkammern. In neuen Wohnungen gestand man ihnen nur wenig Raum zu. Bis zum komfortablen Bad war es noch ein weiter Weg... Man versuchte, Badewannen auf möglichst kleiner Fläche unterzubringen; Waschbecken, deren Zuleitungen auf der Wand verliefen, fixierte man drehbar an einer Stange, so daß man sie nach Gebrauch über die Badewanne schwenken konnte. In der Regel achtete man kaum auf Ästhetik. Badezimmer hatten wenig Atmosphäre und lösten keine besonderen Empfindungen aus. Sie blieben ein Ort, an dem man sich wusch, um sauber zu werden, und nicht zu seinem Vergnügen.

Auch der Innenarchitekt René Herbst war ein Wegbereiter des Industriedesigns der dreißiger Jahre. Seine 1934 auf dem Pariser Herbstsalon ausgestellte Badekabine für Oceanliner (oben), komplett aus vernickeltem Stahl gefertigt, war eine Sensation, an der sich noch heutige Designer orientieren: glänzende Oberflächen, zylinderförmige Dusche mit Schiebetür, an eine Stange befestigtes Waschbecken mit Seifenschale, Glashalter und Körbe für Waschutensilien.

Was ist angenehmer, als in ein Hotel zu kommen, das Gepäck abzustellen, im Badezimmer den Wasserhahn aufzudrehen… und dank des vertrauten und Geborgenheit vermittelnden Plätscherns der Illusion zu erliegen, man sei zu Hause. Hier in der Dependance des Londoner Claridge Hotels, 1930 von Oswald Milne entworfen, fühlt man sich jedenfalls gleich wohl (oben). Wie weit ist dies entfernt von dem Alptraum unpersönlicher Hotels ohne Personal, wie ihn Marie Durrieussecq in ihrem Roman *Schweinereien* beschreibt: »Ich steckte einen Geldschein in den Automaten und erhielt eine Art Magnetkarte, mit der sich die Zimmertür öffnen ließ.« Die Farben seiner Kacheln und Sanitärbecken machen dieses Pariser Badezimmer zum Inbegriff einer Post-Art-déco-Einrichtung, wobei die kannelierten Säulen für eine exotische Nuance sorgen (gegenüber). Lichtdurchflutet, geräumig und komfortabel, lädt es förmlich dazu ein, sich dort stundenlang aufzuhalten…

Erst in den sechziger Jahren führten Veränderungen der westlichen Gesellschaft zu einem Entwicklungsschub. Behutsame Bemühungen von Designern wie Gae Aulenti oder Andrée Putman stießen allmählich auf Resonanz bei den Kunden, und die Verwendung neuer Materialien wie PVC kündigte die siebziger Jahre an. 1969 entwickelte Joe Colombo für die Ausstellung »Interzum« in Köln ein Haus »dritter Art« mit einem Badezimmer aus vorgefertigten PVC-Elementen, das für die ganze Familie gedacht war. In einer kugelförmigen Zelle von zwei Meter Durchmesser, die an den Film *2001: Odyssee im Weltraum* erinnerte, stand eine Dusch- und Badeeinheit, mit Hähnen und allem Zubehör ausgestattet. Die Badeeinrichtungen der siebziger Jahre spiegelten neue Lebensgewohnheiten in den Familienwohnungen. Trotz seiner futuristischen (oft sogar utopistischen) Ausstattung unter Verwendung von Aluminium, Laminaten und Plastik, die bisher unbekannte Formen zuließen, wurde das Badezimmer ein Ort, der auch für Gefühle Spielraum ließ. Belebende Farben wir Orange und Kastanienbraun, Pink und Violett sind dafür bezeichnend, oder psychedelische Muster, so daß man im Bad zu »schweben« schien, weiche Teppiche für die Füße, Kissen, Musik und die ersten Grünpflanzen, um Atmosphäre zu schaffen...

Im Lauf der achtziger Jahre, als (beinahe) jeder ein Badezimmer besaß, bemühte man sich erstmals, diesem individuelle Formen zu verleihen und sich so sozial und kulturell abzugrenzen. Für diese Klientel entwickelten die großen Sanitärunternehmen neue Badezimmerserien. So entwarf der Couturier Courrèges eine Modellpalette für Allia. Seitdem arbeiten viele Hersteller mit Designern zusammen, Luigi Colani mit Villeroy und Boch, Enzo Mari und Paolo Tilche mit Ideal Standard, Laufen mit Porsche Design, Matteo Thun mit Allia, um nur einige zu nennen. Dabei entfernen sich die Formen immer weiter von traditionellem Design sanitärer Einrichtungen. Das von Philippe Starck für Duravit entworfene Badezimmerprogramm bedeutet formal eine Rückkehr zu den Ursprüngen, mit Becken, wie es sie früher gab, und den guten alten Eimern, in denen jahrhundertelang das Wasser geschleppt wurde... So ist das Waschbecken, das in einen Tisch eingelassen ist, eine klare Anspielung auf die alte Waschtischschüssel.

An der Ästhetisierung des Badezimmers läßt sich ablesen, wie sehr man seine Einstellung zum Körper geändert hat; nun wünscht man sich auch, das narzißtische Vergnügen an der Körperpflege in einer angenehmen Umgebung zu genießen. Als letzte Bastion privater Zurückgezogenheit ist das

Badezimmer in Hotels sind dank ihrer beständig wechselnden, heterogenen Kundschaft ein interessantes Experimentierfeld für begabtete Designer. Andrée Putman zum Beispiel richtete die Badezimmer im New Yorker Hotel Morgan ein. Ihr Dekor in schwarzweißem Schachbrettmuster (gegenüber) ist weltberühmt, auch ihr schlichtes Waschbecken aus Chromstahl. Philippe Starck entwarf ein Waschbeckengestell für das Hôtel de la Cour des Loges in Lyon, hier (oben) in einer verchromten Stahlrohrversion. Es steht sicher auf seinen drei Beinen und wirkt mit den beiden seitlich angebrachten kleinen Schalen für Seife und Rasierpinsel wie ein minimalistischer Altar der Schönheit, in dessen Kristallspiegel man sein eigenes Konterfei anbeten kann.

Badezimmer nunmehr ein vollwertiger Raum geworden, den man nicht mehr vor fremden Blicken verbergen muß, da er ebenso sorgfältig eingerichtet ist wie das Wohnzimmer.

Inzwischen haben wir es mit der zweiten Generation aufwendiger Badeeinrichtungen zu tun. Die Zeit der Erneuerung oder der Schaffung zusätzlichen Raums ist gekommen. All diese Verbesserungen sind Ausdruck eines neuen Körperkults: Badewannen für zwei, eine freistehende Duschkabine und ein zweites Waschbecken, damit man sich bequem zu zweit im Bad aufhalten kann, oder ein separater geräumiger Ort zum Duschen, den sich im allgemeinen der Hausherr vorbehält. In Italien und Deutschland gibt man für das Badezimmer das meiste Geld aus. Man führt es Besuchern vor wie früher die neue Küche. Es ist ein Ort, der einerseits

Eine strenge Inszenierung aus Beton, Granit, Marmor, Glas und Stahl prägt diese meditativen Tempel des Wassers. Die »Krypta« (ganz oben) im oberen Stockwerk eines Pariser Gebäudes wurde 1991 von dem japanischen Architekten Massakazu Bokura 1991 für einen seiner Landsleute entworfen. Wände und Boden sind aus Lauhelin-Granit (wie die Cour Napoleon im Louvre). Die Badewanne aus gewölbtem Glas ist ein technisches Bravourstück von Guillaume Saalburg und Patrick Desserme. Die transparenten und sandgestrahlten Flächen, die einander abwechseln, ahmen einen Boden aus Bambus nach. Einfache Formen bestimmen den Raum, der Platz für Badewanne und Dusche wird durch Quader aufgeteilt (oben, untere Abb.). Zylinder und Kreis prägen mit ihren markanten Formen wie ein Leitmotiv das von dem Designer Kripacz entworfene Bad für das Erickson House, eine Strandvilla bei Los Angeles (gegenüber).

Wohlstand demonstriert, aber auch am meisten von sich preisgibt, indem er das Verhältnis zum Körper und dessen Beziehung zum Wasser offenbart.

Eine der großen Strömungen moderner Inneneinrichtung, vielleicht sogar die wichtigste, ist die Nostalgiewelle, von Experten »Retro« genannt, die versucht, aus dem Badezimmer einen möblierten Raum zu machen. Dies geschieht weniger aus Angst, man könnte sich »dort nicht wohl fühlen«, wie Ende des 19. Jahrhunderts, als vielmehr deshalb, weil man ihm die Form eines »Wohnraums« geben möchte, da man heute viel Zeit darin verbringt (Frauen im Durchschnitt über zehn Stunden pro Woche, Männer etwas weniger).

Je nach Geschmack orientiert man sich am Stil des ausgehenden 18. Jahrhunderts, des Empire oder des frühen 20. Jahrhunderts. Denn das Badezimmer hat nunmehr als »jüngster« Raum der Wohnung endlich Wurzeln geschlagen, auf die es sich stützen kann. Man stattet es wieder mit antikem Mobiliar aus, mit Ruhebetten, Ablagen, Waschbecken und Badewannen im altertümlichen Stil, deren häufigstes Symbol die gute alte tiefe Gußeisenbadewanne auf Füßen ist. Man schafft wieder ein Ambiente, etwas, worum sich die Sanitärhersteller kaum gekümmert hatten, seit das Badezimmer in Serie produziert wurde.

Ein weiterer Trend ist der Wunsch nach einem Raum, der ganz dem Wasser geweiht ist und der zwischen postmodernistischer Inspiration und dem Wunsch nach Rückkehr zu den Ursprüngen oszilliert... Gemeinsamer Nenner ist die Nüchternheit des Materials, die Kühle von Industriematerialien wie Metall oder Milchglas, kombiniert mit den Farben Grau und Grün, die an das fließende frische Wasser in der Natur erinnern, oder die Strenge natürlicher Materialien, wie Marmor, Stein, honigfarbene exotische Hölzer, Ton, emaillierte Keramik und farbiger Putz. Hieraus baut man tiefe Badewannen, Duschen und Waschbecken, deren sanfte Farbtöne und weiche Oberflächen an die vielfältigen Nuancen von Haut erinnern. Mit ihrer vertrauten Atmosphäre, die Körper und Geist wohltut, räumen diese modernen Badetempel jenem Element den Vorrang ein, das so großes Vergnügen bereitet: dem Wasser, das man mit Lust über den entblößten Körper strömen läßt.

Das Design heutiger Badezimmer steht seit einigen Jahren im Zeichen einer Rückbesinnung auf Muster früherer Epochen, vorrangig der dreißiger Jahre, die bereits klare, schnörkellose Linienführung mit moderner Technik verbanden. Oft knüpft man aber auch an den verspielten Geschmack fernerer Zeiten an: So stand im Badezimmer des Tänzers Rudolf Nurejew am Pariser Quai Voltaire eine prächtige Badewanne aus verzinntem Kupfer (gegenüber). Die von dem Antiquitätenhändler Sergej Wolewatsch entworfenen Messingkräne erinnern an viktorianische Zeiten, alt ist nur der Hahn selbst, man verwendete ihn allerdings eher als Zapfhahn für Fässer. Das Bad des Innenarchitekten Jacques Garcia erinnert an eine Bühne (oben) und ist ganz im überreichen Dekor des ausgehenden 19. Jahrhunderts gehalten. Die Badewanne ist offenbar für vergnügliche Bäder zu zweit gedacht.

Badelust

Eine Badewanne zu Hause, warmes Wasser, soviel man möchte, in der richtigen Temperatur, dies ist im Grunde die Verwirklichung dessen, wovon das Abendland seit Jahrhunderten träumt. Nachdem man Duschen gemieden, Dampfbäder verbannt, Badeorte nicht mehr besucht und fremde Kulturen mit dieser Auffassung so sehr beeinflußt hatte, daß diese ihre eigenen Gewohnheiten aufgaben, beginnt man seit etwa 20 Jahren vieles davon wiederzuentdecken: die Hammams, Saunen und Thermen, jene neuen Tempel von Schönheit und Wohlbefinden, in denen man sich lustvoll von Jetstrahl oder Whirlpool und anderen Badefreuden verwöhnen läßt und damit auch die wohltuende Wirkung von Heilquellen und warmem Wasser, das die Japaner seit undenklichen Zeiten ohne Einschränkung mit Begeisterung verwenden...

All jenen Annehmlichkeiten, die man dank moderner Technik heute im häuslichen Badezimmer genießen kann, wird unsere westliche Kultur wohl nie mehr untreu werden... Haben wir damit auch die Lust am Baden entdeckt?

In gewisser Weise schon. Seit Hygiene für die meisten eine Selbstverständlichkeit ist, integriert das Bad zunehmend alle anderen Vorzüge des Wassers, besonders das Vergnügen (oder die Notwendigkeit?), sich dem Körperkult hinzugeben. Dieser ist heutzutage Teil der Identität, der individuellen Persönlichkeit. Früher genügte es, bevor man ausging, Kleidung oder Make-up vor dem Spiegel zu kontrollieren, um den sozialen Normen gerecht zu werden. Heute wird der gesamte Körper, der immer spärlicher bekleidet ist, zur Schau gestellt. Und wie der Historiker Georges Duby in der *Geschichte des privaten Lebens* betont, bedeutet »sich seines Körpers zu schämen [...] beinahe, sich seiner selbst zu schämen«. So muß man immer jünger, schöner und besser in Form sein, gesund und blitzsauber wirken, glänzende Haare und eine wunderbar glatte Haut haben und wenn möglich immer leicht gebräunt sein... Hier zeigt sich in exemplarischer Weise, was der Soziologe und Kulturwissenschaftler Norbert Elias in *Über den Prozeß der Zivilisation* (1939) als den fortschreitenden Einfluß der Kultur auf die Welt der direkten körperlichen Empfindungen definiert.

Da Erkenntnis jedoch dem Vergnügen nicht hinderlich sein muß, sollten wir das Wohlbefinden, das unser Körper verspürt, wenn er genüßlich ins Wasser taucht, nicht verachten. Denn seit dem legendären Bad des Archimedes weiß man, daß das bekannte physikalische Prinzip des Auftriebs Ursache für die Empfindung von Leichtigkeit ist...

So könnte man ganze Stunden der Entspannung in der Badewanne verbringen. Wie Ariane, die Heldin in Albert Cohens Roman *Die Schöne des Herrn*, die die Zeit im Bad in Vorfreude auf ihr nächstes Rendezvous so weit wie möglich ausdehnt: »Um acht Uhr abends nahm sie das letzte Bad des Tages so spät wie möglich, um, wenn er käme, von wunderbarer Makellosigkeit zu sein. [...] In der Badewanne spielte sie mit den Zehen, hob sie aus dem Wasser und bewegte sie, stellte sich vor, es seien ihre zehn Kinder, fünf kleine Jungen links, fünf kleine Mädchen rechts. Sie schimpfte mit ihnen, sagte, sie sollten schnell baden und schlafen gehen, dann tauchte sie sie wieder in das warme Wasser.«

Auf diesen Abbildungen wird die erfrischende Wirkung des Wassers im schimmernden Rund der Badewanne lebendig. Entspannte Wasserspiele aus vier Epochen: Harmonie von Körper und Seele auf der Fotografie von M. Jukkema (S.164), komfortables Badevergnügen der dreißiger Jahre auf der Fotografie von Manassé (S. 165), Luxus à la Hollywood in einer Filmszene mit Gina Lollobrigida aus King Vidors Film *Salomon und die Königin von Saba* (1958, gegenüber) und Roy Lichtensteins ironisches Portrait der badenden amerikanischen Durchschnittsblondine aus dem Jahre 1963 (oben).

Im Dampf der türkischen Bäder

Einen Tee im türkischen Bad? Pfefferminztee in einem kleinen Glas, an dem man in Begleitung seiner Badegenossen nippt, in Tücher gehüllt nach Dampfbad und Massage, mit entspanntem und von Wärme gesättigtem Körper…

Hammam bedeutet auf arabisch »Wärmen«. Das Warmbad hat man von den Römern, die es in das Osmanische Reich eingeführt hatten, beibehalten. Im Unterschied zu den römischen Thermen jedoch ist der Hammam ein Ort der Zurückgezogenheit mit geheimnisvollem, poetischem Charakter, der Körper und Geist reinigt. Die Sonne scheint nicht direkt in diese Dampfräume, ihre Strahlen fallen durch eine Menge kleiner, runder oder sternenförmiger Öffnungen, die von bunten Kacheln eingefaßt sind, nur gedämpft durch die Kuppeln. Die Lichtstrahlen durchdringen den Dampf und verleihen dem Halbdunkel einen Zauber, dessen graue Schatten die Begegnung mit den Dschinns begünstigen, die an diesen Orten hausen sollen. In russischen Bädern sind es Geister, in finnischen Kobolde. Wie diese ist auch der Hammam ein magischer Ort, an dem nach dem Volksglauben Kranke gerettet werden, die man bereits verloren glaubte. Noch heute nennt man ihn deshalb einen »stummen Arzt«.

Im allgemeinen besteht der Hammam nach maurischem Vorbild aus einer Folge von ineinander übergehenden marmorverkleideten Räumen. Unter dem Einfluß der osmanischen Türken nahm er die Form eines Kreuzes an, wie man etwa in Istanbul oder Kairo sehen kann. In der Mitte befindet sich der Wärmeraum oder *beit-al harara*, das Herzstück der Anlage, umgeben von kleineren Räumen wie von einem Kapellenkranz, in dessen Zentrum eine Marmorplatte auf einem großen Sockel, »Nabelstein« genannt. Er ist im allgemeinen achteckig, und man legt sich darauf, um sich massieren zu lassen. Dieser Trockendampfraum wird durch Rohre geheizt, in denen heiße Luft unter dem Boden zirkuliert. Von dort begibt man sich in einen Raum mit feuchtem Dampf, in dem ein kleiner, warmer Wasserstrahl die Luft mit Wasserdampf speist. In der Mitte befindet sich ein Schwimmbecken, der *maghtas*. Nach dem Abreiben der Haut, der Massage und dem Dehnen des Körpers wäscht man sich gründlich mit Seife. Dann spült man sich an einem Brunnen ab und besprüht sich aus einer Schale aus verzinntem Kupfer mit frischem, wohltuendem Wasser. Sodann kehrt man in den Raum zurück, in dem man sich ausgezogen hatte, den *maslak*, um sich auszuruhen, Pfefferminztee zu trinken und orientalisches Gebäck zu essen.

Zu den Eindrücken eines Hammam, die man am längsten bewahrt, gehören seine Geräusche: von Wasser, das über den Körper oder auf den Boden gegossen wird, um den Schmutz abzuspülen, oder das in den Abfluß rinnt, das Klicken von Bechern, die man abstellt, das leise Murmeln von Gesprächen, zuweilen auch der helle Klang eines Lachens am Tag des Frauenbads… eine ganze Symphonie, die im Marmor der Gewölbe widerhallt.

Aufgrund seines religiösen Ursprungs sind im Hammam die Geschlechter streng getrennt. Den Frauentag etwa kündigt fröhliches Kreischen am Eingang an oder die Leinenwäsche, die über der Tür hängt. Man verbringt dort den ganzen Tag und nimmt Körbe mit Nahrung und frischer Wäsche mit, wie die Frau und das kleine Mädchen auf

In der Lebenswelt des Islam kam dem Hammam seit jeher große Bedeutung als Ort der Reinigung zu. Seit 1741, als Sultan Mehmet der Stadt Istanbul einen Hammam schenkte, erhellen Lichtstrahlen aus der durchbrochenen Kuppel das Halbdunkel des *hararet* (Dampfbad) aus grauem Marmor (oben). Nach dem Dampfbad und der Massage auf einem angewärmten Podest, dem sogenannten »Nabelstein« (gegenüber), wäscht man sich an den wunderbar verzierten Brunnen mit ihren alten, patinierten Wasserhähnen. Dieses Ritual hat sich seit der Zeit Ludwigs XV. und Jean de Thévenots Bericht über seine *Reisen in die Levante* kaum verändert: »Man nimmt in dem großen, sehr warmen Saal beinahe zu ebener Erde Platz, auf einem Marmorsockel, der von unten mit Öfen beheizt wird. Ein Diener kommt, legt einen auf den Rücken, die Knie auf den Bauch, und dann umarmt er einen so fest, daß alle Knochen knacken…«

dem Bild des Malers Jules van Biesbroeck, *Frauen beim Betreten eines türkischen Bades.*

Im engeren Sinne ist der Besuch des Hammam mit dem der Moschee verbunden, da hier die rituellen Waschungen vor dem Freitagabendgebet stattfinden. Neben den Reinigungshandlungen dient er jedoch auch der Meditation und Zurückgezogenheit, um Geist und Sinne zu sammeln und Körper und Geist zu entspannen, als ein Ort, an dem Nacktheit alle sozialen Unterschiede aufhebt.

Um sich eine Vorstellung vom einstigen Glanz der Hammams zu machen, muß man nach Istanbul fahren, wo man die alten öffentlichen Bäder restauriert hat. Von besonderer Eleganz sind die Becken und Brunnen aus Marmor, die verzierten Hähne und bunten Marmormosaiken in dem Hammam, den Sultan Mehmet I. 1741 der Stadt schenkte. Der Wärmeraum wird von einer auf Säulen stehenden Kuppel gekrönt. Ein weiterer Raum mit quadratischem Grundriß ist mit einer großen Kuppel überdacht, die von kleinen Kuppeln umgeben ist, die kleine Nischen mit je einem Brunnen für Waschungen bergen. Errichtet wurde die Anlage von dem berühmten Architekten Sinan für die Gemahlin Selims des Dummen.

1718 gab Lady Mary Wortley Montagu, fasziniert von der Atmosphäre dieser öffentlichen Bäder, nach dem Besuch des privaten Hammams eines Großwesirs ihre Eindrücke wieder: »Am reizvollsten waren die Räume für die Bäder; es gibt dort zwei, die einander exakt entsprechen; die Wannen, die Brunnen und Fußböden bestehen aus weißem Marmor, die Decken sind vergoldet und die Wände mit Fayencen verkleidet; es gibt zwei große Säle; ein Sockel bildet das Sofa; in allen vier Ecken fällt vom Dach von einem weißen Marmorgefäß in ein anderes das Wasser in Kaskaden herab, hinunter in ein großes Becken, von dem zimmerhohe Fontänen aufsteigen. Die Wände bestehen aus Gitterwerk, und draußen bildet junges Weinlaub und Geißblatt eine Art grünen Teppich, der den ganzen Ort, der so voller Zauber ist, in köstlichen Schatten taucht.«

Auch die Hammams in den Palästen reicher Privatleute waren von überbordender Pracht. Im 19. Jahrhundert mußten sie hinsichtlich ihres filigranen Marmordekors keinen Vergleich scheuen. Behauener und durchbrochener grauer Marmor im osmanischen Stil dominierte im Hammam von Ciragan (der heute einem Hotel gehört), ägyptischer Onyx und barock inspiriertes Dekor mit einer Überfülle von Girlanden und Blumen in der Badeanlage von Dolmabahce. Im Topkapi-Palast, in dem sich übrigens mehr als 30 Bäder befanden, kann man noch das Bad der Männer und das der Frauen aus weißem, graugeädertem Marmor sehen. Sie liegen spiegelbildlich angeordnet zu beiden Seiten einer behauenen, von Fenstern mit feinem Gitterwerk durchbrochenen Wand. Der Wärmeraum aus nacktem weißem Marmor lag im gedämpften Licht, in dem nur die vergoldeten Speier der Brunnen aufblitzten.

Zwar haben diese Einrichtungen ihr ehemals prächtiges, von Reisenden der damaligen Zeit ausführlich beschriebenes Aussehen verloren, und Besucher aus dem Abendland sind oft enttäuscht von ihrem Zustand… Sieht man aber davon ab, bleiben sie für immer Häfen des Wohlbefindens und Orte der Fröhlichkeit und Geselligkeit.

Dieser schöne Brunnen für Waschungen ist in einem der ältesten Hammams von Istanbul zu bewundern, dem Küçük Mustafa Pascha (oben). Badetücher für die Aussteuer wurden früher mit Stickereien verziert, vor allem diejenigen für das rituelle Brautbad. Rosen waren ein Symbol für die Familie, als Schutz gegen böse Geister wurden magische Formeln eingestickt. Im Waschraum (gegenüber) dieses prächtigen Bades im Sultanspalast von Domabahce aus dem 19. Jahrhundert mit seinem großen, von schmiedeeisernen Streben getragenen Glasdach erwartet man gewiß keinen bösartigen Dschinn… Der goldene Schimmer, den das Licht auf den kunstvoll bearbeiteten Onyx der Brunnen und Wände zaubert, brachte schon den französischen Dichter Théophile Gautier in *Konstantinopel* ins Schwärmen: »Welch eine Wonne muß das sein, selbstvergessen auf diesen Fliesen, transparent wie Achat, zu verweilen, die Glieder von der kundigen Hand des *tellak* verwöhnt, inmitten einer Wolke duftenden Dampfes, unter einem Regen aus Rosen und Benzoe…«

Die skandinavische Sauna

Weit entfernt von orientalischer Pracht widmet sich eine ganz andere Zivilisation im hohen Norden seit jeher den Freuden des Wasser- und Schwitzbads. Ein finnisches Sprichwort lautet: »Bau erst deine Sauna und dann dein Haus...« Dies trifft die Situation genau. Auf jede Familie kommt eine Sauna, d.h. auf 3,5 Einwohner. Anders ausgedrückt: Es gibt etwa 1,6 Millionen Saunen in Finnland, mehr als auf der ganzen restlichen Welt. Dies demonstriert eindrucksvoll die große Bedeutung, die diese sehr alte, vor etwa 2000 Jahren über Rußland aus Mittelasien eingeführte Badeform genießt.

Die Sauna entstand in Finnland, einem Land, in dem die dunklen Wintermonate endlos zu dauern scheinen, im Zusammenhang mit einem Feuerkult. In der Nähe des Hauses lag eine Holzhütte (manchmal halb in den Boden eingelassen), in der man eine Grube anlegte, die als Feuerstelle diente. Darüber legte man dicke Kieselsteine, oder besser noch vulkanisches Gestein, und erhitzte es, bis es glühte. Man konnte auch kaltes Wasser daraufschütten, um Dampf zu erzeugen.

Heutzutage bauen manche Finnen, die auf Traditionen Wert legen, die alten, in den Boden gegrabenen Modelle nach, doch die Mehrheit begnügt sich mit der *savusauna* oder Sauna ohne Kamin, die mit Holz beheizt wird.

Nicht einmal hundert Jahre alt ist das Wort »Sauna«. Schwitzbäder, bei denen man einfach Steine über einem Feuer erhitzte, kamen aber bereits vor 2000 Jahren in Mittelasien auf und drangen über Rußland allmählich bis nach Nordeuropa vor. Seither sind sie fester Bestandteil des finnischen Landlebens. Unter der schwedischen Fremdherrschaft stilisierte die finnische Intelligenz die Sauna zu einem Symbol nationaler Identität. Aus dieser Zeit stammt auch die Darstellung der Frauensauna auf dem 1808 von P. C. Elfström geschaffenen Aquarell (oben). Es zeigt die typischen Verrichtungen, mit denen man auch eine Dienerin betrauen konnte: das »Geißeln« mit der *vihta*, das das Schwitzen am heißesten Ort des Bades noch intensivierte, und den kalten Guß. Damals diente der Raum für das Schwitzbad zugleich als Garderobe und Waschraum.

Wie ihre Vorform, die fest zum bäuerlichen Alltagsleben gehörte, ist auch die heutige Saune eine Familienangelegenheit. Früher rechnete man alle Menschen, die unter einem Dach lebten, zur Familie, auch das Gesinde eines Bauernhofs. Während der Feldarbeit im Sommer heizte man die Sauna jeden Abend, ihre Wärme linderte die Muskelschmerzen von der Erntearbeit. Die Sauna diente auch als Scheune; man trocknete Malz, Hanf und Leinen darin und räucherte Fleisch. Im Laufe des 19. Jahrhunderts wurde der Saunabesuch im Zuge der Industrialisierung zu einem gemeinsamen Ritual am Wochenende und am Vorabend von Festen.

Den Saunen in den Städten fehlt der Bezug zur Natur, doch auch hier bleibt die Anordnung der Räumlichkeiten immer gleich. Das Wort »Sauna« bezeichnet eigentlich das Gebäude, die kleine abgelegene Blockhütte. 1906 beschrieb die Zeitschrift *Le Magasin pittoresque*, die »seano« als »kleines Holzhaus in der Nähe einer Wasserstelle mit einem Raum auf viereckigem Grundriß mit breiten Bänden an den Wänden und einem Feuer in der Mitte. Man heizt darin Steinplatten und schüttet kochendes Wasser darüber, wodurch reichlich Dampf erzeugt wird.« Die Sauna, die an ein Miniaturhaus erinnert, besteht gewöhnlich aus drei kleinen Räumen: einer Garderobe (die auch möbliert sein kann); einem Raum zum Waschen mit einer Bank, einem Hocker und Gefäßen mit warmem und kaltem Wasser (in der Stadt einer Dusche); der dritte Raum schließlich dient dem eigentlichen Schwitzbad. Er besteht traditionell aus unbehandeltem, natürlichem Holz. Meist verwendet man Tannenholz, seltener Birke, die pflegende Essenzen freisetzt. Der Ofen ist aus Ziegeln gemauert oder ein Metallzylinder. Die Liegen, auf denen man sich ausstreckt, bestehen aus hellem Weichholz, wie Tanne, Espe, Pappel oder Abachi, porösen Holzarten, die nicht all zu heiß werden, damit man sich nicht verbrennt. Da die Sauna die Nähe zur Natur benötigt, sollte sie am Waldrand, bei einem See, Teich oder Flußlauf liegen (was in Finnland nicht allzu schwierig ist).

Im Finnischen ist das Substantiv »Sauna« weiblich und suggeriert mütterliche Wärme und Geborgenheit. Die Sauna ist ein heilbringender Ort, der früher die wichtigen Etappen im Leben markierte: Man wurde dort geboren, nahm dort das symbolische Hochzeitsbad, gebar Kinder und brachte, wenn es keinen anderen Ausweg mehr gab, unheilbar Kranke dorthin. Auch die Totenwäsche nahm man in der Sauna vor.

Ein magischer Ort, an dem, wie man früher glaubte, unter den Bänken der Erdgeist hauste und an dem nach den Männern und Frauen die Feen ihr Bad nahmen. Niemand hat je herauszufinden versucht, ob es wahr ist, denn der Aberglaube verbot es, nachzuschauen. Heute sagt man, die Sauna sei die Lieblingswohnung der Kobolde, die ein wachsames Auge auf ungezogene Kinder haben…

Diesem Ort, der der Sauberkeit und Regeneration des Körpers dient, erkennen die Finnen auch eine spirituelle Funktion zu. Es ist ein Ort der Entspannung und Meditation, und es herrscht eine Stille, in der sich Körper und Seele vereinigen und zu innerer und äußerer Schönheit finden. In die Sauna geht man heute nur noch im engsten Familienkreis und nimmt höchstens einige gute Freunde mit. Es ist deshalb eine große Ehre für einen Gast, zu einem Saunabesuch eingeladen zu werden. Es ist ein besonderer Ort, von dem ein altes Sprichwort sagt: »Benimm dich in der Sauna wie in der Kirche.« Anzüglichkeiten sind dort ebenso unvorstellbar wie Lärm, laute Stimmen oder Flüche.

Seit ihrem Bestehen hat sich das Ritual der Sauna kam geändert. Wie die Badeeinrichtungen in anderen Kulturkreisen besuchte man sie ur-

In einer kleinen Blockhütte in der Nähe des Hauses brachte man die traditionelle Sauna unter, oft wurde sie halb unterirdisch angelegt. Die ersten Saunen besaßen noch keinen Kamin, und so blieb der Rauch des Holzfeuers beim Erhitzen der Steine im Raum. Deshalb öffnete man vor dem ersten Saunagang schnell die Tür, um ihn hinauszulassen, wie es auf der oben abgebildeten Fotografie zu sehen ist, die im Freilichtmuseum von Muurame aufgenommen wurde. Dort gibt es eine regelrechte »Saunasammlung«, an der man die Entwicklung bis in die vierziger Jahre unseres Jahrhunderts nachverfolgen kann. Heute findet auch die Methode der Rauchsauna *(savusauna)* wieder Anhänger. Man nimmt den ersten Gang im »wilden Dampf« vor; gießt man Wasser auf die heißen Steine, stieben Aschepartikel herum, die sich dann auf der Haut absetzen und angeblich einen reinigenden Effekt haben. Asche wurde immerhin zur Herstellung der ersten Seifen und bis ins 20. Jahrhundert als Waschmittel benutzt.

sprünglich abends, am Ende eines Arbeitstages, um sich zurückzuziehen, oder am Wochenende, um sich auf den Tag des Herrn vorzubereiten. Heute haben sich diese Gepflogenheiten etwas gelockert, und man kann, je nach Belieben, auch zwei- oder dreimal die Woche oder sogar täglich in die Sauna gehen.

Im allgemeinen geht man trocken hinein, auch wenn man heute dazu neigt, vorher zu duschen und sich mit Seife zu waschen. Um den Kreislauf anzuregen und das Schwitzen zu fördern, »geißelt« man sich mit einem Bündel aus Birkenzweigen, *vihta* genannt. Er ist ein wichtiges Sauna-Zubehör und wird zu Sankt Johannis gepflückt, wenn Zweige und Blätter noch zart sind. Damit sie ihre grüne Farbe bewahren, legt man sie in Salzlösung und hängt sie anschließend, um sie zu konservieren, an einem kühlen und luftigen Ort auf. Sind sie sorgfältig gebunden, so sind sie ebenso schön wie haltbar, allerdings halten sie nie bis zum nächsten Frühjahr… Im Sommer bindet man zur Feier der Sonnenwende einen Strauß aus neun verschiedenen Blumensorten und Zweigen, darunter Wacholder, Erle und Birke. Nach dem Saunabad wirft einer der Teilnehmer, der mit dem Rücken zur Hütte steht, seinen Strauß über die Schulter und das Dach. Die Richtung, in welche die Stiele deuten, zeigt an, woher seine Liebste kommen wird…

Die fröhlichen kleinen Blondschöpfe sitzen in einer modernen, elektrisch beheizten Sauna (oben). Man ist heute der Meinung, daß Kinder ab einem Alter von drei Jahren ruhig Schwitzbäder nehmen sollten, natürlich unter der Aufsicht Erwachsener. Früher wurden Kinder sogar in der Sauna geboren, und es gab eine ganze Reihe ritueller Handlungen, die man in der Sauna vornahm. So wurden am Abend vor Weihnachten Boden und Liegen symbolisch mit Stroh bedeckt, um an die Geburt Jesu in einem Stall zu erinnern.

Nach dem ersten Schwitzgang kommt man heraus, um sich mit kaltem Wasser zu übergießen oder zu duschen, und danach beginnt man von neuem. Im allgemeinen beendet man das Saunabad mit dem *lövly*, einem starken Schwall feuchten Dampfes, der noch einmal zu verstärktem Schwitzen anregen soll. Man nimmt dazu eine Kelle mit langem Holzstiel, um sich nicht zu verbrennen, und gießt aus einem kleinen Holzeimer eine bis drei Füllungen kalten Wassers über die heißen Steine. Eukalyptuskonzentrat hinzuzufügen, weist einen als Banausen aus. Der aufsteigende Wasserdampf sättigt die trockene Saunaluft mit feuchtem Dampf, der den Eindruck starker Hitze erweckt und ein Prickeln auf der Haut auslöst, das nicht jeder mag.

Je nach Belieben (und körperlicher Verfassung) kann man mehrere Saunagänge hintereinander absolvieren. Wie auch im Hammam oder im japanischen *furo* verliert man auch hier oft jedes Zeitgefühl. Es lohnt sich, einen Finnen über das Licht der Sauna philosophieren zu hören. Damit man sich trotz seiner Nacktheit geborgen fühlt, sollte es so sanft wie möglich sein. Am besten ist die natürliche Beleuchtung zur Zeit der Mitternachtssonne, wenn die Hütte nur von zwei Kerzen zwischen den Scheiben der Doppelfenster oder einer Laterne erleuchtet wird.

Wenn man sich wirklich behaglich fühlt, verläßt man die Sauna. Danach reibt man sich im Waschraum die Haut ab, mit Naturbürsten oder einem Luffaschwamm. Nach dem letzten Schwitzgang genutzt man keine Seife mehr und beendet die Prozedur mit einer kalten Dusche, durch die der Körper sich wieder abkühlt. Puristen tauchen in den See oder rollen sich im Winter im Schnee. Manche schlagen zu diesem Zweck sogar Löcher ins Eis.

Danach trocknet man sich sorgfältig mit einem rauhen Tuch ab. Traditionell ist es aus Hanfwerg und Leinen gewebt, doch auch etwas dickeres Leinen erfüllt seinen Zweck. Normale Handtücher werden weniger geschätzt, es sei denn, sie enthalten einen Leinenanteil.

Schließlich kann man, um sich aufzuwärmen, ein letztes Mal die Wärme der Sauna genießen. Danach sollte man sich so zudecken, daß einem nicht kalt wird, sich bequem hinlegen und den ganzen Körper entspannen, bevor man sich wieder anzieht. Gerade Zeit genug, um ein angenehmes Hunger- und Durstgefühl zu entwickeln… Es ist übrigens Tradition, im Kamin des Ankleideraums »Saunawürstchen« zu grillen und ein schönes kühles Bier oder *sahti*, ein Malzgetränk, mit seinen Saunafreunden zu sich zu nehmen.

Wärme, Wasser und Natur vereinigen sich zu einem grenzenlosen Vergnügen, das man mit der Familie in beruhigender und geborgener Atmosphäre genießt… Für Finnen ist es undenkbar, ohne Sauna zu leben. Man sollte dieses Erlebnis mit ihnen teilen, die Sicherheit ihrer Bewegungen sehen, zuschauen, wie sie ein *vihta* herstellen und ihnen zuhören, wenn sie von Kindheitserinnerungen und alten Traditionen ihrer Familie berichten. Nur dann kann man ermessen, was diese paar Steine auf dem Feuer für sie bedeuten und welche besondere Poesie sie mit sich bringen. Doch man muß sich darüber im klaren sein, daß ein Ausländer, auch wenn er regelmäßig die Wohltaten der Sauna genießt, diese skandinavische Legende nie ganz begreifen wird.

In jeder finnischen Sauna benutzt man die *vihta,* einen kleinen Bund von Birkenreisern, mit dem man sich schlägt, um Durchblutung und Schwitzen zu fördern. Man nimmt hierzu bevorzugt frische, biegsame Frühlingszweige, bewahrt das Bündel an einem kühlen, luftigen Ort auf und versucht es möglichst lange zu erhalten (unter Umständen in der Tiefkühltruhe!), da man es sonst durch Winterzweige ersetzen muß, die eher die Wirkung einer Peitsche haben…

JAPAN: EKSTASE IM HEISSEN WASSER

Japan ist vermutlich das Land, mit dessen Badeleidenschaft kein anderes auf der Welt mithalten kann. Man könne beinahe sagen, schreibt Peter Grilli, Autor eines Buches über die Freuden japanischer Bäder, daß das Bad in Japan den Stellenwert einer Religion besitze. »Im japanischen Denken gehen die Ethik des Badens und die Vorstellung von Reinheit, Natur und Ästhetik aus derselben Geisteshaltung hervor; sie hat alle Lebensbereiche vereinnahmt: Kunst, Architektur, Literatur und Kunsthandwerk, aber auch die Vorbereitung und Anrichtung von Speisen und vielleicht sogar die Modelle für die Organisation von Familie und Gesellschaft. [...] Der rote Faden dieses ethischen Modells, seines sensiblen Ausgleichs zwischen früher und heute, ist der Geist des Shinto.«

Wasser ist im japanischen Alltagsleben ein magisches Element von besonderer Bedeutung. Der Staat liegt nicht nur auf mehreren Inseln, sondern besitzt auch über 20 000 Quellen, deren natürliche Bekken die ersten Badewannen waren. Seit dem 3. Jahrhundert berichten chinesische Reisende von shintoistischen Reinheitsritualen ihrer »barbarischen« Nachbarn. Im 6. und 7. Jahrhundert wurde der Shintoismus von China aus durch Konfuzianismus und Buddhismus maßgeblich beeinflußt. Der Konfuzianismus, eine Art Gesellschaftslehre, schreibt vor, den Körper zu pflegen und zu bewahren, aus Respekt vor den Eltern, denen man ihn verdankt; der Buddhismus preist die Vorzüge der Reinheit und das Verdienst, das man für spätere Reinkarnation erwirbt, indem man Arme und Kranke badet.

Seit Jahrhunderten widmen sich die Japaner dem Badevergnügen in unterschiedlicher Form: dem öffentlichen Gemeinschaftsbad, *sento*, dem privaten Bad, *furo*, und dem natürlichen Bad in vulkanischen Quellen, *onsen*.

Das *sento* war ursprünglich ein Dampfbad, das zunächst in Klöstern gepflegt wurde, später in öffentlichen Badeeinrichtungen, die sich seit Beginn des 17. Jahrhunderts zu verbreiten begannen. Durch eine Schiebetür betrat man den Raum aus duftendem Holz. Unter dem Fußboden befanden sich Zuber mit kochendem Wasser. Dann legte man sich auf ein Lager und gab sich ganz dem Genuß des Dampfbadens hin. Nachdem man seine Haut durch Abreiben mit Luffaschwämmen oder mit Ton gefüllten Säckchen gereinigt hatte, spülte man sich in einem Nebenraum mit warmem Wasser ab. Wie überall auf der Welt waren diese öffentlichen Bäder beliebte Treffpunkte. In einem japanischen Sprichwort heißt es: »Die Badefreunde sind die besten Freunde.« Im Gegensatz zum Orient waren es gemischte Bäder.

In der modernen japanischen Literatur wird das *sento* vielfach beschrieben. In dem autobiographischen Roman *Kôsaku* erzählt der Schriftsteller Yasushi Inoué: »Kôsaku nahm auch die Gewohnheit an, nach der Schule ins öffentliche Bad im Tal zu gehen. [...] Fast jeden Tag begab er sich dorthin. Für Kôsaku bedeutete Baden, einen Moment der Ruhe zu genießen. [...] Er ging zuerst gern ein wenig allein, ohne daß ihn irgendwer belästigte, dann setzte er sich auf den Rand des Badezubers, am Nachmittag, wenn niemand da war.«

Auch japanische Historienfilme, wie die des Regisseurs Kenji Mizoguchi, vermitteln einen Ein-

Das auf der gegenüberliegenden Seite abgebildete Schriftzeichen kennzeichnet auch heute noch häufig Badeeinrichtungen in Japan. Die Fotografie darüber nahm der Venezianer Felice Beato auf, einer der ersten Orientkorrespondenten. 1863 ließ er sich für fünfzehn Jahre in Japan nieder und verfaßte bemerkenswerte Schilderungen der einheimischen Lebenskultur. Die jungen Frauen, die er hier im Bild festhielt, bieten zwar einen reizvollen Blickfang, man sollte sich aber auch den eisenberingten Holzzuber anschauen: Er war durch ein Rohr mit einem kleinen Kohlenbecken verbunden – mit dieser einfachen Konstruktion heizte man das Wasser. Eine perfekte Nachbildung eines solchen Zubers befindet sich im Haus des Bildhauers Isamu Noguchi (1904–1988) auf der Insel Shikoku (oben). Dieser amerikanische Künstler japanischer Abstammung schuf unter anderem in den fünfziger Jahren den »Friedensgarten« des UNESCO-Hauptquartiers in Paris.

druck des traditionellen *sento*. Man hört das vertraute Klappern der Holzschuhe auf der Straße, die zum Bad führt. Das Geräusch von Seife in den kleinen Holzzubern, bewegt im Rhythmus der Schritte; man brachte sie selbst mit, eingewickelt in das *furoshiki*, ein Stück Stoff, das man wie einen Sack benutzte oder zu Beginn des 17. Jahrhunderts auch verwendete, um sich nach dem Baden darauf auszustrecken. Um es widerzuerkennen, färbte man es mit einer besonderen Farbe oder kennzeichnete es mit seinem Wappen. Oder das bunte Schauspiel, wenn eine ganze Familie langsam zum Abendessen nach Hause zurückkehrte, mit geröteter Haut und entspanntem Körper, in das traditionelle *yukata* aus Baumwollstramin gehüllt.

Für viele Japaner sind dies eher lebendige Erinnerungen als nostalgische Verklärung. Selbst wenn die meisten zu Hause ein Badezimmer haben, spüren manche, daß ihnen vielleicht das Wichtigste fehlt, die Gesellschaft der anderen, und so kommen sie hin und wieder auf das *sento* zurück. Es bietet Gelegenheit, den Gemeinschaftssinn zu pflegen, die Bindungen zu anderen zu verstärken und neue Freunde zu finden. Beim einfachen Meinungsaustausch oder beim neuesten Klatsch vermischen sich die verschiedenen sozialen Schichten, denn in ihrer Nacktheit sind alle gleich. Man kann sich dort aber auch ausruhen, allein, an einem neutralen Ort, kann man dort, umgeben von anderen Menschen, seinen Gedanken nachhängen. Im Japanischen gibt es den Ausdruck *hadaka no tsukiai*, der wörtlich »Gefährten der Nacktheit« bedeutet und den man für seine engsten Freunde und Bekannten verwendet, die man im Bad kennengelernt hat. Nach dem Baden nämlich trifft man sich im ersten Stock, um ein erfrischendes Bier und ein paar Sushis zu genießen, seine Gespräche fortzusetzen oder eine Partie Go zu spielen. Die Atmosphäre, die dort herrscht, unterscheidet sich kaum von der antiker Thermen.

Das private Bad – *furo* – folgt einem anderen Ritual mit denselben Einrichtungen: einem Wasserhahn, einem kleinen Hocker, einem Zuber, einer tiefen Badewanne… Selbst wenn im Zuge der Moderne aus den heutigen Wohnungen die traditionellen Zuber aus einfachem oder aromatisch duftendem Holz verbannt wurden, auch die dazugehörigen Gärten weichen mußten, findet im *furo* die vermutlich weltweit am stärksten intellektuell bestimmte und leidenschaftlichste Badekultur ihre Erfüllung.

Um auf einfache Weise zu verstehen, was ein Japaner beim Baden empfindet, muß man auf seine Worte, aber auch auf sein Schweigen achten, vor allem aber auf seine Blicke. Schon wenn er an das *furo* denkt, verändert er sich… Ein glückseliges Lächeln zeigt sich auf seinen Lippen, seine Augen verlieren sich in der Ferne, und wenn man selbst ins Wasser steigt, sieht man ihn bis zum Kinn im warmen, sehr warmen und klaren Wasser seiner tiefen Badewanne sitzen. Wärme umgibt und durchdringt seinen Körper, sein Geist entfernt sich und läßt sich vorsichtig treiben… Wenn man ihn als guter Europäer fragt, wie lange er im Bad bleibt, antwortet er, das sei ganz verschieden, wenn einmal alle Spannung fort sei, seien Wohlbefinden und Harmonie mit der Natur so groß, daß man anfange, Haikus (Gedichte) zu deklamieren oder gar selbst welche zu dichten…

Auch wenn man nun nicht klüger ist als zuvor (vielleicht ist man sogar ein wenig neidisch), hat man zumindest eines begriffen: Das tägliche Bad der Japaner hat nicht mit der Sauberkeit selbst, sondern mit dem Geist der Reinigung zu tun. Um

Die *furo* genannte japanische Badewanne ist so bemessen, daß man sich der Länge nach hineinlegen kann. Ein Deckel verhindert, daß das Wasser zu schnell abkühlt. Heutzutage stellt man den *furo* aus Zypressenholz her (oben). Das Badezimmer altjapanischer Häuser lag in einem separaten Gebäude mit einem kleinen Garten. Das gesamte Interieur war aus Holz, auch die Badewanne und Utensilien wie Schüsseln und kleine Bänke, die man für die Körperreinigung vor dem Bad benötigte. Der moderne Komfort hat diese Tradition stark verändert. In den *sento* genannten öffentlichen Bädern oder im Thermalbad (*onsen*) vergnügt man sich gemeinsam mit den *hadaka no tsukiai* (Gefährten der Nacktheit).

innerlich rein zu sein, muß man nämlich nicht täglich ein Bad nehmen. Hier geht es eher darum, die physische Sauberkeit zu transzendieren. Das Bad reinigt den Geist und gibt ihm Frieden, beinahe so etwas wie Unschuld, die einen »Vorrat« an Großzügigkeit und Toleranz bilden kann. Früher gab es ein bezeichnendes Ritual, nach dem man bei sozialen Unruhen oder vor einer großen Seefahrt eine Person auswählte und ihr das Baden verwehrte, damit sie – gleichsam stellvertretend für die Gesellschaft – kommendes Unglück auf sich nahm. Wurde das Schlimmste vermieden, durfte sie wieder baden, andernfalls wurde sie umgebracht.

Seit Jahrhunderten »erfrischt das japanische Bad jeden Tag den Geist, wärmt und reinigt den Körper«, wie es Peter Grilli ausdrückt. Die traditionelle Gewohnheit, vor dem Abendessen zu baden, wurde bis heute beibehalten. Im allgemeinen eröffnet der Vater die Zeremonie, ihm folgen Mutter und Kinder im selben Wasser, das nicht schmutzig wird, weil sich alle vorher waschen und makellos sauber hineinsteigen.

Die traditionelle Sitzbadewanne ist von ihrer Größe her für zwei sitzende Leute ausreichend. Die älteste Version war ein rechteckiges Holzbecken von 172 cm Länge, 84 cm Breite und 56 cm Tiefe. Man stellt es aus verschiedenen Dufthölzern her, wie japanischer Zypresse, Sicheltanne, Kastanie oder schwarzer chinesischer Kiefer. Heutzutage kosten solche Wannen ein Vermögen, weil man für ihre Herstellung gut abgelagertes Holz benötigt. Die Badewanne von heute ist kürzer und breiter als früher, ihre Tiefe jedoch hat man beibehalten; sie ist so berechnet, daß man bis zum Kinn im Wasser sitzt und für eine Wassermenge bemessen, bei der man leicht hin und her schwebt, ohne nach oben zu kommen…

Wichtig beim japanischen Bad ist, daß man sich in sehr heißes Wasser begibt und so das Vergnügen ad libitum ausdehnen kann. Nach einer gewissen Zeit, in der man in Wärme und Wohlbefinden versinkt, steigt man aus der Wanne und zieht seinen schönsten Morgenrock an, den *yukata*. Früher benutzte man das Gewand, um die wenigen Schritte zwischen dem *furo* und dem Eßzimmer zurückzulegen. In den traditionellen Wohnungen befand sich das *furo* in einem kleinen, separaten Gebäude, damit man beim Baden größtmögliche Ruhe genießen konnte. Es war ganz aus Holz und führte auf einen kleinen Garten hinaus, der die unberührte Natur symbolisierte, jedoch mit größter Sorgfalt angelegt war, nicht unbedingt nach den Regeln des *zen*, und den man von der Badewanne aus betrachten konnte. Heute findet man solche Einrichtungen nur noch auf dem Land oder in besonders luxuriösen Häusern oder Wohnungen bei Leuten, die die ästhetischen Traditionen einer alten Kultur aufrechterhalten wollen.

Ein traditionelles *furo* besteht nicht nur aus der Badewanne, sondern nimmt einen ganzen Raum ein, in dem auch das Material des Bodens und der Wände sorgfältig ausgewählt ist, ebenso wie man auf diffuses Licht, die Heizung des Raumes (durch den Boden) und vor allem die Erwärmung des Wassers achtet.

Die Krönung der Badekultur, und hierin werden Ihnen alle Japaner zustimmen, ist jedoch das Entzücken, das der Anblick eines Gartens mit erlesenen Düften hervorruft, auf den man nach Entspannung und sanfter Euphorie eines heißen Bades nicht verzichten möchte, »um den Körper zu beruhigen und den Geist umherwandern zu lassen«. Um heute noch Ruhe und Entspannung nach diesen uralten Baderegeln zu finden, muß man sich in

Reinheit, Schönheit und Naturverbundenheit sind drei Prinzipien japanischer Lebensart, und dies gilt insbesondere für das Bad. Sehr beliebt sind die Thermalbäder an natürlichen heißen Quellen, deren es hier Tausende gibt. Die Quellen von Takagarawa nördlich von Tokio sind die einzigen, in denen man auch nackt baden kann, denn es gibt getrennte Abteilungen für Männer und Frauen. Das Thermalbad liegt in einer außergewöhnlich schönen Umgebung mit zahlreichen Wasserfällen und natürlichen Wasserbecken, wo lauter kleine Schwimmbäder von Pagodendächern beschirmt werden. Hier kann man im wohltemperierten Naß träumen oder meditieren, wie auf Françoise Lemarchands Fotografie vom Bad des *ryokan* (Herberge) an den Kanaya-Quellen nahe Kanasawa (oben). Allerdings sind nicht alle *onsen* so poetisch – es gibt auch viele moderne Anlagen, die an Wochenenden ganze Busladungen von Besuchern verkraften müssen. Daran erkennt man die große Leidenschaft der Japaner für das Baden.

ryokans begeben, Gasthäuser auf dem Land, die in der Nähe von natürlichen Thermalquellen, den *onsen* liegen. Hier kann man das besondere Vergnügen eines Bads in freier Natur genießen; hier hat sich ein Stück Lebensart des alten Japan erhalten.

Die Japaner lieben solche Bäder im Freien, in denen ihre Badeleidenschaft vermutlich wurzelt, seit über zweitausend Jahren. Selig im warmen Wasser schwebend, inmitten einer außergewöhnlich schönen Natur, im Sommer in einer Symphonie von Vogelgesang, Blätterrascheln und Brunnengeplätscher, im Winter in der gedämpften Stille des glitzernden Schnees, kann man endlos das fließende Wasser über seinen Körper strömen lassen, das einen in unaussprechliche Euphorie versetzt und das existentielle Gefühl vermittelt, an den Elementen der Erde teilzuhaben.

Alle bedeutenden Schriftsteller des 20. Jahrhunderts haben sie in ihren Romanen beschrieben. Der große Yasunari Kawabata preist sie immer wieder in seinem Werk. *Schneeland* oder *Die Tänzerin von Izu* spielen in einem Badeort, und in *Die Diener des Gasthauses* werden Natur und Wasser gar zu handelnden Figuren: »O-Taki nahm O-Yuki in die Arme wie einen Arm voll grünen Gemüses, um von Stein zu Stein zu springen. [...] Der Widerschein des Mondes schimmerte überall wie eine große Gruppe von Zugvögeln, die in tiefem Wasser versinkt. Das Weiß der Felsen verbarg ihre völlige Nacktheit. [...] Man hörte das Klappern kleiner Holzeimer, welche die anderen auf die Zementkacheln stellten, nachdem sie die Bäder gereinigt hatten. [...] Der Raum, in dem die Bäder lagen, war eine Art Gewächshaus mit einem gepflasterten Steinboden. Ein großes Becken war in drei Teile geteilt. Im ersten floß heißes Wasser in Strömen, verteilte sich im zweiten und so weiter, bis es nach und nach lauwarm wurde.«

Zurück zur Natur: Das Bad als Lebenskunst

Seit den fünfziger Jahren übernahmen die Japaner viele westliche Gewohnheiten, doch ihre Badekultur haben sie kaum verändert. Im Gegenteil, das Abendland ließ sich davon inspirieren, so daß der Geist des Shintoismus sogar in dessen wenig behaglichen und unpersönlichen Badezimmern Einzug nahm.

Das »natürliche« Badezimmer ist eins dieser Phänomene. Es ist Ergebnis eines grundlegenden Nachdenkens über das Wohnhaus, dessen Wurzeln in der anthroposophischen Architektur Rudolf Steiners und den »Prairie Houses« Frank Lloyd Wrights zu finden sind. Der erste war ein österreichischer Philosoph, Pädagoge und Naturwissenschaftler vom Anfang des 20. Jahrhunderts, der sich im Rahmen seiner anthroposophischen Lehre auch mit traditionellen Wohnungen beschäftigte. Der zweite, ein berühmter amerikanischer Architekt, erbaute in den dreißiger Jahren als erster »organische« Landhäuser, die in die Natur integriert waren. Als gestalterische Elemente verwendete er Wasserkaskaden, die in Becken flossen, um, angeregt von Fruchtbarkeits-, Lebens- und Reinheitsmythen, eine Umgebung von Wohlbehagen und Harmonie zu schaffen.

1989 erweiterte David Pearson, berühmter Architekt, Ökologe und Autor des Buches *The Natural House Book*, eines Bestsellers über zeitgenössische amerikanische Architektur, die Auffassung des

In den neblig-feuchten Bergwäldern der türkischen Schwarzmeerküste, am Ufer des Firtina-Flusses, lebt das Volk der Hemsinli. Bis heute hat es seine traditionelle Lebensweise in den typischen blauweiß gestrichenen Häusern bewahrt, deren Holzaufbauten auf trutzigen Steinfundamenten ruhen. Hier hat jedes Familienmitglied ein eigenes Zimmer, in dem es wohnt, schläft – und auch badet. In der Küche wird ein großer Eimer Wasser erhitzt, nun noch ein Topf kaltes Wasser und ein Stück Seife, und man kann sein Bad in der unter den Holzdielen verborgenen Wanne genießen (oben). Ein ähnlicher Zauber der Schlichtheit geht von Willy Ronis' berühmtem Foto *Provenzalischer Akt* aus, das er 1949 aufnahm (gegenüber). Kontemplativ und poetisch erscheint hier das Ritual der Reinigung von Gesicht und Händen, in einer einfachen Schüssel auf einem eleganten Eisengestell. Der Designer Philippe Starck hat sich hiervon inspirieren lassen und ein Waschbecken entworfen, das im Grunde nichts anderes ist als eine auf einen Tisch gestellte Schüssel.

Badezimmers als eines Raumes, in dem sich die Natur fortsetzt, noch um die wichtigsten ökologischen Prinzipien sowie eine allgemeine Reflexion über das Vergnügen am Wasser, wobei er sich ausdrücklich auf das japanische Einzelbad und die Gemeinschaftsbäder in der Natur beruft. Die Atmosphäre dieses Raumes, der zur körperlichen und seelischen Erneuerung bestimmt ist, sollte vor allem dazu anregen, viel Zeit darin zu verbringen. Es ist ein Ort absoluter Entblößung – Nacktheit macht wehrlos – und sollte durch höchsten Komfort Geborgenheit vermitteln und Wohlbehagen, Ruhe und Kontemplation fördern. Die Farben sollten sanft sein, ebenso die Beleuchtung. Das Badezimmer sollte Austausch mit der Natur pflegen und sich zu einem Garten mit fließendem Wasser öffnen, dessen Plätschern eine friedliche Atmosphäre erzeugt. In Stadthäusern sollte ein kleines Glashaus im Inneren den Kontakt zur Natur sicherstellen, in dem eine Temperatur von 25 Grad herrscht und dessen Luft ständig in Bewegung gehalten wird.

Die technische Ausstattung sollte sorgfältig ausgewählt werden, um größten Komfort und Sicherheit zu bieten. Er empfiehlt eine Fußbodenheizung, um sich mit bloßen Füßen bewegen zu können. Deshalb sollten auch die gekachelten Böden und Badeteppiche rutschfest sein. Das sanfte Licht sollte durch Schirme mit Hilfe von Schnüren gesteuert werden, es sollte weder Schalter noch Steckdosen geben, nur eine Dose für den Rasierapparat neben dem Waschbecken. Hinter den Sanitärgeräten sollten die Wände gekachelt sein, an den anderen Stellen aus erlesenen kleinporigen Naturmaterialien bestehen, die »atmen«: Gips, Spezialfarben, Kork oder unbehandeltem Holz, vorzugsweise wie in Japan aus Zypressen- oder Zedernholz, die durch die

In einem Ambiente »natürlicher Architektur«, auf deren Prinzipien auch das traditionelle japanische Haus oder die Bauten Frank Lloyd Wrights und des Anthroposophen Rudolf Steiner beruhen, liegt das Badezimmer im Haus des Malers Uriburu (oben) in Punta del Este bei Montevideo (Uruguay). Es entspricht genau der Definition des Badezimmers, die der Architekt David Pearson gab: »anregend, entspannend und erneuernd, in einer Gegend gelegen, in der man gern seine Zeit verbringt«. Als Happenings in Mode waren, färbte der Maler den Canal Grande von Venedig grün, aber für sein Bad, durch dessen Erkerfenster man auf Strand und Meer blickt, wählte er die Farbe Blau. Wirklich ein perfekter Badegenuß, bei dem man seine Gedanken in die Weiten des Ozeans schweifen läßt…

Feuchtigkeit einen feinen Duft von sich geben. Die Badewanne sollte groß genug sein, wenn man sie mit anderen Familienmitgliedern teilen will. Um sich wohl darin zu fühlen, sollte man sie möglichst tief wählen und bis zur Hälfte einen Sockel einrichten, damit man sich wie in Japan mit ganz eingetauchten Schultern fast schwerelos fühlen kann. Eine kleine Heizvorrichtung, die für eine konstante Wassertemperatur sorgt, wäre optimal, doch man kann die Wanne auch wie im Mittelalter mit einem Vorhang umgeben, der die Wärme und den aufsteigenden Dampf im Inneren hält.

Ein Handtuchwärmer ist ebenfalls unerläßlich. Auch eine Dusche ist wichtig, denn so kann man sich von Schmutz reinigen, bevor man in die Wanne steigt. Der Autor, der dabei auch an kleine Kinder denkt, rät, die Duschwanne groß und tief genug zu planen, um sie auch als Miniwanne benutzen zu können. Man soll für genügend Freiraum sorgen, um Gymnastik machen zu können und einen Stuhl oder eine Bank zum Ausruhen hinstellen, um die wohltuende Wirkung des Bades durch Massagen abzurunden. Um eine angenehme Atmosphäre von Geborgenheit zu schaffen, kann man auch einige Möbel hineinstellen, besonders einen kleinen, niedrigen Hocker, um sich etwa wie in Japan in die Badewanne oder in die Dusche setzen zu können.

So kann man seine Kinder waschen, ohne daß einem der Rücken wehtut. Man kann dieses Badezimmer auch bis in den Garten ausdehnen, indem man etwa einen großen Whirlpool aufstellt, in dem man gemeinsam mit Freunden vergnüglich entspannen kann…

Ein makelloser Naturschwamm, Naturseife oder Cremeseife, die sanften Schaum bildet, ein Säckchen, das das Wasser weich macht und köstlichen Duft verbreitet, Kerzenlicht und leise Musik – so ähnlich sieht wohl ein himmlisches Bad aus. Außer Kerzen und Musik bieten die Produkte der Firma Côté Bastide (oben) alles hierzu Notwendige. Bis zur Herstellung synthetischer Schwämme in den dreißiger Jahren benutzte man nur Naturschwämme. Sie wurden vor den Küsten Tunesiens, Griechenlands und der Türkei aus dem Meer geholt; so war zum Beispiel Kalymnos eine regelrechte Schwammtaucher-Insel. In den zwanziger Jahren begann man Schwämme auch zu züchten. Als Geburtsjahr der ersten richtigen Seife setzen Historiker das Jahr 1302 an, als man zur Herstellung erstmals pflanzliches anstelle tierischen Fettes verwendete. Die Toilettenseife kam erst um 1579 auf. Unter Ludwig XIV. wurden Bestimmungen zur Herstellung der »Marseiller Seife« erlassen: Sie mußte mindestens 72 Prozent Olivenöl enthalten, Cremeseifen durften nur aus Kokos-, Erdnuß-, Raps- oder Palmöl hergestellt werden.

Thermalbäder und Balneotherapie

Die von Louison Bobet entwickelte Thalassotherapie hat zu einer Rückbesinnung auf die wohltuenden Kräfte der Thermalquellen geführt, und traditionsreiche Badeorte erleben wieder eine ungeahnte Renaissance, wie Marienbad, Karlsbad, Badenweiler, Montecatini Terme, Evian, Vittel, Aix-les-Bains, Vichy, Luchon, Molitg-les-Bains und Eugénie-les-Bains. Die dort von Christine und Michel Guérard betriebene »Ferme d'Eugénie« würde sicherlich auch der Kaiserin gefallen, die einst die Tradition dieses Kurortes begründete.

Hier findet der Besucher alle Annehmlichkeiten heutiger Balneotherapie vor. Es gibt ausgezeichnete, wohlschmeckende Diätkost und wohl durchdachte Anwendungen, die Anregungen aus den verschiedensten Badekulturen aufgreifen: Bäder nach einem Druidenrezept für Heilkräuter, römische Bäder mit Duftöl und orientalische Dampfbäder.

Das Wasser stammt aus einer heißen Mineralquelle in der Nähe. Man entdeckt hier Raffinessen, wie das Entspannungsbad »Floral de la reine«, ein Aufguß aus Thermalwasser mit Knospen roter Rosen, Lavendel, Kamille und Weißdorn, dazu ein Duftsäckchen mit denselben Blumen, mit dem man sich auch den Körper abtupfen kann. Oder das Schwerelosigkeitsbad mit Kaolin, ein feines, weißes, mit Thermalplankton angereichertes Schlammbad. Taucht man langsam in diese sahnige Masse, spürt man das Gewicht seines Körpers irgendwann nicht mehr, alle Spannungen lösen sich, und die Haut wird ganz zart…

Die wohltuende Wirkung von Bädern, die mit duftenden Kräutern und ätherischen Ölen versetzt sind, entstammt einer Tradition, die bis in die Antike zurückreicht. Für hautstraffende Bäder existieren zum Beispiel Rezepte berühmter Herrscherinnen, die sie der Nachwelt überliefert haben, von Kleopatras Bad mit zerstoßenen Perlen bis zu den Eselsmilchbädern der Poppaea, dem Erdbeer-, Ananans- oder Himbeerbad der Madame Tallien bis zum Kuhmilchbad von Kardinal Richelieu – ausnahmsweise für einen Mann –, das seine Kammerdiener, wie er erzählt, später weiterverkauften!

Handelt es sich nur um Launen von Stars, oder haben solche Bäder eine Wirkung? Fest steht, daß Kleie- und Mandelbäder einen guten Ruf haben. Man kennt sie seit Jahrhunderten und wendet sie auf verschiedenste Weise an. Ende des 19. Jahrhunderts bereitete man Bäder mit vier Unzen süßer Mandeln, einem Pfund Pinienkernen, einem Pfund Alantwurzel, einer Handvoll Leinsamen, einer Handvoll Eibischwurzel und ein paar Lilienzwiebeln. Dieses Gemisch zerkleinerte man und steckte es in ein Säckchen, das man ins Badewasser legte. Für manche Schönheitsbäder verwandte man recht ungewöhnliche Zutaten: Zinnober, Weinhefe, Kuttel- oder Fleischbrühe oder eine Mischung von Milch und Brühe aus Hühnerfleisch und Kalbsfuß!

In Ungarn gibt es wie in Japan zahlreiche Thermalquellen, über hundert allein in der Hauptstadt Budapest. Deren berühmtester Badetempel ist das 1911 bis 1918 im historisierenden ungarischen Jugendstil erbaute Bad im Hotel Gellert. Hier ist noch die Atmosphäre der alten k.u.k. Zeit lebendig… Ebenso prachtvoll ausgestattet wie das Männerbad mit seinen Mosaiken im türkischen Stil (folgende Doppelseite) ist die Schwimmhalle, deren Becken Licht durch das riesige Glasdach erhält (gegenüber), anmutig auch der angrenzende Mezzanin mit Emporen auf verzierten Säulen. Eine höchst raffinierte Stimmung im traditionellen Stil des Landes findet man in Eugénie-les-Bains (oben). Hier gehen das Vergnügen und die Heilkräfte des Thermalwassers, das die Kaiserin in Mode brachte, und das Kaolin eine Verbindung ein und bilden ein auf der Welt einzigartiges, reinigendes Bad nach einem Geheimrezept von Michel Guérard, der Quellwasser mit Opalpulver, wie man es zur Herstellung von Limoges-Porzellan verwendet, mischt. Ergebnis ist ein Cremebad von unvergleichlicher Sanftheit, in dem man schwerelos in einer kleeblattförmigen Badewanne, die Christine Guérard entworfen hat, schweben kann. Die absolute Seligkeit!

38C°

38C°

Manche Bäder sind eher in anderer Hinsicht ungewöhnlich. So beschreibt Paul Cuisin, daß »das Bad der Portugiesinnen« abends bei Kerzenschein mit am Fenster aufgehängten Harfen genommen wurde, deren Saiten durch den Wind angeschlagen wurden und »bezaubernde Töne von sich gaben«, oder das Bad von Madame de Barancay. Bevor der Tag sank, legte sie sich in die »von Kerzen erleuchtete« Badewanne zwischen zwei Girlanden aus künstlichen Rosen, die mit Hilfe der kaum wahrnehmbaren Bewegung eines mechanischen Pendels hin- und herschwangen«. Die Illusion zu erzeugen, daß lebendiges Wasser den Körper umgibt, ein Gefühl des Streichelns, das das Strömen der Wellen verleiht, ist ein alter Wunschtraum, der die Phantasie anregte und im Lauf der Jahrhunderte zu erstaunlichen Erfindungen führte, zum Beispiel der deutschen Schaukelwanne in Form einer Gondel, in welcher der Badende, indem er seine Hände oben abstützte, das Wasser in Bewegung brachte.

Diesen Traum verwirklichte Roy Jacuzzi, der dem legendären Wassermassagebad den Namen gab. Roy Jacuzzi stammte aus einer italienischen Familie, die Anfang des 20. Jahrhunderts nach Kalifornien auswanderte und in Berkeley eine Fabrik für Flugzeugpropeller gründete. Er erfand 1966 das erste Bad mit sprudelndem Wasser und nannte es »Roman Bath«. Das Badewasser wird dabei mit einer hydraulischen Pumpe in ein Rohr gepreßt, wo es, mit Luft versetzt, durch zahlreiche Öffnungen, Düsen genannt, getrieben wird und so in die Badewanne gelangt. Die Anordnung dieser Düsen und die Winkel des Wasserstrahls sind exakt der Form des menschlichen Körpers angepaßt. Die Wasserblasen, die durch die Mischung von Wasser und Luft entstehen, sorgen für eine belebende, entspannende und kräftigende Mikromassage. Entsprechend der Philosophie der siebziger Jahre erfand Jacuzzi noch das Modell »Adonis« für das Bad zu zweit und eine Riesenbadewanne für mehrere Personen. Sein Unternehmen besitzt heute an die 250 Patente, darunter nach vier Jahren Forschung auch das Patent der berühmten japanischen Massagetechnik des *shiatsu*, die unter Wasser durch 32 Strahlen an den wichtigsten Meridianen des Körpers vorgenommen wird. Der Wasserdruck ist computergesteuert und verstärkt sich zunehmend, ähnlich dem der Finger bei der Shiatsu-Massage.

Infolge all dieser genialen Erfindungen bieten die großen Hersteller heute eine ganze Palette von Whirlpools an. Alle Systeme beruhen auf demselben Prinzip des mit Luft vermischten und unter Druck gesetzten Wassers. Der Strahl kann unterschiedlich stark sein. Bei manchen Modellen wird auch Ozon ins Wasser gedrückt, das die Poren öffnet, die Haut in der Tiefe reinigt und glättet. Diese Ausstattung ist technisch kompliziert und folgt strikten Sicherheitsnormen. Alle Modelle sind mit einer wasserdichten Fernbedienung ausgestattet, mit der man alle Effekte regulieren kann. Selbst die Dauer der Massage kann man programmieren und dabei Musik hören. Eine belgische Firma hat kürzlich ein Modell mit beiderseits angebrachten Lautsprecherboxen präsentiert, die den Schall ins Wasser leiten, wenn man ganz untertaucht, und einen Spotlight, das den Boden erleuchtet. Es gibt Modelle für drei bis sieben Personen. Sie werden nicht geleert, sondern das Wasser wird erwärmt, gefiltert und erneuert wie im Schwimmbad. Diese Luxus-Whirlpools werden vor allem nach Deutschland und in die USA geliefert, für Veranden, Gymnastiksäle oder Gärten, in

Im 17. Jahrhundert stehen die Badeorte im Zeichen einer prunkvollen Architektur, die wahre Bade-Kathedralen mit antiken Reminiszenzen entstehen läßt. Sie sind der Gesundheitspflege und dem Vergügen der oberen Zehntausend vorbehalten: In den Thermen des Nobelkurortes Aix-les-Bains und an den Spieltischen seiner Casinos begegnete man gekrönten Häuptern wie der Queen Victoria, später Evita Perón, Stanley Baldwin, Rose Fouilloux, König Baudouin von Belgien oder dem Aga Khan, dessen Lieblingsbadewanne auf der Abbildung oben zu sehen ist. Sie ist ganz mit Glasmosaik verziert und steht vor einem Wanddekor mit einem Springbrunnen, der wohl nicht zufällig wie Champagner sprudelt. Auch Baden-Baden hat sich etwas von der Atmosphäre einstiger Noblesse bewahrt. Die Kaiser-Friedrich-Thermen (gegenüber) wurden seinerzeit über den Fundamenten der römischen Bäder erbaut, die im 3. Jahrhundert unter Caracalla entstanden.

der Hauptsache aber an Hotels, Fitness-Zentren und Gymnastikclubs – auch solche im Rotlichtmilieu.

Längst hat man auch Duschen mit Massagestrahl entwickelt. Entsprechend angebrachte Spritzdüsen massieren Rücken, die Beine bis herab zu den Fesseln und sogar die Fußsohlen. Man kann dieses System in eine traditionelle Dusche einbauen, aber der Trend geht zu fertig installierten Kabinen. Viele Modelle haben auch Vorrichtungen für Dampfbäder. Diese Kabinen sind einfach anzuschließen und haben in den USA vor allem bei jungen Kunden großen Erfolg, die keine Eigenheime besitzen und häufig umziehen. Dabei kann man sie problemlos mitnehmen.

Das Nonplusultra an sanitärer Technik findet man bei Kohler, einem amerikanischen Familienunternehmen für sanitäre Einrichtungen, das Ende des 19. Jahrhunderts gegründet wurde und einer ganzen Stadt den Namen gab. Es war zunächst ein Gußstahlwerk, spezialisiert auf emaillierte Pferdetränken. »Mit vier Füßen geliefert, auch als Badewanne gut«, hieß es in der Werbung.

Heute bietet Kohler eine Art großer Zelle an (fast ein kleines Zimmer), innen mit Teak getäfelt, verschließbar durch eine Schiebetür aus Glas, mit herausnehmbarem Fußboden aus Zypressenholz und einer gepolsterten Matratze aus wasserdichtem Material. Dahinter ein großer Whirlpool mit Kissen für den Kopf. In dieser Kabine kann man zu zweit die Vorzüge des Wassers, der Sauna und des Hammam, die wohltuende Wirkung des Sonnenlichts, das Streicheln einer Sommerbrise oder eine erfrischende Dusche genießen, die wie Frühlingstau von der Decke rieselt… Befindet man sich in dieser Blase, welche die Natur perfekt simuliert und die Badearten der ganzen Welt verfügbar macht, fehlt nicht mehr viel in dieser mütterlichen Zelle, um dort autark zu leben…

Daran hat offenbar schon der Held in Philippe Toussaints Roman *Das Badezimmer* gedacht: »Als ich begann, meine Nachmittage im Badezimmer zu verbringen, hatte ich nicht vor, mich dort einzurichten. Ich verbrachte angenehme Stunden dort, meditierte in der Wanne, manchmal angezogen, manchmal nackt. […] Ich sprach und machte dabei große Gesten und fand, daß die praktischsten Badewannen die mit parallelen Wänden seien, mit geneigtem Rückenteil und einem steilen unteren Ende, das dem Benutzer den Gebrauch einer Fußstütze erspart… [Und als ich schließlich ganz darin lebte,] blieb ich den ganzen Nachmittag in der Wanne liegen und meditierte in Ruhe mit geschlossenen Augen mit dem Gefühl jener wunderbaren Zeitlosigkeit, die einem die Gedanken verschaffen, die man nicht ausdrücken muß.«

Die Poesie des Bades

Am Ende dieser Darstellung der Badekunst verschiedener Kulturen und Jahrhunderte könnte man die Geschichte fast so beenden, wie sie begonnen hat, so sehr sind unsere heutigen Gewohnheiten, sich täglich zu waschen, den ursprünglichen Vorstellungen von Reinheit und Erneuerung ähnlich. Seinen ganzen Körper dem Wasser auszusetzen ist nichts anderes als die Veranschaulichung der ältesten und einleuchtendsten Wassersymbole. Im Badezimmer sind sie übrigens alle miteinander vereint durch das Wunder der Technik: Rückkehr zum Ursprung des Lebens und der Mutter, wenn man ins Wasser taucht, Rückkehr zur Reinheit, wenn man sich mit Wasser übergießt, regenerierende und heilende Kraft der Balneotherapie.

Unser Badewasser reinigt nicht nur den Körper vom Schmutz, sondern löst auch Spannungen unserer Seele, »[…] ich zitterte vor Kälte und verspürte nichts als das dringende Bedürfnis, mich in sehr warmes Wasser zu tauchen, in ein säuerliches, aromatisiertes Bad wie die, in die man sich an düsteren Wintermorgen zurückzieht«, schrieb Colette in *Naissance du Jour* nach der Trennung von einem geliebten Menschen. Diese Idee entfaltet Peter Greenaway auch wundervoll in seinem Film *Das Kopfkissenbuch*. Hier bewältigt die Heldin ihre Vergangenheit, indem sie auf nackte Körper mit dem Pinsel die Ideogramme eines japanischen

Tagebuchs schreibt, die sich im Badewasser auflösen…

Sich mit Wasser zu besprühen oder darin einzutauchen, hat am Ende des 20. Jahrhunderts die symbolische Funktion des Jungbrunnens, des Bades in der Natur, das bis zur Renaissance oft so dargestellt wurde.

Das Becken eines Brunnens oder eine Badewanne, schönes, klares Wasser, ein Wasserloch unter einer Kaskade oder einer Quelle, ist dies nicht der Inbegriff der Badefreuden, wie sie Victor Ségalen in *Stèles* personifiziert? »Meine Geliebte hat die Eigenschaften des Wassers; ein helles Lächeln, geschmeidige Bewegungen, eine reine Stimme, die singt wie fallende Tropfen.«

»Die Reinheit und die Kühle des Wassers wirken gemeinsam und verleihen eine besondere Fröhlichkeit, die alle Wasserliebhaber kennen [und in der] die Einheit des Empfindlichen und Sinnlichen einen moralischen Wert betonen«, schrieb Gaston Bachelard und folgerte: »Die Hygiene – wir würden heute sagen das Bad – ist also ›Poesie‹.«

Maler, Kupferstecher, Fotografen und Schriftsteller haben im Lauf unseres Buches diese Poesie ausführlich bezeugt. Wir überlassen es dem Talent von Anatole France, uns mit ein paar Versen aus seinem Gedicht *Das Bad* zu bezaubern:

»Mit gläsernklarem Doppelstrahl füllt sich die Wanne / Im Bad, wo Waldesduft man flüchtig spürt. / Das Kind, zum Bad bereitet von der Mutter flinker Hand, / Lacht, als die Kleider eins ums andere fallen. / Der edle Schwamm dort und die harten Bürsten, / Ölig die Seife, weiß das Kristall des Badesalzes, / Der langgezähnte Kamm und Tiegel voller Kräuterduft, / Die heißgeliebten Fische, die Schiffchen und der Schwan. […] / So lädt die Mutter ein, mit sanfter Überredungskunst, / Und taucht ihn ein, den zart-nervösen Leib des Kindes. / Von köstlich warmem Naß liebkost, / Schüttelt es sich und lacht, als Wassertropfen rings aus seinen Haaren stieben…« Hoffentlich können wir uns aller Bedrohung der »Reinheit und Kühle des Wassers« zum Trotz diese Poesie des Badens auf ewig bewahren!

Badewannen oder Duschen im Freien sind ein Vergnügen, das Architekten und Innenausstatter neuerdings bei Badezimmereinrichtungen in Hotels und Ferienhäusern gerne einbauen. Pioniere dafür waren sicherlich die Engländer der Kolonialzeit, die in ihrem Gepäck oft eine Ausrüstung mit allem heimatlichen Komfort mit sich führten: zusammenlegbare Wannen, Gummiwaschschüsseln und Duschvorrichtungen… In einem Zeitalter zunehmender Verschwendung und Verschmutzung von Wasser ist es allerdings ungewiß, ob wir es in Zukunft so unbeschwert genießen können. Vielleicht ist diese afrikanische Dusche (oben) also das Modell von morgen… Bleibt als Trost die finnische Sauna, um so mehr, wenn man dabei so hübsche Tücher zur Verfügung hat wie das handgewebte von Johanna Gullichsen (S. 192), das durch häufige Wäsche nur noch schöner wird.

Die guten Adressen

HERSTELLER

Wenn Sie Ihr Bad renovieren oder neu planen, den Raum attraktiver nutzen, die Ausstrahlung frischer und freundlicher gestalten wollen, dann brauchen Sie Adressen von ambitionierten Herstellern und Händlern, die Sie unterstützen. Zwar können Sie die Produkte dort in der Regel nicht direkt kaufen, und im Gegensatz zum Ausland betreiben unsere Hersteller auch keine Showrooms, aber in ihren Katalogen wenden die Firmen viel Liebe zum Detail auf, um das Design in schönen Ambientefotos gut zur Geltung kommen zu lassen – in solchen Katalogen, die Sie bestellen können, stecken gute Ideen! In Badausstellungen wiederum können Sie die Produkte für Ihr Traumbad sehen, allerdings in der Regel nur über den Installateur kaufen. Wenn Sie in einer Veröffentlichung auf ein attraktives Stück für Ihr Traumbad gestoßen sind und der Installateur mit dem Markennamen nichts anfangen kann (oder will), dann ist der direkte Kontakt zum Hersteller nützlich, um an eine Bezugsquelle in der Nähe zu kommen. Da diese etwas komplizierte deutsche Vertriebsstruktur den Zugang zu den Badprodukten prägt, haben wir die nützlichen Adressen im folgenden entsprechend auch sortiert.

HÜPPE
Postfach 1451, 26160 Bad Zwischenahn
Tel. (04403) 670, Fax (04403) 67 100
Einer der bekanntesten Produzenten von Glasduschen und Duschwannen.

POGGENPOHL
Postfach 2455, 32014 Herford
Tel. (05221) 38 11, Fax (05221) 38 14 42
Eigentlich hätte der bekannte Küchenhersteller hier nichts zu suchen – hätte man sich nicht als Vertriebsfirma mit einem ganz ungemein sehenswerten und modernen Badmöbel (»Serie 3000«) hervorgetan.

KORALLE
Postfach 1763, 32602 Vlotho
Tel. (05733) 14 313, Fax (05733) 14 295
Innovative Duschabtrennungen und Acrylwannen mit hohem Designanspruch.

BETTE
Postfach 1166, 33119 Delbrück
Tel. (05250) 51 10, Fax (05250) 51 11 30
Der traditionsreiche Wannenhersteller hat sich nicht zuletzt mit internationalen Designstars wie Jasper Morrison aus der vermeintlich biederen Ecke des Stahlemail herausgespielt und dem spröden, aber unverwüstlichen Material ganz erstaunliche Formen abgetrotzt.

NEVOBAD
Agnes-Huenninger-Straße 2, 36041 Fulda
Tel. (0661) 833 80, Fax (0661) 833 81 00
Der wichtigste Importeur nostalgischer Badarmaturen aus Frankreich, England und Italien sowie der entsprechenden Keramik und Accessoires aus diesen Ländern.

ALAPE
Am Gräbicht, 38644 Goslar
Tel. (05321) 55 80, Fax (05321) 55 84 00
Mit den kreisrunden, emaillierten Einbauwaschbecken wurden sie bekannt, mit ihren anspruchsvollen Badmöbeln einer eher geradlinigen Ästhetik hat Alape einen nicht unerheblichen Einfluß auf deutsche Badkultur. Innovativ.

KERAMAG
Kreuzerkamp 11, 40834 Ratingen
Tel. (02102) 91 60, Fax (02102) 38 113
Mit Matteo Thun holte man sich in den achtziger Jahren einen jungen Designer, der für eine Serie unter seinem Namen und eine weitere, »Cleo«, verantwortlich war, welche die Spannbreite der Produktpalette abstecken: High End das erste, Design für jedermann das zweite.

HOESCH
Postfach 100 424, 52304 Düren
Tel. (02422) 540, Fax (02422) 542 76
Mit Hoesch kam die bunte Acrylwanne in den siebziger Jahren ins deutsche Badezimmer – und ein ewiger Streit darum in die Welt, ob nun Kunststoff oder Stahlemail besser sei. Designmäßig hat man mit dem kreativen Erwachen der Stahlwannenleute nicht mehr ganz so einfach die Nase vorn, dafür tritt man mit Stofftrennung und Recycling den früheren ökologischen Bedenken entgegen.

DORNBRACHT
Postfach 14 54, 58584 Iserlohn
Tel. (02371) 43 30, Fax (02371) 433 232
Der deutsche Luxusarmaturenhersteller schlechthin. Hat aber auch Wasserhähne für unter 500 Mark.

GROHE (FRIEDRICH GROHE)
Postfach 13 61, 58653 Hemer
Tel. (02372) 930, Fax (02372) 93 13 22
Die Adresse, falls Sie eine Alt-Immobilie mit Grohe-Armaturen gekauft haben und sich nach Ersatzteilen erkundigen wollen.

KEUCO
Postfach 1365, 58653 Hemer
Tel. (02372) 90 40, Fax (02372) 90 42 36
Accessoires- und Badmöbelhersteller mit Qualitätsbewußtsein und Gestaltungswillen. Vor allem den Trend zu vielseitig kombinierbaren und anbaufähigen Möbeln hat Keuco früh aufgegriffen.

KALDEWEI
Beckumer Str. 33-35, 59229 Ahlen
Tel. (02382) 78 50, Fax (02382) 78 53 00
Der große Stahlemail-Wannenhersteller bietet eine unerhört breite Palette von Formen und Funktionen, für kleine Bäder und die ganz großen Badewonnen zu zweit oder dritt. Natürlich auch mit Whirl-Technik und in vielen Farben sowie auf Wunsch im kunstvoll individuellen Design – auf ewig eingebrannt. Herausragend sind die Formen, die der italienische Designstar Ettore Sottsass für Kaldewei geschaffen hat. Dazu gehört auch der einzige Tauchpool aus Deutschland, in den man nach der Sauna eintauchen kann – japanisch inspiriert.

UCOSAN
Postfach 1344, 63113 Dietzenbach
Tel. (06074) 852 00
Fax (06074) 852 020
Hersteller von ganz besonderen Wannen, die – im Gegensatz zu herkömmlichen Acrylwannen – aus einer Mischung von Quarz und Kunstharz gegossen sind und daher sehr stabil und ungewöhnlich geradlinig und puristisch wirken.

VILLEROY & BOCH
Postfach 1120, 66688 Mettlach
Tel. (06864) 81 0, Fax (06864) 81 26 92
Das über 250 Jahre alte Unternehmen ist die erste Adresse, wenn es um das anspruchsvolle Bad aus einem Guß geht.

JÖRGER
Seckenheimer Landstraße 270-280
68163 Mannheim
Tel. (0621) 410 97 01
Fax (0621) 410 97 10
Exklusives fürs Bad, ohne Scheu vor Kitsch, mit manchmal rührenden Ergebnissen – wie die sichelförmigen Armaturen »Moon« zum Beispiel. So gut wie die einzige Adresse in Deutschland für romantische bzw. nostalgische Badprogramme.

DUSCHOLUX
Industriestraße, 69198 Schriesheim
Tel. (06203) 10 20, Fax (06203) 10 23 90
Eines der Weltunternehmen im Bad und eher im »konsumigen« Marktsegment zu Hause. Neuerdings originelle Ideen für raumsparendes Baden und Duschen sowie kleine Waschtischanlagen.

HANSGROHE
Postfach 1145, 77761 Schiltach
Tel. (07836) 510, Fax (07836) 511 300
Mit Grohe (s.o.) weitläufig blutsverwandt, jedoch im Geiste und namenstechnisch (denn Hansgrohe nennt seine Edelserie nun »Axor«) weit auseinander: Das kleinere Unternehmen aus dem Schwarzwald hat schon früh seine Seelenverwandtschaft

bei Designern (u.a. Dieter Sieger, Philippe Starck) gefunden. Mit innovativen Produkten wie der Rein-Edelstahlarmatur und den Duschtempeln läßt man die Konkurrenz imagemäßig unter der kalten Brause stehen.

ZEHNDER
Postfach 26, 77933 Lahr
Tel. (07821) 58 60, Fax (07821) 525 53
Badheizkörper und Handtuchwärmer in höchster Qualität, erstklassigem Design und großer Auswahl.

DURAVIT
Postfach 240, 78128 Hornberg
Tel. (07833) 700, Fax (07833) 702 89
Das bodenständige Unternehmen für Sanitärkeramik hatte schon fünf Generationen überlebt, als es vor einigen Jahren wie Blitz und Sturm über die Schwarzwälder kam – Design von den großen Stars wie Philippe Starck, echte Hingucker im Programm, und die internationale Beachtung sowie der Markterfolg deuteten auf alles andere als ein Hornberger Schießen…

GLAMÜ
Mobilstraße 2, 79423 Heitersheim
Tel. (07634) 52 00
Fax (07634) 52 09 99
Eines der weniger bekannten, aber enorm innovativen Unternehmen für Ganzglas-Duschabtrennungen.

HIGH TECH
Landsberger Straße 146, 80339 München
Tel. (089) 54 09 450
Fax (089) 506 090
Die auch unter Laien bekannte »Vola«-Armaturenserie, vom dänischen Design-Guru Arne Jacobsen in den sechziger Jahren im zeitlosen minimalistischen Stil reiner Moderne entworfen, haben die Münchner im deutschen Alleinvertrieb. Der Katalog ist schon wegen des überwältigend breiten Accessoire-Programms von »Vola« und »d-line« ein Vergnügen.

RAPSEL
Vogelsangstraße 31, 82178 Puchheim
Tel. (089) 800 66 10
Fax (089) 800 66 120
Unentbehrlicher Lieferant von allem, was in Bädern modern, elegant und etwas Besonderes sein darf.

KERMI
Pankofen-Bahnhof 1, 94447 Plattling
Tel. (09931) 50 10, Fax (09931) 30 75
Schöne Duschabtrennungen in Ganzglas bieten viele, aber bei Heizkörpern bzw. Handtuchtrocknern fürs Bad wird die Auswahl eng. Kermi gehört hier zu den interessantesten Anbietern.

DÜKER
Würzburger Straße 10, 97753 Karlstadt
Tel. (09353) 79 10, Fax (09353) 79 13 15
Duschabtrennungen, Duschwannen und interessante Systeme für kleine Bäder – dabei mit hohem Designanspruch.

DB – DAS BAD
A-5322 Plainfeld/Hof
Tel. (0043-6229) 26 780
Fax (0043-6229) 20 53
Außergewöhnliche, wohnliche und repräsentative Badmöbel mit höchstem Qualitätsanspruch.

BOFFI
Das italienische Unternehmen macht mit originellen Badpaneelen, Waschbrunnen und puristischen Details auf sich aufmerksam – und ist mittlerweile mit mehreren Exklusivgeschäften bundesweit vertreten.

DIE BESTEN EINZELHÄNDLER UND BADBOUTIQUEN

Wenn es um die Verwirklichung von Badträumen geht, braucht man nicht nur gute Handwerker, sondern auch Planer und Händler, die zu der zündenden Idee das richtige Produkt kennen – und beschaffen. Diese Kompetenz ist bei den im folgenden – nach Postleitzahlen geordneten – Einrichtern durch langjährigen Kontakt zu anspruchsvollen Kunden gewachsen.

BÄDERLAND
Kurfürstendamm 161, 10719 Berlin
Tel. (030) 399 041 20
Fax (030) 399 041 23
und
Franklinstraße 12-14, 10587 Berlin
In der Stammniederlassung am Ku-Damm liegt der Schwerpunkt auf klassischem und modernem Design für Bäder und Accessoires, am neuen Standort in der Franklinstraße ist das erste Bäderkaufhaus Berlins entstanden.

ATALA FLIESEN & SANITÄR
Berliner Allee 262-270, 13088 Berlin
Tel. (030) 96 24 10
Fax (030) 925 12 20
Adresse in Berlin für exklusive Badausstattung.

JÜRGENSEN-BÄDER
Glienbergweg 8, 17454 Zinnowitz
(Insel Usedom)
Tel. (038377) 40 669
Fax (038377) 42 693
Ableger des in Bremen hoch angesehenen Badstudios selbigen Namens.

BÄDERPARADIES BEHREND
Heinickestraße 2-6, 20249 Hamburg
Tel. (040) 480 60 30
Fax (040) 480 60 333
Mitten im gründerzeitlich-noblen Stadtteil Eppendorf präsentiert Behrend über zwei Etagen alles, was das Bad besonders schön macht. Extravaganz und Luxus nicht ausgeschlossen – mit einer Tendenz zum eher modernen Bad. Accessoires, soviel das Herz begehrt …

BÄDER-SCHRÖDER
Grindelallee 31, 20146 Hamburg
Tel. (040) 44 05 25
Fax (040) 44 28 68
Klassiker der ambitionierten Badstudios. Trotz des prächtigen Ambientes erstaunlich modern, bisweilen avantgardistisch.

DAS BAD PETER SCHULZ
Hohe Bleichen 7, 20354 Hamburg
Tel. (040) 34 30 64, Fax (040) 35 48 95
Ideal gelegen, um bei einem Shoppingbummel durch die beliebte Hamburger Passagen-City einen Blick auf erlesene Accessoires und schöne italienische Badmöbel zu werfen.

STREICHELEINHEITEN FÜR DAS BAD
Essenerstraße 97, 22419 Hamburg
Tel. (040) 527 96 73, Fax (040) 527 96 75
Erstaunliche Ausstellung von rund 30 nostalgischen Bädern auf großer Fläche am nördlichen Stadtrand Hamburgs. Siehe auch unter »Antike Bäder«.

HORST JÜRGENSEN
Buntentorsteinweg 29, 28201 Bremen
Tel. (0421) 55 50 31, Fax (0421) 55 50 85
Luxus, der nicht das Licht staunender Aufmerksamkeit scheut. Kreativ werden auch Naturstein, Glas, Metall und Holz eingesetzt. Eine kleine, feine Fliesenauswahl ergänzt das Sortiment.

BADEN OHNE ENDE
Marienstraße 111, 30171 Hannover
Tel. (0511) 28 10 87, Fax (0511) 28 19 88
Maßgefertigte Natursteinwaschtische, exklusiver Möbelbau, Lackdecken und andere Spezialitäten gehören zum vielfältigen Ausstellungsprogramm.

SCHÖNER BADEN
Badkonzepte
Osterstraße 49, 30159 Hannover
Tel. (0511) 36 32 620
Fax (0511) 36 323 53
Modernes, klares Design in einer ausgezeichneten Ausstellung von über 400 qm in der Innenstadt.

MARZONA BAD + RAUM
Am Bach 16, 33602 Bielefeld
Tel. (0521) 623 89, Fax (0521) 17 67 27
Übersichtliche Ausstellung, mit allen Neuheiten bestückt, geht sehr sensibel und fachkundig auf die persönlichen Wünsche und individuellen Bedürfnisse (bzw. Verhältnisse) des Kunden ein.

DAS BAD
Heinrichstraße 62, 36043 Fulda
Tel. (0661) 978 74 00, Fax (0661) 777 28
Phantasie und kreativem Mut sind hier keine Grenzen gesetzt.

ARNOLDS BÄDER
Königsallee 40, 40212 Düsseldorf
Tel. (0211) 32 93 79, Fax (0211) 13 12 19
Elegante Bäder, auch Objekte für einen Hauch von Nostalgie und Klasse im Bad.

NESSMANN BAD & HEIZUNG
Jahnstraße 84, 40215 Düsseldorf
Tel. (0211) 996 08 88
Fax (0221) 996 08 99
Schöne Bäder mit Stimmung, gern auch etwas italienisch geprägt, modern bis luxuriös.

GROTE BAD
Hochstraße 77, 42105 Wuppertal
Tel. (0202) 30 60 61, Fax (0202) 31 56 23
Schöne Bäder für jeden Lebensstil und perfekte Planung und Beratung vor Ort haben sich die Inhaber auf die Fahnen geschrieben. Zu den Spezialitäten gehören individuelle Waschtischanlagen.

PIETSCH »DAS BAD«
Warendorfer Str. 31, 48145 Münster
Tel. (0251) 301 04, Fax (0251) 39 17 91
Das Geschäft gilt unter Badexperten als eine wichtige Adresse in Deutschland, vor allem, was Kompetenz und Praxis angeht. Der Akzent liegt auf dem modernen Bad.

BAD DESIGN LAUTERBACH
Hohenstaufenring 44-46, 50676 Köln
Tel. (0221) 92 12 030
Fax (0221) 92 12 03 35
Bundesweit sicher zu jener Handvoll Badstudios gehörig, die Maßstäbe setzen – in Ausstellung und Planung, Vielfalt und Anspruch.

DECOR WALTHER
Berliner Straße 62, 60311 Frankfurt/M.
Tel. (069) 28 25 07, Fax (069) 20 315
Die kleinen Dinge machen das Bad erst richtig rund: Und bei Accessoires, Licht und Spiegel hat Walther eine unerhörte Auswahl für jeden Geschmack. Spezialität sind Leuchten und Spiegel in klassischem und modernem Design.

KARIN HOYER
Schloßstraße 83, 60486 Frankfurt/M.
Tel. (069) 77 23 23, Fax (069) 707 36 52
Exklusives Programm von Bädern, Fliesen und Accessoires im munteren Mix zwischen Retro und Moderne.

BAD COUTURE SANITÄR WAHL
Marktplatz 14, 70173 Stuttgart
Tel. (0711) 65 65 950
Fax (0711) 23 60 265
Vielseitige Ausstellung mit hochwertigen Badmöbeln und exklusivem Zubehör.

WINFRIED REBEL
Kronenstraße 26
76275 Ettlingen/ Karlsruhe
Tel. (07243) 77 776, Fax (07243) 77 796
Extravagante Ideen und ausgesuchte Materialien gehören zum Markenzeichen dieses jungen Badeinrichters.

OBERMAIER
Maximiliansplatz 10, 80333 München
Tel. (089) 22 46 51, Fax (089) 22 06 01
Der weit über die Landesgrenzen des Freistaats hinaus bekannte Badeinrichter verwirklicht herrschaftliche Traumbäder und bietet citynah überdies allerlei schmückende Kleinteile fürs Wonnebad. In einer separaten Abteilung präsentiert Obermaier ausgesuchtes Baddesign.

VÖLKEL
Damenstiftstraße 6, 80331 München
Tel. (089) 260 47 73
Fax (089) 260 98 74
Kleiner und moderner als Obermaier, mit Blick auf eine etwas experimentierfreudige Klientel, die z.B. Edelstahl und Glasbecken schätzt. Zu den internationalen Edelmarken gesellt sich Eigendesign.

DESIGN & HANDWERK
Allgäuer Straße 5, 87719 Mindelheim
Tel. (08261) 794 0, Fax (08261) 794 176
Die gemeinsame Ausstellung dreier Firmen des Innenausbaus – vom Badspezi bis zum Holzexperten – setzt Maßstäbe: Hier ist endlich realisiert, worauf viele Badkunden gewartet haben – umfassende Kompetenz in allen relevanten Bereichen der Badplanung und Durchführung. Die Marmor-, Design- und Luxusbäderschau ist einen Umweg wert.

BOGISCH
Kurt Schumacher Straße 4-6
90402 Nürnberg
Tel. (0911) 24 16 24
Fax (0911) 24 16 61
Ein starker Partner für Ihre Badwünsche, versiert in internationalen Kollektionen, spezialisiert auf unkonventionelle Ideen und kreativen Materialmix.

VALENTIN OECHSNER
Scanzonistraße 6, 97080 Würzburg
Tel. (0931) 50 306
Fax (0931) 50 309
Sehr elegante Badeinrichtungen, exklusive Waschtischanlagen, hochwertige Fliesenauswahl. Auch wenn es gilt, knifflige Raumsituationen komfortabel und elegant einzurichten, sind diese Badplaner in ihrem Element.

… und im deutschsprachigen Ausland:

BÄDERPARADIES
Kaiserstraße 14-18, A-1070 Wien
Tel. (0043-1) 521 91 0
Fax (0043-1) 521 91 12

ODÖRFER RÖHRENHOF GMBH
Unionstraße 37, A-4020 Linz
Tel. (0043-732) 655 655 0
Fax (0043-732) 655 655 10

SANITÄRGROSSHANDEL ODÖRFER RÖHRENHOF GMBH
Herrgottwiesgasse 125, A-8020 Graz
Tel. (0043-316) 277 0
Fax (0043-316) 277 355

ODÖRFER RÖHRENHOF GMBH
Fallegasse 1, A-9021 Klagenfurt
Tel. (0043-463) 38 27 00 0
Fax (0043-463) 38 27 00 30

PEZZI PAZZI LES BAINS
Kirchgasse 8, CH-8001 Zürich
Tel. (0041-1) 252 94 96
Fax (0041-1) 252 94 97

FLIESEN

Sie verleihen dem Bad Charakter. Fliesen sind sozusagen die letzten Steinchen, die im Mosaik Ihres Traumbads den entscheidenden Akzent geben. Sie sind zugleich jene Teile des Bades, die am schwierigsten zu verändern sind – um so wichtiger ist es, sie sorgfältig auszusuchen. Hier lesen Sie eine nach Postleitzahlbereichen geordnete Liste von Fachhändlern, deren Sortiment besonders anspruchsvoll und deren Fachkompetenz herausragend ist. Einige haben eigene Fliesenverleger, andere können versierte Handwerker vermitteln: ein wichtiges Element beim Kauf!

MARMO E TERRACOTTA
Annalisa Bruno, Nollendorfstraße 25
10777 Berlin
Tel. (030) 2 15 48 67
Fax (030) 2 16 26 66
Das Geschäft der Italienierin in Berlin-Schöneberg hat sich zu einer Inspirationsquelle für Kenner und Liebhaber von mediterraner Keramik und Marmor entwickelt.

E. MORTENSEN NACHF.
Mathias Schüßler, Ausschläger Weg 38
20537 Hamburg
Tel. (040) 250 65 63, Fax (040) 25 84 59
Das kleine Geschäft überzeugt durch Kompetenz und Enthusiasmus seiner Inhaber, zu deren Lieferanten die feinsten Adressen Italiens gehören, von Antik-Cotto bis zum modernsten Feinsteinzeug.

L'ATELIER DE CÉRAMIQUE
Jürgen Voß, Weidenbaumsweg 65-69
21035 Hamburg
Tel. (040) 7 24 49 48
Fax (040) 7 24 23 75
Dependance: c/o Mückel Bäder, Stilwerk, Große Elbstraße 68, 22767 Hamburg
Wer je von der »Qual der Wahl« sprach, hat vermutlich nie die Ausstellung von Voß in Bergedorf besucht: Die Auswahl ist überwältigend, daran scheitert jeder Versuch einer großflächigen Präsentation einzelner Serien. Entdeckungen sind garantiert: Fliesen-Haute-Couture.

D'ALEO
Salvatore D'Aleo, Lübeckerstraße 93
22087 Hamburg
Tel. (040) 2 50 58 59, Fax (040) 25 97 07
Der Inhaber hat sich auf handgeformte und handgemalte Steingutfliesen mit den typischen alten Dekoren aus verschiedenen Regionen Italiens spezialisiert. Groß ist die Auswahl an Tonfliesen (Terrakotta), Naturstein und Antikmarmor.

FLIESENGALERIE NESSMANN
Axel Nessmann, Jahnstraße 84
40215 Düsseldorf
Tel. (0211) 93 84 84 0
Fax (0221) 93 84 84 8
Da zu dem italienisch geprägten, exklusiven Fliesenhandel auch eine Sanitärfirma gehört, kann man Planung und Ausführung von Komplettbädern aus einer Hand anbieten.

FRESCO
c/o Braun Fliesenstudio
Wilhelm-Mauser-Straße 14-16
50827 Köln
Tel. (02 21) 58 30 38, Fax (0 22 43) 34 21
Als eine Art Shop-in-shop ist Fresco, engagierter Importeur handgemalter Fliesenkunst aus Portugal (Zementfliesen mit und ohne Intarsien) bei Braun vertreten.

MARMOR

Ewig lockt der Marmor: Der samtig weiche Kalkstein mit feinen Verästelungen, mal kristallweiß, dann wieder märchenhaft blau geädert oder in den Farben der Sonne badend, gilt von altersher als Inbegriff luxuriöser Badgestaltung. Marmor ist allerdings auch empfindlich. Über seine Verlegung und angemessene Pflege sollte man sich mit dem anerkannten Steinbetrieb gründlich austauschen. Im folgenden sind ausgewiesene Marmorbad-Spezialisten genannt, auf die man sich verlassen kann.

PARIS CERAMICS
Peter Busch, An der Eilshorst 15
22927 Großhansdorf
Tel. (04102) 6 56 81
Fax (04102) 6 24 29
(Showroom: Zippelhaus, Hamburg-City)
Neben herkömmlichen Natursteinbodenbelägen, alt oder neu, hat sich das Unternehmen auf Limestone spezialisiert – den Stein, der seit Jahrhunderten in englischen und französischen Landhäusern, Schlössern und Kirchen verlegt wird.

STONE ESTHETIC
Andreas Zwerschke, Burgstraße 22-23
37073 Göttingen
Tel. (0551) 54 19 58
Fax (0551) 54 10 42
Eine interessante Spezialität ist die Gestaltung und Ausführung von Mosaiken nach eigenen Entwürfen oder historischen Vorbildern.

GERLOFF + SÖHNE
Marmor und Bäder
Höhenweg 13, 37269 Eschwege
Tel. (05651) 92 77 92
Fax (05651) 2 05 89
Das 1899 gegründete Unternehmen liefert in ganz Deutschland (und darüber hinaus) Marmorbäder nach Maß, Serienprodukte mit Designanspruch in Naturstein, aber auch Brunnen, Treppen und repräsentative Intarsienarbeiten an Wand und Boden.

OBERMAIER BÄDER
Maximiliansplatz 10, 80333 München
Tel. (089) 22 46 51, Fax (089) 22 06 01
Wie Gerloff ist auch Obermaier weit über die bayerischen Landesgrenzen hinaus bekannt als ambitionierter Badausstatter in Naturstein, aber auch als Händler von Edelarmaturen und wertvollen Accessoires. Die Wurzeln des weit über hundert Jahre alten Unternehmens liegen aber in der Natursteinbearbeitung – und so ergibt sich eine besonders nachhaltige und fachmännische Kompetenz in Sachen Marmor.

EDER + MIEDL
Millberger Weg 15, 94152 Neuhaus/Inn
Tel. (08503) 82 50
Fax (08503) 82 21
Das relativ junge Unternehmen (1988 gegründet) hat sich schnell einen Namen als Komplettbadanbieter gemacht: von der Planung (bzw. Unterstützung des Hausarchitekten) bis zur schlüsselfertigen Herstelllung des betriebsbereiten Marmorbads.

MESSEN

Eine überschaubare Anzahl von Messen präsentieren die Leistungen der Badbranche in Deutschland, und obwohl es Fachmessen sind, öffnen sie doch jeweils an einem oder zwei Tagen ihre Pforten der interessierten Öffentlichkeit. Gute Gelegenheit, sich einmal unverbindlich einen Überblick zu verschaffen.

SHK – ESSEN
Fachausstellung Sanitär – Heizung – Klima
Veranstalter: Messe Essen
Tel. (0201) 72 44 448
Anfang März alle zwei Jahre.

ISH – FRANKFURT
Internationale Fachmesse
Sanitär – Heizung – Klima
Veranstalter: Messe Frankfurt/M.
Tel. (069) 75 75 0. Alle zwei Jahre im März.

SHK – HAMBURG
Nordeuropäische Fachausstellung
Sanitär – Heizung – Klima
Veranstalter: Hamburg Messe
Tel. (040) 35 69 0
Alle zwei Jahre im November.

SHKG – LEIPZIG
Sanitär, Heizung, Klima, Gebäudeautomation
Veranstalter: Leipziger Messe, auf dem neuen Messegelände
Tel. (0341) 678 0
Alle zwei Jahre im Herbst.

CERSAIE – BOLOGNA
Veranstalter: Bologna Fiere
Tel. (0039-51) 66 460 00
Größte Fliesenmesse der Welt, alljährlich Anfang Oktober, zugleich ausführliche Badausstellung.

ANTIQUITÄTEN UND RE-EDITIONEN FÜR DAS BAD

Wenn Sie die antiken und historischen Bäder in diesem Buch zum Träumen gebracht haben: In ausgewählten Boutiquen und bei Antik- und Spezialhändlern gibt es durchaus noch (oder wieder) die entsprechenden Zutaten für ein Bad wie Anno dazumal. Um sich von den nicht selten einmaligen Objekten einen begrifflichen Eindruck zu verschaffen, lohnt sich auch eine Reise.

DESIGNER IM BAD

PHILIPPE STARCK: Der exzentrische Designer und Architekt aus Frankreich, dessen Möbel und Gebrauchsartikel fast schon Kultcharakter haben, und der auch als Innenarchitekt – vor allem im Ausbau alter Hotels wie des »Delano« in Miami Beach, »Paramount« und »Royalton« in New York – faszinierende Raumerlebnisse kreiert hat, schaffte für die deutschen Firmen Duravit, Hansgrohe und Hoesch ein erfolgreiches Ensemble von Produkten fürs Bad.

DIETER SIEGER: Von Haus aus Architekt, ist der auf einem Wasserschloß im Westfälischen lebende Industriedesigner der führende deutsche Kreative im Baddesign: Armaturen für Dornbracht, Waschtische für Alape, Sanitärkeramik für Duravit, Leuchten, Accessoires…
Der Tenor seiner beeindruckenden, oftmals verblüffend einfach wirkenden Gestaltungsideen basiert auf den geometrischen Grundformen, gefälliger Komposition und kundenfreundlicher Ergonomie. Mit einem Schuß Ironie.

MATTEO THUN: Ein Sproß der exaltierten Designwelt des Memphis-Look Mitte der achtziger Jahre, später Designer für Swatch-Uhren, entwirft der Südtiroler sowohl Möbel wie auch Tischzeug und gelegentlich auch Badkeramik – Serien für das Unternehmen Keramag.

PHÖNIX-DESIGN: Zur Abwechslung noch ein Team – die Gruppe Phönix, mit vielen Preisen für geradliniges Design ausgezeichnete Industrieformgeber, hat sich nunmehr auch im Bereich Bad mit namhaften Kunden wie Hansgrohe und Duravit einen Namen gemacht.

STREICHELEINHEITEN FÜR DAS BAD
Fritz Lay
Essener Straße 97, Haus 15
22419 Hamburg
Tel. (040) 527 9673
Fax (040) 527 9675
Wenn Sie in Deutschland Badobjekte der Jahhundertwende oder noch ältere Wannen, Brauseanlagen, Waschbecken und Armaturen suchen, sind Sie hier richtig. Der Hamburger Kaufmann sammelt seit vielen Jahren Historisches aus Bädern englischer und französischer Landsitze und Herrenhäuser, läßt es sorgfältig aufarbeiten und, wenn nötig und möglich, dem heutigen technischen Standard anpassen und präsentiert die reizvollen Utensilien vergangener Epochen europäischer Badekultur in einer außergewöhnlich reichhaltigen und stimmungsvoll dekorierten Ausstellung in Hamburgs Norden.

TRADITIONAL BATHROOMS – BADEZIMMEREINRICHTUNGEN
Ramskamp 63, 25337 Elmshorn
Tel. (04121) 72024, Fax (04121) 77778
Britische Badezimmerkultur aus neuer Produktion, aber nach alten Vorbildern zeigt Lynne Howard als einer der wenigen Händler in Deutschland.

ADRESSEN IM AUSLAND

ARIANE DANDOIS
Rue des St.-Pères 61, F-75006 Paris
Tel. (0033-1) 42 22 14 43
Spezialist für die Bäder des 18. Jahrhunderts und des Empire: Fundgrube für Raritäten in Bronze oder Marmor, handgemaltes Porzellan und andere Trouvaillen für das Bad mit Stil.

LA BAIGNOIRE DÉLIRANTE
Rue de Lourmel 26, F-75015 Paris
Tel. (0033-1) 45 29 23 19
und
VOLEVATCH
Rue du Cherche-Midi 108, F-75006 Paris
Tel. (0033-1) 42 22 42 55
Beide gehören Sergej Wolewatsch, einem Connaisseur der historischen Badobjekte und Neuschöpfer des von vielen verloren geglaubten Designs der Jahrhundertwende. Während im erstgenannten Geschäft seit rund 20 Jahren das Bad der Belle Époque kultiviert wird, bietet der zweite Anlaufpunkt Re-Editionen der Armaturen und Badausstattungen des frühen Jahrhunderts.

LE BAIN ROSE
Rue d'Assas 11, F-75006 Paris
Tel. (0033-1) 42 22 55 85
Lassen Sie sich hier inspirieren von den alten oder »nachgeschöpften« Accessoires, Art-déco-Leuchten, Spiegeln und Wannen. Alles atmet den Geist der Zeit von 1900 bis 1930.

L'ÉPI D'OR
Rue des Bernadins 17, F-75005 Paris
Tel. (0033-1) 46 33 08 47
Der Pionierhändler für antike Badutensilien in Paris.

LE GRENIER DE LA CHAPELLE
Rue Haute 51, Brüssel
Tel. (0032-2) 513 29 55
Große Auswahl historischer Bäder: Wannen, Waschbecken, Armaturen etc.

MAX PIKE BATHROOM
Eccleston Street 4, London
Tel. (0044-71) 730 72 16
Im schönen Stadtteil Chelsea liegt diese überaus freundliche Boutique mit einigen alten Badobjekten, Re-Editionen und neueren Schöpfungen der Badkultur.

THE WATER MONOPOLY
Lonsdale Road 16/18, London
Tel. (0044-71) 624 26 36
Was Fritz Lay in Hamburg präsentiert, (siehe »Streicheleinheiten für das Bad« auf dieser Seite), hat dieser Händler in London gewissermaßen an der Quelle zusammengetragen.
England ist nun einmal die Fundgrube für Badantiquitäten. Beide Geschäfte verbindet eine persönliche Geschichte miteinander. Die Ausstellung in London sollte beim nächsten Besuch auf der Insel eingeplant werden.

HISTORISCHE BÄDER UND THERMEN

Schlösser, Stadtpalais und andere historische Gebäude besitzen oft sehenswerte Bäder, die entweder bei regulären Besichtigungen oder mit speziellen Arrangements (Kleingruppen, Terminabsprachen) zugänglich sind.

SCHLOSS NYMPHENBURG, MÜNCHEN
Die kleine »Badenburg«, die zwischen 1718 und 1721 im Schloßpark errichtet wurde, besteht aus einem mit Delfter Fliesen ausgekleideten Becken, in dem das Wasser bis auf eine Höhe von 1,45 Meter gepumpt werden kann. Es ist umgeben von einer Galerie, von der man in jenen Zeiten wohlgefällig auf die Badenden herabschaute und dessen romantisch verschlungenes Metallgeländer zum Teil vergoldet ist. Die angrenzenden Räume dienten u.a. dem Spiel und der Rekreation nach dem Bade. Das Becken ist mit mythologischen Badeszenen ausgemalt (siehe Abb. S. 81).

NEUES SCHLOSS, BADEN-BADEN
Überwältigende barocke Pracht aus der Mitte des 17. Jahrhunderts, als Fürsten mit den neumodischen »Badezimmern« einander zu übertreffen trachteten. Das Bad von 1660 ist mit opulentem Stuck und wunderschönem schwarzweißen Marmor ausgestattet, dessen Schmuckwirkung in den verspiegelten Türen vervielfältigt wird (siehe Abb. S. 188).

MUSEUM WASSER-BAD-DESIGN
Auestraße 10, 77761 Schiltach
Tel. (07836) 511 208
In dem kleinen Schwarzwaldstädtchen ist seit 1901 der bedeutende deutsche Armaturenhersteller Hansgrohe beheimatet (siehe S. 193), der hier neben dem Firmengelände eine ambitionierte Sammlung von Duschen, Armaturen, Vollbädern und Kuriosa rund ums Thema Bad (und Wasserökonomie) präsentiert. Rechercheure in ganz Europa trugen die Exponate aus dem 19. und frühen 20. Jahrhundert zusammen.
Anschaulich sind die Kontraste zwischen dem Gestern und Heute im Bad herausgearbeitet, und natürlich kommt auch Hansgrohes Beitrag zur Badkultur nicht zu kurz… Zum Museum gehört auch eine beeindruckend große Bibliothek zur Badgeschichte und Hygiene.
Die Außenwand ziert eine große Replik des historischen Badmotivs aus der Tate Gallery in London, Lawrence Alma-Tademas *Das Bad.*

HOFBURG, WIEN
Sehen Sie hier das Bad von Sissi, der Kaiserin Elisabeth von Österreich, mit reich gefülltem Toilettentisch sowie ihren Geräten für Gymnastik und Krafttraining. Bekanntlich war die Kaiserliche Hoheit zeit ihres kurzen Lebens sehr darum bemüht, das auf frühen Porträts für die Öffentlichkeit festgehaltene jugendliche Äußere und ihre schlanke Figur zu bewahren, wozu eben auch allerlei Geräte zur Körperertüchtigung in den Privatbädern der Kaiserin dienten.

HÔTEL DE BEAUHARNAIS
Rue Victoire 51, F-75009 Paris
Tel. (0033-1) 48 74 71 13
Kein Luxushotel, sondern der Amts- und Wohnsitz des deutschen Botschafters in Paris (das französische Wort *hôtel* bezeichnet auch prestigeträchtige Stadtpalais oder städtische Adelsvillen).
Unter bestimmten Bedingungen gelegentlich zu besichtigen.

SCHLOSS VERSAILLES BEI PARIS
Im Erdgeschoßbereich existiert von den ausladenden Badgemächern nur noch die Raumflucht – Wannen etc. aus dem Badrefugium des Sonnenkönigs Ludwig XIV. sind nicht mehr vorhanden. Badezimmer der berühmten Madame Dubarry und Marie Antoinette – letzteres erst wenige Monate vor der Revolution fertiggestellt – kann man so zumindest in ihren Dimensionen nachempfinden. Im Eingangsbereich der Orangerie ist eine achteckige Wanne aus rosa Marmor zu bewundern, am selben Ort auch ein Badezimmer Ludwigs XIV. und im Petit Trianon ein weiteres von Marie Antoinette.

SCHLOSS FONTAINEBLEAU
Fontainebleau, Frankreich
Gut, der ausladende Badbereich von Franz I. aus dem 16. Jahrhundert mit seinem großen Bassin und den Ruheräumen ist ebensowenig erhalten, wie hier noch ein Tizian oder Leonardos *Mona Lisa* zu bewundern wäre – aber man kann sich ja mit einem Bad von Napoleon und der wie eine Kommode (mit falschen Schubladen, vergoldeten Beschlägen) verkleideten Wanne sowie mit dem Boudoir von Marie-Louise, seiner zweiten Ehefrau, zufriedengeben.

PALAZZO PITTI, FLORENZ
Auf dem Besichtigungsrundgang durch die Renaissanceanlage kann man einen Blick in das klassizistische Bad werfen, das hier zu Ehren von Napoleon I. eingebaut wurde (siehe Abb. S. 64).

WINTERPALAST, SANKT PETERSBURG
Die Pracht der Zaren ist seit dem Anbruch des neuen Zeitalters in Rußland mehr und mehr Besuchern zugänglich, und damit auch das bemerkenswerte Bad im maurischen Stil, das sich die Gattin des letzten Zaren, Alexandra Fjodorowna, in den Privatgemächern einrichten ließ; nicht weniger beeindruckend das klassizistische Bad von Maria Alexandrowna, der Gattin des russischen Zaren Alexander II. (Regierungszeit 1855–1881).

TOPKAPI-PALAST, ISTANBUL
Die prunkvollen Bäder des berühmten Architekten Sinan sind für Männer und Frauen getrennt, u.a. durch filigranen Sichtschutz aus Marmorgittern.

Bildnachweis

Umschlag Vorderseite: Magnum/Photo Erich Lessing, Paris; Seite 1: Réunion des Musées nationaux, Paris; S. 2-3; Bulloz/ADAGP, Paris; S. 4: The Bridgeman Art Library, London; S. 6: The Chrysler Museum, Leihgabe von Walter P. Chrisler jr., inv. 71.2069, Norfolk; S. 7: Réunion des Musées nationaux, Paris; S. 8: BPK/Photo Jörg P. Anders, Berlin; S. 9: Magnum/Photo Erich Lessing, Paris; S. 10: Giraudon, Paris; S. 11: Hansgrohe Museum/Photo Klaus Kramer, Schramberg; S. 12: Kobal Collection, London; S. 13: Royal Albert Memorial Museum/Photo David Garner, Exeter; S. 14 Erica Lennard, Paris; S. 15: Jérome Darblay, Paris; S. 16: Magnum/Photo Erich Lessing, Paris; S. 17: Agenzia Ricciarini/Photo Nimatallah, Mailand; S. 18: Magnum/Photo Erich Lessing, Paris; S. 19: Bibliothèque nationale de France, Paris; S. 20: Studio Koppermann, München; S. 21: Photo Flammarion, Paris; S. 22: Giraudon, Paris; S. 23: Bulloz, Paris; S. 24: Agenzia Ricciarini, Mailand; S. 25: Agence Top/Photo J. Monin, Paris; S. 26-27: Ecole nationale supérieure des Beaux-Arts, Paris; S. 28: The Tate Gallery, London; S. 29: The Tate Gallery, London; S. 30 (oben): The Bridgeman Art Library, London; S. 30 (unten): Photo Flammarion, Paris; S. 31: Agenzia Ricciarini/Photo Nimatallah, Mailand: S. 32: Agence Top/Photo Philippe Roy, Paris; S. 33: Deutsches Museum, München; S. 34: Bibliothèque nationale de France, Paris; S. 35: BPK, Berlin; S. 36: Magnum/Photo Erich Lessing, Paris; S. 37: AKG, Paris; S. 38: Bibliothèque nationale de France, Paris; S. 39: BPK, Berlin; S. 40: Staatgalerie, Augsburg: S. 42 (oben): Bibliothèque nationale de France, Paris; S. 42 (unten): Bulloz, Paris; S. 43: Photothèque des Musées de la Ville de Paris/Photo Andreani, Paris; S. 44: Photothèque des Musées de la Ville de Paris/Photo Briant, Paris; S. 45: Photothèque des Musées de la Ville de Paris/Photo Joffre, Paris; S. 46: Photothèque des Musées de la Ville de Paris/Photo Joffre, Paris; S. 47: Hansgrohe Museum/Photo Hans Kramer, Schramberg; S. 48: Jean-Loup Charmet, Paris; S. 49: Jean-Loup Charmet, Paris; S. 50: Réunion des Musées nationaux, Paris; S. 51: The Fine Arts Museums of San Francisco; S. 52: Giraudon, Paris; S. 53: Giraudon, Paris; S. 54: Musée Fabre/Photo Frédéric Jaulmes, Montpellier; S. 55: Giraudon, Paris; S. 56: Ullstein Bilderdienst, Berlin; S. 57 (oben links): Jean-Loup Charmet, Paris; S. 57 (unten links): Kharbine-Tapabor, Paris; S. 57 (rechts): Klaus Kramer, Schramberg; S. 58: Bibliothèque nationale de France, Paris; S. 59: Bibliothèque nationale de France/ADAGP, Paris; S. 60: AKG, Paris; S. 61: BPK, Berlin; S. 62: Hirschsprungke Semling, Copenhague; S. 63: Réunion des Musées nationaux, Paris; S. 64: Scala, Florenz; S. 65: Bibliothèque nationale de France, Paris; S. 66 (oben): Magnum/Photo Erich Lessing, Paris; S. 66 (unten): Réunion des Musées nationaux, Paris; S. 67: Magnum/Photo Erich Lessing, Paris; S. 68: Christopher Wood, London; S. 69 (oben): Réunion des Musées nationaux, Paris; S. 69 (unten): Cain & Mil, Tende; S. 70: Scala, Florenz; S. 71: Artephot/Photo Held, Paris; S. 72: Giraudon, Paris; S. 73: Bibliothèque nationale de France, Paris; S. 74: AKG, Paris; S. 75 (oben): Scala, Florenz; S. 75 (unten): AKG, Paris; S. 76: Leeds Castle Foundation; S. 77: Lauros-Giraudon, Paris; S. 78: National Gallery of Art, Kress Collection, Washington; S. 79: Réunion des Musées nationaux, Paris; S. 80: Klaus Kramer, Schramberg; S. 81: Angelo Hornak, London; S. 83: Bibliothèque nationale de France, Paris; S. 84: Musée de la Parfumerie, Grasse; S. 85: Bibliothèque nationale de France, Paris; S. 86: Roger-Viollet, Paris; S. 87: Bibliothèque nationale de France, Paris; S. 88: Lauros-Giraudon, Paris; S. 89: Marc Walter, Paris; S. 90: MPA, Paris; S. 91: Deidi von Schaewen, Paris; S. 92: Jean-Loup Charmet, Paris; S. 93: ARCAID/Photo Lucinda Lambton, London; S. 94: Marc Walter, Paris; S. 95: Jean-Loup Charmet, Paris; S. 96: Galerie Lestranger, Saint-Rémy-de-Provence; S. 97: Bulloz, Paris; S. 98: The Bridgeman Art Library, London; S. 99 (oben): Explorer/Mary Evans, Vanves; S. 99 (unten): National Trust Photographic Library/Photo Mike Williams, London; S. 100 (oben): Magnum/Photo Erich Lessing, Paris; S. 100 (unten): Guillaume de Laubier, Nanterre; S. 101: Archipress/Photo Bertrand Rieger, Paris; S. 102: Roger-Viollet, Paris; S. 103 (oben): Edimedia, Paris; S. 103 (unten): Réunion des Musées nationaux, Paris; S. 104: Kharbine-Tapabor, Paris; S. 105: Lauros-Giraudon, Paris; S. 106: Christian Sarramon, Paris; S. 107: Christian Sarramon, Paris; S. 108 (oben): Réunion des Musées nationaux, Paris; S. 108 (unten): Victoria & Albert Museum, London; S. 109 (rechts): Bibliothèque nationale de France, Paris; S. 110: AKG, Paris; S. 111: The Bridgeman Art Library, London; S. 112: Denis Majorel, Paris; S. 113: Réunion des Musées nationaux/ ADAGP, Paris; S. 114 (oben) Edimedia, Paris; S. 114 (unten): Explorer/L. Bertrand, Vanves: S. 115: AISA, Barcelona; S. 116: Association des Amis de J. H. Lartigue; S. 117: AKG, Paris; S. 118: National Monuments Record, London; S. 119: National Monuments Record, London; S. 120 (oben): Bibliothèque Forney, Paris; S. 120 (unten): Jérome Darblay, Paris; S. 121: National Monuments Record, London; S. 122: Historisches Museum, Berlin: S. 123 (unten): Angelo Hornak, London; S. 124-125: Antonio Martinelli, Paris; S. 126: Cambridge University Library; S. 127: Anne Garde, Paris; S. 128: BPK, Berlin; S. 129: Bibliothèque des Arts décoratifs/Photo S. Coudert, Paris; S. 130: CNMHS/Photo Paul Nadar, Paris; S. 131: Bibliothèque Forney, Paris; S. 132: Bibliothèque Forney, Paris; S. 133: Photo Flammarion, Paris; S. 134: Photo Flammarion, Paris; S. 135: The Kobal Collection, London; S. 136: The Kobal Collection, London; S. 137: Allan Grant Production; S. 138: Scoop/Elle Décoration/Photo Guillaume de Laubier, Levallois-Perret; S. 139: Rapho/Photo R. Doisneau, Paris; S. 140: Country Life Picture Library, London; S. 141: The Kobal Collection, London; S. 142: Retrograph, London; S. 143: The Kobal Collection, London; S. 144: Duravit, Bischwiller; S. 145: Outerbridge/DR; S. 147: Philippe Potain, Paris; S. 148: Anne Garde, Paris; S. 149: Union des Arts décoratifs, Paris; S. 150-151: Christian Sarramon, Paris; S. 152: Angelo Hornak, London; S. 153: Patricia Canino, Paris; S. 154 (unten): Jean-Loup Charmet, Paris; S. 156: Angelo Hornak, London; S. 157: Marie Claire Copyright/Photo N. Tosi, Issy-les-Moulineaux; S. 158: Anne Garde, Paris; S. 159: Marie Claire Copyright/Photo L. Gaillard, Issy-les-Moulineaux; S. 160 (oben): Archipress/Photo S. Couturier, Paris; S. 161: Tun Street-Porter, Los Angeles; S. 162: Interior Archive/Photo Fritz von den Schulenburg, London; S. 163: Marianne Haas, Paris; S. 164: Madame Figaro/Photo Miep Jukkema; S. 165: Christian Brandstätter Verlag, Wien; S. 166: Magnum/Photo Inge Morath, Paris; S. 167: The Bridgeman Art Library/ADAGP, London; S. 168: Agence Top/Photo U. Ommer, Paris; S. 169: Agence Top/Photo U. Ommer, Paris; S. 170: Jérome Darblay, Paris; S. 171: Jérome Darblay, Paris; S. 172: National Museum of Finland, Helsinki; S. 173: Sauna Museum, Muurame; S. 174: Tourisme de Finlande/Photo Kuvasnomi, Paris; S. 175: Suomen Rakennustaiteen Museo/Photo Rauno Träskelin, Helsinki; S. 176: Erica Lennard, Paris; S. 177: Christie's, London; S. 178: Madame Figaro/Photo Claus Wickrath, Paris; S. 179: Françoise Lemarchand, Paris; S. 180: The Interior Archive/Photo Simon Upton, London; S. 181: Rapho/Photo Willy Rouis, Paris; S. 182: Erica Lennard, Paris; S. 183: Henri del Olmo; S. 184: CNMHS/Photo Daniel Boudinet, Paris; S. 185: Interior Archive/Photo Fritz von den Schulenburg, London; S. 186-187: Rapho/Photo Christian Sappa, Paris; S. 188: Explorer/Photo J.-M. Loubat, Vanves; S. 189: Marie Claire Copyright/Photo E. Hauguel, Issy-les-Moulineaux; S. 190: Christian Sarramon, Paris; S. 191: Jérome Darblay, Paris; S. 192: Madame Figaro/Photo Ken Browar, Paris; Umschlagrückseite: Christian Sarramon, Paris.

REGISTER

Nachfolgend sind ausschließlich Stichworte aus den einzelnen Kapiteln aufgeführt. Der Adreßteil bleibt unberücksichtigt.

Aga Khan 189
Agrippa, Marcus Vipsanius 23
Allia, Sanitärhersteller 159
Alma-Tadema, Sir Lawrence 28, 30
Alq, Comtesse d' 107
Altdorfer, Albrecht 74
Andrews, Dana 140
Anna von Österreich 14, 40, 41, 83
Aragon, Louis 46
Archimedes 167
Aristophanes 21
Asklepiades 14
Aulenti, Gae 159
Ausonius, Decimus Magnus 69

Bachelard, Gaston 6, 9, 19, 191
Baldwin, Stanley 189
Balzac, Honoré de 98
Barancay, Madame de 189
Barbey d'Aurevilly, Jules 104
Baruch, Simon 60
Basedow, Johann Bernhard 42
Bassanville, Comtesse de 107
Baudouin, König von Belgien 189
Bauzelle, J.L. 54
Beato, Felice 176
Bedford, Herzogin von 94
Beham, Hans Sebald 38
Bernis, Kardinal de 88
Biennais 94
Biesbroeck, Jules van 170
Blégny, Nicolas de 40
Bobet, Louison 185
Boccacio, Giovanni 72
Bock, Hans d. Ä. 37
Boileau-Despéaux, Nicolas 40
Boilly, Louis Léopold 86
Bokura, Massakazu 160
Bonnard, Pierre 6, 112
Bonnart, Kupferstecher 85
Boucher, François 80, 93
Bourdhouxe, Madeleine 60
Bracciolini, Poggio 38
Briffault, E. 48
Buddha 9
Bulleid Arws, G.L. 69
Bussy-Rabutin, Graf von 40

Callias, Nina de 100
Caracalla 28, 33, 189
Caron, Sanitärfirma 126
Casanova, Giacomo 40, 90
Casas, Ramòn 114
Cassat, Mary 109
Chappe d'Auteroche, Abbé 39
Chareau, Pierre 154
Chassériau, Théodore 23, 47f.
Châteauroux, Herzogin von 88
Châtelet, Madame du 88
Chippendale, Thomas 93
Clemens VII., Papst 71, 76
Clouet, François 78
Cockburn, Sanitätsfirma 126
Cohen, Albert 167
Colani, Luigi 159
Colbert, Claudette 12
Colette 110
Colombo, Joe 159
Cooper, Gary 143
Courrèges 159
Cristofani Bigi, F. di 19
Crawford, Joan 141
Cuisin, Paul 19, 43-44, 54, 65, 189
Cukor, George 140
Curtis, Tony 143

Daidalos 65
Dante Alighieri 72
Daum, Auguste und Antonin 154
David, Jacques-Louis 65
De Mille, Cecil B. 12, 136, 143
Debat-Ponsan 52
Debay 50
Degas, Edgar 65, 110
Delacroix, Eugène 48
Delamarre, Jacques 153
Deneuve, Catherine 133
Desserme, Patrick 160
Devérias, Achille 103
Diane de Poitiers 78
Diderot, Denis 42, 96
Diemer, Zeno 33
Diokletian 25, 28
Dionis, Pierre 40, 42
Doisneau, Robert 139
Doulton, Sanitärhersteller 128
Duby, Georges 167
Dumas, Jean-Baptiste 57
Duravit, Sanitärhersteller 145, 159
Dürer, Albrecht 36, 37, 73
Durieussecq, Marie 156

Eckersberg, Christoffer Vilhelm 65
Eduard III. 74
Eduard IV. 74
Eleb, Monique 134
Elfström, P.C. 172
Elias, Norbert 167
Estrées, Grabrielle d' 78, 90, 140
Eugénie, Kaiserin 14, 49, 109

Feydeau, Georges 100
Filipuccio, Memmo di 74
Fouilloux, Rose 189
Fouquet, Nicolas 84
Fournier, Fortuné de 109
France, Anatole 191
Franck, Jean-Michel 154
Franklin, Benjamin 93
Franz I. 76
Fuller, Richard Buckminster 134

Garches, Marquise de 107
Garcia, Jacques 163
Gautier, Théophile 50, 170
Gencé, Comtesse de 107, 109-110, 133, 148
Genlis, Madame de 88, 90
George V. 142
Gérôme, Jean-Léon 6, 52
Giedion, Siegfried 19, 134, 136, 142
Giulio Romano 19, 80
Gleyre, Charles 6
Goethe, Johann Wolfgang von 14
Gosse, Nicolas 69
Goubert, Jean-Pierre 14
Grand Dépôt, Sanitärhersteller 138
Greenaway, Peter 190
Gregor der Große 33
Grilli, Peter 176, 179
Guérard, Christine und Michel 185
Guillaume, Albert 58, 133
Guimard, Mademoiselle (Tänzerin) 96
Gullichsen, Johanna 191

Hansgrohe, Sanitärhersteller 151
Heinbach, Wolfgang 41
Heinrich II. 78
Heinrich IV. von England 11
Heinrich IV. von Frankreich 14, 41, 78
Heinrich VIII. 39
Hellyer, Ingenieur 118-120
Hepplewhite, George 93
Herbst, René 154, 155
Hippokrates 14, 20
Hoesch, Sanitärhersteller 151
Hoffman, Dustin 143
Homer 19, 66
Huet, Christophe 88
Huggelin, J.J. 38

Ibn Sina 34
Ideal Standard, Sanitärhersteller 146, 159
Ingres, Jean Auguste Dominique 50
Inoué, Yasushi 176
Isabeau von Bayern, Königin 72

Jacob, Georges 86
Jacob-Delafon, Sanitärhersteller 134
Jacuzzi, Roy 189
Jagger, Mick, 143
Jean de Meung 39
Johann ohne Furcht 72
Johannes Chrysostomus 33
Jukkema, M. 167

Karl der Große 14
Karl der Kühne 73, 74
Karl V. 74, 76
Katharina von Valois 76
Kawabata, Yasunari 180
Keaton, Buster 143
Keyser, Konrad 36
Kleopatra 185
Kock, Paul de 104
Kohler, Sanitärhersteller 190
Konfuzius 9
Kripacz, Designer 160

Lalique, René 153, 154
Lamartine, Alphonse de 50
Lanvin, Jeanne 148
Larousse, Pierre 131
Lartigue, Jacques-Henri 118
Laurel und Hardy 143
Lavoisier, Antoine Laurent de 42
Le Camus de Mézières, Nicolas 94
Le Corbusier 134, 154
Le Vau, Louis 84
Lecomte, Patrice 90
Ledoux, Nicolas 96
Leech, John 99
Leighton, Sir Frederick 28
Lemarchand, Françoise 179
Lemercier, Jacques 82
Leo X. 76
Leonardo da Vinci 76
Letunow 39
Lichenstein, Roy 167
Liotard, Jean-Étienne 54
Locke, John 42
Lollobrigida, Gina 167
Ludwig XI. 76
Ludwig XIII. 40, 41, 83, 114
Ludwig XIV. 14, 40, 41, 82, 83, 84, 183
Ludwig XV. 42, 84, 86, 88
Ludwig XVI. 86
Luini, Bernardino 19
Lux, Elisabeth 138

Register

Mac Orlan, Pierre 148
Macchietti, Girolamo 30
Maintenon, Madame de 14, 40
Malissard, Alain 33
Mallarmé, Stéphane 100
Mallet, J. B. 96
Manassé 167
Manet, Édouard 100
Mansfield, Jayne 136
Marat, Jean Paul 93, 126
Marchetti 88
Mari, Enzo 159
Marie Leszczynska, Königin 86
Marie-Antoinette, Königin 86, 88, 96
Marie-Louise, Kaiserin 100
Marx, Groucho 143
Maugham, Somerset 131
Maupassant, Guy de 49
Maurin 94
Mazarin, Herzogin von 83
Megenberg, Konrad von 72
Mehmet I., Sultan 168, 170
Memling, Hans 74
Mercier, Jules Sébastien 107
Michelet, Jules 40
Milne, Oswald 156
Minos, König 65
Mique, Richard 86
Mirbeau, Octave 133
Mizoguchi, Kenji 176
Mohammed 9
Molière 82
Monroe, Marilyn 136, 143
Montagu, Lady Mary Wortley 50, 52, 170
Montaigne, Michel de 14, 37, 38, 40, 80, 99
Montesquieu, Charles de 98
Moses 9, 11

Nadar, Paul 131
Napoleon I. 65, 94, 96, 99, 100
Nero 28
Noguchi, Isamu 176
Nouy, Leconte de 50
Nurejew, Rudolf 163

Outerbridge, Paul 145

Païva 104, 107
Pardoe, Julia 52
Parkinson, Frank 140
Pater, Jean-Baptiste 80, 86
Paulin, Edmond 25
Pearson, David 180, 182
Péron, Evita 189
Perriand, Charlotte 134
Perrot, Philippe 38
Petronius, Gaius 25, 30
Philipp II. von Baden 76
Philipp der Gute 72
Philipp von Kleve 76
Plinius der Ältere 28
Plinius der Jüngere 69
Pointner, E. John 12
Poitevin, Jean-Jacques 47
Polyklet 12
Pompadour, Madame de 84, 94
Pompeillan, Marquise de 107, 112
Poniatowski, Fürst 110
Poppaea, Kaiserin 12, 185
Porcher, Sanitärhersteller 131, 132, 145, 151
Porsche Design 159
Preminger, Otto 140
Prost, Albert 134
Provensal, Henry 131
Pullman, George Mortimer 126
Putman, Andrée 138, 159

Radziwill, Fürstin 131
Ramses II. 66
Rapin, Henri 134
Rateau, Armand 148
Reinach, Théodore 66
Restif de La Bretonne 47
Rheims, Maurice 118
Ricci, Sebastiano 9
Richelieu, Armand-Jean du Plessis, Kardinal de 185
Roeg, Nicolas 143
Romieu, Marie de 80
Ronis, Willy 188
Rousseau, Jean-Jacques 42
Ruhlmann, Jacques-Émile 153

Saalburg, Guillaume 160
Sabatier, Louis 114
Sadler, Marc 138
Salviati, Francesco 80
Santerre, Jean-Baptiste 6
Savot, Louis 82
Scalbert, Jules 6
Schinkel, Karl Friedrich 100
Ségalen, Victor 191
Selim der Dumme 170
Seller, Peter 143
Seneca, Lucius Annaeus 23, 25, 33, 71
Sévigné, Madame de 14, 40, 58
Sheraton, Thomas 93
Shoolbred, Sanitärhersteller 128
Sidonius Apollinaris 71
Sieger, Dieter 138
Sinan 170
Skœdt, Finn 138
Squire, Alice 98
Staffe, Baronin de 107, 109, 114, 143
Starck, Philippe 138, 145, 159, 180
Steiner, Rudolf 180, 182
Stevens, Alfred 103
Swanson, Gloria 136

Taine, Hippolyte 99
Tallien, Madame 185
Tertullian 9
Thévenot, Jean de 54, 168
Thiébault, Baron von 47
Thun, Matteo 159
Tilche, Paolo 159
Tintoretto 9
Tizian 11, 76
Tournier, Michel 118
Toussaint, Philippe 190
Tramar, Comtesse de 107, 110, 112
Tuja, Königin 66
Twyford, Sanitärhersteller 128

Uriburu 182
Urquhart, David 52-54

Valerius Maximus 34, 73
Vanderbilt, George 118, 129
Velàzquez, Diego 83
Velde, Henry van de 120
Vermont, Abbé de 88
Verne, Jules 131
Victoria, Königin 118, 189
Vidor, King 167
Vigarello, Georges 76, 82
Villette, M. 104
Villeroy und Boch, Sanitärhersteller 159
Vinchon, Auguste 69
Voltaire 42, 88

Watteau, Antoine 80, 93
Webb, Clifton 140
Wilder, Billy 142
Williamson, Jefferson 129
Wolewatsch, Sergei 163
Wright, Frank Lloyd 154, 180, 182
Wright, Lawrence 74

Young, Arthur 94

Zola, Émile 96, 110
Zorn, Anders 110

Françoise de Bonnevilles Sinn für die dekorativen Künste, für Architektur, Design und Kunstgeschichte kam bereits in mehreren Veröffentlichungen zum Tragen. Sie schrieb ein international anerkanntes Buch über Tisch- und Bettwäsche sowie eine Monographie über Jean Puiforcat, den talentiertesten französischen Goldschmied der dreißiger Jahre. Sie arbeitet auch als freie Autorin für die französische Kulturzeitschrift *Décennies*.

Flammarion und die Collection Rolf Heyne danken der Firma Hansgrohe, Schiltach/Schwarzwald, für die Zusammenarbeit und Unterstützung.